SOE
MIXED-OWNERSHIP REFORM

THEORY, PRACTICE AND CASES

国企混改

理论、操作与案例

徐怀玉　宋　蕊　著

企业管理出版社
EMPH
ENTERPRISE MANAGEMENT PUBLISHING HOUSE

图书在版编目（CIP）数据

国企混改：理论、操作与案例 / 徐怀玉，宋蕊著 . —北京：企业管理出版社，2019.8

ISBN 978-7-5164-2011-9

Ⅰ. 国… Ⅱ . ①徐… ②宋… Ⅲ . ①国有企业－企业改革－研究－中国 Ⅳ . ① F279.241

中国版本图书馆 CIP 数据核字（2019）第 190327 号

书　　名：国企混改：理论、操作与案例

作　　者：徐怀玉　宋　蕊

责任编辑：尚元经　李　坚

书　　号：ISBN 978-7-5164-2011-9

出版发行：企业管理出版社

地　　址：北京市海淀区紫竹院南路17号　　　邮编：100048

网　　址：http：//www.emph.cn

电　　话：编辑部（010）68414643　发行部（010）68701816

电子信箱：qiguan1961@163.com

印　　刷：三河市东方印刷有限公司

经　　销：新华书店

规　　格：170毫米×240毫米　16开本　23.75印张　310千字

版　　次：2019年9月第1版　2021年2月第2次印刷

定　　价：138.00元

序　言

preface

国企混改的公司治理含义

改进公司治理是混合所有制改革的一个重要目的

推行混合所有制，是中央提出的把国有企业改革为现代企业的一个重要战略举措。

为什么在建立现代企业制度、改制上市和董事会试点等多项举措已经进行了多年之后，又提出了混合所有制改革？逻辑上说，那些已经进行了公司化改制，甚至已经上市了的国有控股公司，不都已经是混合所有制企业了吗？

引入非国有资本参与国有企业改革，这本身不算什么新鲜事，但是混合所有制改革中的引入非国有资本，有两个方面的历史性突破。一是所涉企业范围涵盖了几乎全部的传统上所谓的要保持国有资本垄断和控股的行业，二是非国有资本参与程度有大幅深化，即在股权比例上有所提高，又在董事会层面上有所参与，这会有效提高公司治理水平。

“完善治理、强化激励、突出主业、提高效率”的混合所有制改革十六字方针已经道明了推进混合所有制改革的核心目的，就是改进公司治理。“完善治理”和“强化激励”都直接属于改进公司治理范畴，“突出主业”和“提高效率”则是通过改进公司治理可以达到的目的。

混合所有制改革的主要内容：以联通为例

中国联通有三层控股结构，第一层为中国联合网络通信集团有限公司（联通集团），第二层为中国联合网络通信股份有限公司（联通A股公司），第三层为中国联合网络通信（香港）股份有限公司（联通香港公司），联通集团持股联通A股公司股份，联通A股公司持股联通香港公司股份。本次联通混合所有制改革主体是上交所上市的中国联合网络通信股份有限公司（联通A股公司）。

2017年7月20日中国联通正式发布的混合所有制改革方案，主要包括如下三项内容。联通A股公司向战略投资者以非公开形式发行不超过90.37亿股，募集资金不超过人民币617.25亿元；联通集团向结构调整基金协议转让其持有的约19.0亿股联通A股公司股份，转让价款约人民币129.75亿元；联通A股公司向其核心员工首期授予不超过约8.48亿股限制性股份，募集资金不超过人民币32.13亿元。三项交易对价合计不超过人民币779.14亿元。交易全部完成后，按照发行上限计算，联通集团持有联通A股公司约36.67%股份；新引入战略投资者合计持有联通A股公司约35.19%股份。

新引入战略投资者投资金额和占联通A股公司股份比例为：中国人寿投资217亿元，占10.22%；国有企业结构调整基金投资129.75亿元，占6.11%；腾讯投资110亿元，占5.21%；百度投资70亿元，占3.31%；京东投资50亿元，占2.36%；阿里巴巴投资43.3亿元，占2.05%；苏宁投资40亿元，占1.88%；光启互联技术投资40亿元，占1.88%；淮海方舟信息基金投资40亿元，占1.88%；鑫泉基金投资7亿元，占0.33%。

混合所有制改革后的股权制衡与业务协同

股权多元化和前几大股东之间的股权制衡被普遍看作是改进公司治理的一个重要途径，我并不完全认可这一看法。我认为股权多元化和股权分散是公司治理改进的结果，而不是原因。在一些最基本的公司治理原则不能被遵守，一些基础的公司治理机制不能落到实处的情况下，股权多元化带来的可能不是有效的股权制衡而是掣肘。联通式混合所有制改革所实现的股权多元化，能够实现有效的、有助公司治理改进的股权制衡吗?

如果把中国人寿和国有企业结构调整基金合计持有的16.33%的联通A股公司股份，与联通集团持有的36.67%的联通A股公司股份，同样看作是国有股，那么混合所有制改革完成后的联通A股公司中，国有股比重为53%，仍是一种国有股份控股的结构，只是国有股份的持有主体由原来的一家变为了三家。如果这三家国有股东的股东大会投票协调一致，在所有的股东大会普通决议事项（需要半数以上股份同意）上，其他所有股东都将没有什么发言权。

与此同时，这八家新的战略投资者，如腾讯、京东、百度、阿里巴巴和苏宁之间，相互都有高度和直接的竞争关系，与其协调一致去制衡，还不如竞争着去讨好。

另一方面，联通混合所有制改革中选择这些新战略投资者的出发点是要业务协同。众多股东和公司之间存在业务协同关系，这本身就和股权制衡作用有冲突，是改进公司治理的一个不利因素。股东和公司之间存在业务协同，就会产生纯粹股东利益（分红和资本增值）之外的利益，就会使公司股东会和董事会成为各方利益代表进行谈判的一个论坛，使公司董事会很难成为一个独立的只忠实于公司和全体股东共同利益的理性决策机构。

如何达到混合所有制改革的预期效果

如果说混合所有制改革的一个主要目的是改进公司治理，那么其重点就不仅仅在于混合本身。混合的程度、混合的方式，混合之后的具体公司治理机制设计等等，都极为重要。

混合的程度大一些肯定会更好，否则就完全可以通过公司在资本市场上慢慢发展而逐渐实现股权分散化和公司治理改进，而不必要大张旗鼓地进行所谓的混合所有制改革。

混合的方式应该比混合的程度更为重要。所谓混合的方式，主要是指选择新投资者的原则，特别是像联通这样已经上市很多年的公司，应该更看重财务投资者，而不是所谓的战略投资者，或者说就不应该考虑所谓的业务协同效应。需要投资者帮助公司制定战略，那是中小型公司和初创公司的行为特征，不应该是巨无霸上市公司的行为特征。作为一个巨无霸上市公司，如果到了需要投资者帮助制定战略的地步，那是需要进行彻底的重组了。这时所需要的新投资者也应该是一个强有力的投资者，或者是一个明确联合起来的投资者集团，他或他们要取得公司的绝对控制权才行。当前要进行混合所有制改革的一些大型国有控股上市公司，显然不是这种情况。所谓的业务协同，在成熟公司中，应该是通过合同和战略联盟关系来形成，是一种长期性市场关系，其本质应该还是市场关系，并无多大必要通过股权关系进行连接。

要达到混合所有制改革的预期效果，混合之后的具体公司治理机制安排才是最重要的。就联通的混合所有制改革来说，与混合所有制改革同步推进的董事会结构改革和员工持股制度安排，是在具体公司治理机制方面的两项重要改进和完善。董事会中能有几个席位提供给新投资者，董事会在公司治理中的核心地位能否由此得到强化，这是混合所有制改革能否达到其改进公司治理这一目的的关键环节。联通混合所有制改革方案中明确包含了这方面的内容。

四梁八柱：保障国企混改战略落地的机制设计

国企混改引入民营资本，需打消民营资本的种种顾虑，并给予良好憧憬，这包括划定行政干预界限，明确民营资本权利，保证民营资本利益等等。所有这些，不能仅仅凭借纸面上的政策，还需要实实在在的落实和落地，需要在具体的一个一个的企业混改方案和实施过程中，得到具体的制度和机制上的保障。

徐怀玉、宋蕊两位作者的《国企混改：理论、操作与案例》一书，在系统梳理国企混改发展历程及相关理论和政策的基础上，结合作者参与企业混改方案设计的实际经验，提出了理论性和实操性兼具的国企混改“四梁八柱”模型。作者提出，要从战略、组织、股权和党建等四个方面入手，通过行业整合的顶层设计、创新性资本运作、界定清晰管理关系、健全法人治理结构、差异化股权结构设计、员工持股及股权激励、明确党组织法定地位和完善党委会前置程序等八项工作，保障国企混改的战略措施落地，公司治理机制到位。

作者对国企混改“四梁八柱”的每一个方面都进行了理论阐释，并给出了相应的实战案例，是在国有企业改革理论和改革方式方法上非常有益的探索，也为从事国企混改相关工作的人员提供了非常有用的实战经验分享。

仲继银

2019年8月于中国社科院经济研究所

目 录

Contents

第二章　西姆“四梁八柱”国企改革理论模型

第三章 国企改革中的战略规划

第四章　国企改革中的组织分析

第五章 国企改革中的股权配置

第六章 国企改革中的党建制度

第七章　四梁八柱的综合实践

前　言

preface

随着2019年上半年《国务院关于印发改革国有资本授权经营体制方案的通知》《国务院国资委授权放权清单（2019年版）》《关于支持鼓励“双百企业”进一步加大改革创新力度有关事项的通知》（简称“双百九条”）等文件的出炉，国企改革进一步释放两大信号，一是步伐明显加快，二是措施越加务实。

而之所以写这本书，正是我们希望能够伴随着国企改革的节奏，通过文字的方式，将国企改革的理论与实践充分结合起来，将国企改革中的理论、实践与案例呈现给广大读者。

自2015年8月24日，中共中央、国务院印发了《关于深化国有企业改革的指导意见》以来，至2018年下半年，虽然颁布了超过30个以上的1+N文件，但我们的改革步伐却表现出“小脚老太”的蹒跚姿态。例如，我前不久在四川大学给某省国资委辅导国企改革实务的时候，得知这个省有一家双百企业的方案，到现在国资委还没有通过审批，而双百名单的公布已经接近一年了。这也是为什么2018年10月份国务院副总理刘鹤指出“一个行动胜过一打纲领”的动因，国企改革要大胆务实往前走！

国企改革的步子在进一步加快，这是我处于改革第一线明显感受到的。比如，我在江苏属下的某国资系统调研的时候，国资委主任在会上就明确宣布，属下的所有企业必须有至少一个以上的混改企业。另外一个地级市的国资委，将原来一个月一报的国企改革进度改成周报，特别是“双百企业”，而2020年底，就是混改方案落地的最后期限。

至于国企改革的措施越加务实，从最近下发的文件的可操作性方面可见一斑。根据《国务院关于印发改革国有资本授权经营体制方案的通知》精神，《国务院国资委授权放权清单（2019年版）》表现出国资委“刀刃向内”的勇于改革精神，不再像过去的很多文件，“咬了半天皮，就是吃不到馅”。

更加难能可贵的是“双百九条”的出炉，其内容基本上是和2018年9月份八部委的“混改九条”相对应的。作为一个国企改革实操者，在这个文件没有出台之前，每每讲到混改九条，总觉得隔靴搔痒。资产定价、试点范围、土地问题等，问题提出来了，可解决方案呢？实践中这些难啃的骨头，你不能不讲，但真的讲的时候又不知道如何讲才是真正能落地实操的方案。“双百九条”就是一个务实接地气的文件，它剑指国企改革共性难题。比如，“双百企业”可以综合运用国有控股上市公司股权激励、国有科技型企业股权和分红激励、国有控股混合所有制企业员工持股等中长期激励政策，不受试点名额限制。实施各种形式股权激励的实际收益水平，不与员工个人薪酬总水平挂钩，不纳入本企业工资总额基数。实施国有控股上市公司股权激励的，可以结合企业改革发展情况合理设置授予业绩条件和有挑战性的行权（解锁）业绩条件。非上市“双百企业”可以结合本企业实际，借鉴国内外成熟有效的中长期激励实践经验，在本企业大胆探索创新，实施不同方式的中长期激励。

本书紧扣国企改革主题，第一章简要介绍了国企改革的发展历程，第二至第六章围绕改革操作实践，以“四梁八柱”的西姆国企改革理论模型为抓手，层层落实中央提出的这一国企改革的理念，在国企改革的战略构建、组织落实、股权设计和党的建设的企业顶层制度设计方面，除了重点分析相互之间的逻辑关系之外，还重点剖析新一轮国企改革的核心命题，比如行业整合、创新性资本运作、国资国企关系、公司治理、差异化股权设计和员工持股等。当然，关于公司治理和党的建设结合的问题，本书也从如何保证实体上党组织在企业中的核心地位和程序上党委会前置等方面提出了一些很具体的理论支撑和实操案例。第七章，也是本书的最后一章，相对比较完整和系统介绍了我们国企改革的实践即操作案例。我们试图透过案例的分析，进一步扩大关心和从事国企改革实践的国企干部的视野，从中找到体会和共鸣。

国企改革是时间性和实践性都要求极强的一件事情，尽管我们也会说国企改革是一条不归路，但某种意义上，国企改革还是有一定的时效性特点和阶段性任务的。因此，本书在编写过程中，难免存在一些错误，包括认识不够到位，观点不够明确，逻辑不够谨严等，敬请读者能给予批评和指正。

需要指出的，本书在编写过程中，得到中国社科院仲继银研究员的大力支持，他不仅仅为本书作序，还系统校对了我们的书稿，提出了许多建设性意见，在此，我们深表感谢。

本书出版过程中，还得到西姆股权激励研究院和国企改革研究中心的同仁们的支持，在此一并表示感谢！

徐怀玉

2019年8月

第一章

国企改革的发展历程

一、以史为鉴，国企改革的三个阶段

1978年，安徽省凤阳县小岗村是远近出名的三靠村，“吃粮靠供应，花钱靠救济，生产靠贷款”。小岗村大约20户人家，100多人，耕地1100亩，但适种只有300亩，人均年口粮只有几十斤。从1957年开始，全村年年吃国家供应粮，仓库都不用上锁，因为“除了一杆大秤，一个撒种的小把头，其他什么都没有”。

也就是这一年，严宏昌被选为了生产队长。他觉得这么年年靠供应粮生活太丢人了，就开始琢磨着，还是要想办法改变现状。11月，他和另外17户思想活络的农民，签下了一份著名的契约：“我们分田到户，每户户主签字盖章，如以后能干，每户保证完成每户的全年上交和公粮，不再向国家伸手要钱要粮。如不成，我们干部坐牢杀头也甘心，大家社员也保证把我们的小孩养活到18岁。”

彼时，这群衣衫褴褛的农民完全没想到，一场改变中国亿万农民命运的改革实践，正由他们拉开大幕。以“分田到户，自负盈亏”的家庭联产承包责任制为开端的对内改革，就从这18位农民在生死契约上按下鲜红的手印那一刻开始。而伴随着改革开放，我国国营企业也开始了重大变革的探索。

改革开放以前，我国的经济体制是高度集中的计划经济管理模式，民营经济很长时期处于“消亡”状态，所有资本归国家所有。政府一方面是社会经济的管理者，是社会资源分配的主体，各个经济部门通过计划或审批分配社会资源，管理国家经济；另一方面又是国有企业的经营主体，企业生产经营的各项重要决策都由政府作出。简单地说，全国就像是一个超级大企业，各个生产单位之间就是这个超级大企业之内前后工序的分工关系，并不构成独立的主体。这种政企不分的体制排斥市场机制作用，扼制了“竞争”这一企业进步的原动力，阻碍了社会主义市场经济体制的建立。政企不分直接导致了企业效率低下、缺乏活力等问题日渐严重。政府迫切需要寻求国有经济新的实现形式，以实现公有制、国有经济与市场经济的有效结合。

从改革开放到现在，国企改革大致可以分为四个阶段。第一阶段始于1978年，国有企业从完全计划经济模式转向了自主经营、自负盈亏的新模式。十一届三中全会确定改革开放基调，通过了扩大自主权和利润留成、利改税、承包经营责任制等多项改革措施。第二个阶段始于1993年，国企通过兼并重组、下岗分流和债转股等措施，大幅提高盈利能力。中央建立现代企业经营管理制度，强调

“产权清晰、权责明确、政企分开、管理科学”，并通过“抓大放小”引入竞争淘汰机制，提升市场效率。第三个阶段始于2003年，国企进行了以股份制为主要形式的现代产权制度改革。国资委正式成立，基于“归属清晰、权责明确、保护严格、流转顺畅”的现代产权制度改革，逐步提高国企的劳动生产效率，进一步增强盈利能力。而第四阶段，就是从2013年开始的以混合所有制为主导的新一轮国企改革，正在探索的路上。

1. 第一阶段：放权让利，规模扩张

1978年8月，四川省委第一书记向中央提出请求，让四川改革先行一步。一是给农民特别是盆周山区的贫困农民自主决定生产的权力；二是赋予国企改革分配权力，以激发其活力，提高经济效益。1978年10月，经国务院批准，中共四川省委选择了不同行业中具有代表性的重庆钢铁公司、成都无缝钢管厂、宁江机床厂、四川化工厂、新都县氮肥厂、南充丝绸厂等六个地方国营工业企业进行扩权让利改革试点，根据企业自身的情况，核定利润指标，规定增产增收的目标，允许企业在实现目标后，提取少量利润留成，作为企业的基金，还可以给职工发放少量奖金。四川的扩权试点得到企业的热烈响应，调动了企业和职工的积极性，收到非常好的效果。

1979年2月12日，中共四川省委在总结六个试点企业经验的基础上，制定了《关于扩大企业权利，加快生产建设步伐的试点意

见》（简称“十四条”）。文件提出，要使企业拥有利润提留权，扩大再生产权，联合经营权，外汇分成权，灵活使用奖金权。要把企业的责权利结合起来，把国家、集体、个人三者利益结合起来，并且决定扩大范围，在100家工业企业和40家商业企业中进行扩权试点。四川之所以“自下而上”选择改革突破口，基于两点认识：一是企业是国民经济的细胞，搞活经济首先要把细胞搞活；二是企业自主权一实行必然引起连锁反应，四面突击，逼得各个部门非改革不可[①]。“十四条”实施后，当年四川全省工业利润比上年同期增长17%，而84个试点工厂的利润同期增长却是26%，比全省水平高50%以上[②]。

1979年5月，国家经委、财政部、外贸部、中国人民银行、国家物资局、国家劳动总局6个部门联合发出通知，在京、津、沪三个城市选择了8家企业作为全国的试点，包括首都钢铁公司、北京清河毛纺厂、天津自行车厂、上海柴油机厂、上海汽轮机厂等。7月13日，国务院正式印发《关于扩大国营工业企业经营管理自主权的若干规定》《关于国营企业实行利润留成的规定》《关于提高国营工业企业固定资产折旧率和改进折旧费使用办法的暂行规定》《关于开征国营工业企业固定资产税的暂行规定》《关于国营工业企业实行流动资金全额信贷的暂行规定》五个文件。扩权内容最重要的有两条：一是在利润分配上，给企业以一定比例的利润留成；二是在

① 杨培新：“关于经济改革和银行改革问题”，载《经济研究参考资料》1980年第93期。
② 田林：“扩大企业自主权不会影响国家财政收入”，载《人民日报》1979年7月24日。

权力分配上，给企业以一定的生产计划、产品购销、资金运用、干部任免、职工录用等方面的权力，以打破企业是政府机关的附属物，吃国家“大锅饭”的体制。其基本思路是搞活企业，希望把企业经营好坏与企业和职工利益挂钩，以调动企业和职工的积极性。

1979年底，试点企业扩大到4200个。1979年底至1980年初，中共中央和国务院有关机构组织了多次扩权改革试点调查，调查中发现，“企业的厂长、书记、各经济部门的负责同志，或者是省、市领导干部，积极于改革、致力于试点的都大有人在。尤其是许多基层干部，可说是雄心勃勃、劲头十足”[①]。1980年5月17日，中共中央、国务院批转国家经委的报告，把地方企业扩权试点的审批权下放给各省、市、自治区。随后，扩权改革试点进一步扩大。到1980年6月，发展到6600多个，约占全国预算内工业企业数的16%左右，产值占60%左右，利润占70%左右。其中上海、天津试点企业利润已达到80%以上，北京已达到94%[②]。

1978年国家财政赤字10.17亿元，1979年财政盈余135.41亿元，职工实际工资比上年增长了7.5%。但是放权让利的改革是相对浅层次的，并没有涉及到产权的变化，只是从经营上给了企业更多的自主权，也从利益上给了一定的激励。

1983年，国务院决定在全国推行“利改税”。第一步，是实行

① 中办研究室理论组：“经济体制改革的开端——四川、安徽、浙江扩大企业自主权试点调查报告”，载《经济研究参考资料》1980年第51期。

② 《中华人民共和国经济管理大事记》。

“利税并存”，对国营企业所创利润，先征收55%的所得税，剩下的45%再在企业与国家之间确定一个分成比例，一定三年不变。企业税后留利实行“五马分肥”，即建立新产品试制基金、生产发展基金、后备基金、职工福利基金、职工奖励基金，并规定前三项基金不得低于留利总额的60%，后两项基金不得高于40%。国营小企业按八级超额累进交纳所得税，税后企业自负盈亏，国家不再拨款；但对盈利较多的企业收取一定的利润[①]。

1984年，推出利改税的第二步，即从税利并存转向完全交税。税后利润留归企业支配，奖金在税后利润中提取，可取消奖金封顶，增加激励。为防止滥发奖金，通过征收奖金税实行工资奖金总额控制。1984年5月15日，国务院领导在第六届全国人民代表大会第二次会议上所作的《政府工作报告》中指出：“当前城市经济体制改革的中心课题，是要彻底改变‘企业经营好坏一个样，职工干多干少一个样’的状况，做到企业不吃国家的‘大锅饭’，职工不吃企业的‘大锅饭’。要处理好国家和企业的分配关系，既要保证国家财政收入的稳定增长，又要使企业在经营管理和发展上有一定的财力保证和自主权。”

同样在1984年，在农村大放异彩的联产承包责任制开始向城市推进。石家庄造纸厂的销售科长马胜利，在厂门前贴出了一份向领导班子表决心的“大字报”：“我请求承包造纸厂，承包后，实现利润翻番，工人工资翻番，达不到目标，甘愿受法律制裁。”

---

① 房维中：《在风浪中前进：中国发展与改革编年纪事（1977—1989）》（1983年卷）。

业务科长出身的马胜利经营方略主要是在产品结构和销售激励上，承包的当月造纸厂就实现利润21万元。马胜利随即把承包的指标主动从70万元提高到140万元，翻了一番，到年底还超额完成指标；第二年，造纸厂实现利税280万元；第三年，在原材料价格大幅度上涨的情况下，造纸厂仍完成上缴利税320万元。而之前，造纸厂连续3年不但没有向国家上缴一分钱，国家还倒贴了10万元。

1984年，十二届三中全会通过了《中共中央关于经济体制改革的决定》，提出改革的中心环节是增强企业活力，并且提出了企业改革的方向是实现所有权与经营权适当分开，要让企业真正成为自主经营、自负盈亏的“相对独立的经济实体”。1986年12月，国务院发布了《关于深化企业改革增强企业活力的若干规定》，确定了经营承包责任制的思路。1988年3月，国务院发布了《全民所有制工业企业承包经营责任制暂行条例》，进一步推广承包责任制。在该法律关系中，企业作为商品生产的经营者，向作为所有者的国家承包，承包的具体内容通过合同的形式规定，承包合同一旦依法成立后，企业便享有自主经营权，国家一般不得干预。按照“包死基数、确保上交、超收多留、欠收自补”的原则来确定国家与企业间的分配关系。

承包制因激发了企业的活力而受到普遍的欢迎。但是，承包经营制也带来了不少消极影响，如企业分配向个人倾斜，包盈不包亏，只有激励没有约束，导致了内部人的控制和短期行为，只注重个人既得利益，进而带来国有资产严重流失，企业偷漏税、虚列成本、转移收入、私设小金库、公款消费、大吃大喝等贪污腐败现象蔓延。1986年全国国有企业亏损面仅8.66%，1991年急升至36%，1982年至1992年全国国有资产流失总量达5000亿元，其中因管理不善而流失达3300亿元。

国有企业经营困难，也说明承包制不能真正搞活企业。一方面，它没有改变企业的行政隶属关系，无法摆脱政府部门的行政干预；另一方面，承包制下企业只着眼于向政府讨价还价和追求短期利益，不关心长期发展，拼设备、吃老本、多发奖金搞福利、少提或不提折旧费的短期行为很普遍。本来期望企业自负盈亏，结果往往是“厂长负盈、银行负亏、政府负责”。

但整体而言，1979 ~ 1989年间，国有企业迎来了以轻纺化工业崛起为标志的第一个黄金时代。以食品、纺织、家电为代表的轻工业成为经济的重要支柱产业，相关产品产量实现爆发式增长。而轻纺工业的增长，也为钢铁、煤炭等重化工业的发展打下了坚实的基础。这一时期，国有企业实现了全方位的规模扩张。从投入看，国企职工人数从1978年的3300万人上升到1988年的4200万人，职工工资总额从210亿元上升至790亿元，固定资产原值从3200亿元上升到8800亿元。从产出看，国企总产值从3300亿元飙升至1.04万亿元，利润总额也从510亿元上升至890亿元。不过，值得注意的是，这一时期，国企员工工资总额涨幅2.8倍，超过2.1倍的产值涨幅，更远超75%的利润增幅，而国企职工人数涨幅不到

30%，这意味着效率的提升远不及规模的提升[①]。

2. 第二阶段：抓大放小，提质增效

进入90年代后，邓小平“南方讲话”打破了思想禁锢，提出了“计划多一点还是市场多一点，不是社会主义与资本主义的本质区别。计划经济不等于社会主义，资本主义也有计划；市场经济不等于资本主义，社会主义也有市场”等重要论断，中国的改革开放再扬风帆。南方讲话厘清了计划和市场的关系，从根本上破除了市场经济姓“资”、计划经济姓“社”的传统观念，为社会主义市场经济理论的提出和社会主义市场经济体制的建立指明了方向。

1992年6月9日，江泽民同志在中央党校所作的讲话中首次肯定了“社会主义市场经济体制”的提法。10月12日，在党的十四大报告中正式提出：“我国经济体制改革的目标是建立社会主义市场经济体制。”我国的改革思路也从“放权让利”转向了“制度创新”，产权问题终于被提上台面。1993年11月，十四届三中全会通过了《中共中央关于建立社会主义市场经济体制若干问题的决定》，提出：“建立现代企业制度，是我国国有企业改革的方向。”

一个月后，全国人大常委会通过我国第一部《公司法》，为建立现代企业制度提供法律依据。当时提出四句话：“产权清晰、权责

① 姜超、于博：“国企改革：让历史告诉未来——从历史经验看改革成效”，2019年5月14日。

明确、政企分开、管理科学”。这意味着什么？第一，国家不再拥有整个企业，而是拥有国家出资的那部分资产的财产权及相应的所有者权益；第二，国家只承担以出资额为限的有限责任，不再为企业“买单”；第三，企业可以引入其他出资人，实现产权多元化；第四，企业不再隶属于某个行政部门，只对出资者承担资产保值增值的责任。假如真能这样，就从根本上解决了政企不分和企业负盈不负亏的老大难问题，同时可以打造出财产边界清晰的独立的市场主体，这正是市场经济的必要基础①。

1993 年至 1996 年的这一时期，中国社科院、国家经贸委、国家体改委和国务院发展研究中心逐渐形成了一个共同思路：国家没有办法搞好所有国有企业，应当“抓好大的，放活小的”，对国有经济实施战略性改组。这一思路在 1995 年 9 月中共十四届五中全会被采纳。1997 年 9 月，中共十五大报告在所有制的问题上提出了三个重要的新观点：第一，国有经济起主导作用，“主要体现在控制力上”，对国有经济布局进行“有进有退”的调整，国家控制“对关系国民经济命脉的重要行业和关键领域”；第二，非公有制经济是社会主义市场经济的“重要组成部分”，对个体、私营等非公有制经济要继续鼓励、引导，使之健康发展；第三，公有制实现形式可以而且应当多样化，“一切反映社会化生产规律的经营方式和组织形式都可以大胆利用。要努力寻找能够极大促进生产力发展的公有制实

① 萧冬连：“国有企业改革之路：从‘放权让利’到‘制度创新’”，《中共党史研究》2014 年第 3 期。

现形式。”[①]这意味着不再坚持国有经济比重占绝对多数，不再坚持国有企业必须是国家拥有全部产权。

“抓大放小”政策的重头戏在放小，就是如何搞活小企业。1995年，全国共有国有工业企业8.79万户，其中小型企业7.22万户，占比高达82%；国有工业企业平均销售利润率2.56%，小型企业只有-0.87%；国有工业企业净资产利润率3.9%，小型企业只有-1.6%；在全部亏损的企业中，小型企业占全部亏损企业总数的近90%[②]。但是，小企业正由于其规模小、市场化程度高、竞争性强、分布面广，真的要改革，造成的社会震动和改革的难度相较于大中型国有企业要小，短时间就可取得相对的进展。

1992年4月，按中央的统一部署，山东潍坊旗下的县级市诸城对150家市属独立核算企业进行审计，结果150家企业中103家亏损，43家资不抵债。1992年10月，市长陈光在“以明晰产权为突破口，以股份合作制为主要形式，多种形式推进企业改革”的思路下，对五家企业进行试点改革。诸城市国营电机厂成为试点改革的第一个企业，改革方案允许职工将企业资产全部买下，国有土地使用权不入股，由企业有偿使用。国营电机厂就这样“卖给”了厂内职工，并更名为山东诸城市开元电机股份有限公司。在成立大会上，陈光说：“从现在开始，我们两者的关系彻底地变了，你注册我

① 江泽民：“高举邓小平理论伟大旗帜，把建设有中国特色社会主义事业全面推向二十一世纪”，载《人民日报》1997年9月22日。

② 中国人民大学经济研究报告课题组：“国有小企业的改革思路”，载《经济理论与经济管理》1997年第6期，第18页。

登记，你挣钱我收税，你违法我查处，你破产我同情。同情归同情，没钱给你，你找市场不能再找市长。”

1993年5月，陈光组织45个工作组进驻全市272家企业，开始全面改制，市长陈光被人叫做“陈卖光”，骂他变卖国有资产，罪不可恕。1997年，陈光调任菏泽，菏泽企业负债率达122%，三分之二的企业停产，银行的不良贷款超过80%，于是陈光在诸城“卖”的思路上，给菏泽国企下了一剂猛药：“送”，“只要你能够让我们的职工有活干，有饭吃，只要你能帮助我们把企业搞活，我就把企业送给你。”近三分之一的国企就这样被“送”了出去，五年后，菏泽市企业亏损面由1997年的90%下降到2002年的12%，工业企业扭亏为盈，利润超过10亿元。

另外一个“放小”的经典案例是广东省顺德县。顺德县位于珠江三角洲，介于广州和香港之间，其乡镇企业闻名于世。顺德大办乡镇企业主要得益于在十一届三中全会至1992年期间就形成的“三为主顺德模式”，即以国有和集体经济为主、以工业为主、以骨干企业为主，涌现了科龙、美的、万家乐、格兰仕、万和等一大批明星企业，产品畅销全国各地，有的还远销国际市场。1992年，全市销售收入超亿元的工业企业37家，全市第一、第二产业的比例分别从1978年的51 ∶ 49发展为1992年的8 ∶ 92，率先实现了农业县向工业市的历史跨越。

1993年，顺德县政府开始进行所有权结构的转变，成为内地实行激进改革的先锋。顺德县的经验表现出三个不同的特征。第一，顺德县政府在所有权改革方面，将国有企业与集体企业组合在一起，在1083个国有和集体企业中，有734个企业改变所有权的形式，政府主要控制公用事业、公路、不动产等企业，其余的都转型为股份合作制企业；第二，顺德县政府为公共资产管理建立了一个独立的委员会，旗下有四个资产管理公司，专门用以监督资产管理，其目的在于将政府作为资产所有者的职能和区域性的社会与经济法规制定者的职能加以区分；第三，顺德县同时着手政治改革计划，消除了全部直线式官僚体系，以工业发展局、农业发展局与贸易发展局三个综合性的局处来替换，将事业单位从56个减少到29个，减少了1/3的员工，这些局处不再监督企业，而是有系统地管理区域性的经济。1997年，顺德市GDP达到189亿元，比1992年增长2.2倍，财政收入25.6亿元，年产值超亿元的企业达到77家，超10亿元的有8家，经济实力列全国百强县之首。

虽然重头戏在“放小”，但“抓大放小”真正的难题却在“抓大”。当时相对于世界上其他大型企业，我国国有企业规模尚小，缺乏具备国际竞争力的大型企业集团。以最大的东风汽车集团为例，1994年销售额300亿元，约合37亿美元，而美国最大的通用汽车公司1993年销售额为1336.2亿美元，相当于东风汽车集团1994年销售额的36.1倍。

十四届三中全会提出要建立现代企业制度，1994年国务院决定选取100家国有大中型企业进行公司制改革的试点。1996年，建立现代企业制度试点企业已遍及全国31个省、自治区、直辖市，试点企业达 2343 家。实行改制的公司中，71% 成立了董事会，63% 成立了监事会，33% 成立了股东会。公司的法人治理结构初步形成。

比如，新中国成立后的第一个钢铁厂——鞍钢，在由计划向市场转轨的最初时期，实行“双轨制”，即国家保持鞍钢的一部分计划任务，计划之外的产量和产品销售，为鞍钢所有。但原有的计划体制导致鞍钢的目标是“产量至上”，根本不在乎质量，只要产量能达到国家下达的计划指标即可。而市场经济体制下，消费者开始挑剔产品的质量，鞍钢生产的钢铁明显不符合市场的需求了。关于鞍钢生产的钢铁质量，有这么个笑话，当时鞍钢生产出来的汽车板卷，由于质量太差，飞边卷沿，连麻雀都不愿意往上面落，因为怕夹脚。1994 年，51 岁的刘玠空降到鞍钢担任总经理时，鞍钢对外欠款 224 亿元，濒于破产倒闭。1995 年，刘玠在北京人民大会堂被一个记者问道，“国有企业不改造，装备落后叫做等死，搞改造，要借钱，付不起利息，叫找死，你怎么看？”刘玠回答说，“既不能找死，也不能等死，我们要走出一条自己的路子来。”于是，困于资金牢笼的鞍钢，在多次向国务院打报告申请注入资本金未果后，只能靠改革走股份制的道路，到市场上融资。1997 年 7 月，鞍钢选取了部分较好资产成立新轧钢股份，在香港上市，同年在深圳上市，共发行 8.9 亿 H 股，3 亿 A 股，筹资 26 亿元。也正是这 26 亿元挽救了鞍钢[①]。1995 年，鞍钢产能 800 万吨，到了 2006 年已经达到 1500

---

① 张向东：“‘共和国第一钢厂’60 年浮沉”，载《经济观察报》2009 年 8 月 7 日。

万吨。

事实上，1995年到2006年，是中国钢铁工业发展史上最为重要的十二年。1995年，中国粗钢产量9536万吨，到2006年，中国粗钢产量已经超过了4.2亿吨，成为世界第一产钢大国。尤其是2001年到2006年间，中国每年GDP增速都保持在两位数以上，中国依靠大规模投资拉动的经济增长模式，带动了中国钢铁行业的飞速发展。

1995年第三次全国工业普查结果显示，“国有工业企业的负债总额已占到所有者权益的1.92倍，大中型国有企业整体资产负债率约为70%左右，流动资产负债率高达80%以上”。国有企业“产能过剩、债务过重”的问题严重影响到了国有企业的发展。1997年，重点监测的14个工业行业中，纺织、有色、军工、煤炭、建材等5个行业整体亏损；全国31个省区市有12个整体亏损；16874户国有大中型工业企业中亏损6599户。民营经济的迅速壮大，跨国公司大举进入，再加上亚洲金融危机，更是形势严峻，原本企业机制就不灵活的国企，成本下不去，负担太重，导致生存困难。

1997年国家开始了对国有企业的“扭亏脱困三年计划”，十五届一中全会明确提出要在三年内使大多数国有亏损企业走出困境。“三年脱困”的措施其实就是“优化企业资本结构”试点措施执行力度的进一步加大。以上海的纺织行业为例，作为“三年脱困”计划的首个突破口，1998年销毁砸烂了首批12万落后纱锭，当年全国淘汰512万落后棉纱锭，分流职工66万人，1999年累计压锭906

万，分流职工 116 万人，全行业转亏为盈，亏损企业占比也明显下降。

再以天津钢管公司为例，1999 年，天津钢管公司债务规模高达 145.32 亿元，欠款所带来的高额利息负担压得企业喘不过气来。同期，信达、东方、长城、华融四大资产管理公司先后成立，整体承接了天津钢管的债务，临时入股天津钢管。通过债转股的方式，天津钢管公司将其所欠银行贷款转为股份，终于甩掉了利息负担，当年即实现盈利 4000 余万元。

“三年脱困”计划还有一项主要措施是“兼并破产、下岗分流”。三年内，全国兼并破产和关闭项目 2334 户，核销银行呆坏账 1486.6 亿元。一批资不抵债、扭亏无望的企业和资源枯竭的矿山退出了市场，在 6599 户重点脱困的国有大中型企业中，兼并破产和关闭的占了三成。

经过“抓大放小”、债转股、减员增效等一系列改革措施，根据《关于 2000 年国有及国有控股工业企业扭亏为盈情况的通报》，到 2000 年，全国国有控股工业企业实现利润恢复到 2392 亿元，盈利企业盈利额增长 62%，亏损企业亏损额下降了 26.7%。包括纺织行业在内的五个重点行业整体扭亏，亏损户降至 1800 户，脱困率 72.7%。

2002 年 11 月，党的十六大报告指出：“国有企业是我国国民经济的支柱。要深化国有企业改革，进一步探索公有制特别是国有制的多种有效实现形式，大力推进企业的体制、技术和管理创新。除极少数必须由国家独资经营的企业外，积极推行股份制，发展混合所有制经济。实行投资主体多元化，重要的企业由国家控股。按照现代企业制度的要求，国有大中型企业继续实行规范的公司制改革，完善法人治理结构。推进垄断行业改革，积极引入竞争机制。通过市场和政策引导，发展具有国际竞争力的大公司大企业集团。进一步放开搞活国有中小企业。”

这一时期，国有企业面临的问题本质上是工业企业面临的问题，通过改革，工业企业、国有企业以退为进，以破产兼并、人员分流，换来了产能出清、扭亏为盈，以规模的收缩换来了盈利的改善，抓大放小，提质增效。

3. 第三阶段：产权改革，转型升级

2003 年后，国有企业迎来了第二个黄金时代。一方面，“抓大放小”“减员增效”的改革减轻了国企包袱，令其得以轻装前行；另一方面，2000 年后，中国经济发展逐渐步入重化工业阶段，产业结构重心从轻纺工业转向重化工业，对煤炭、石油、电力、钢铁等资源品和机械、电子、交运等设备的需求大幅激增，国有企业在这些行业中依然占据主导地位，也随之迎来了重大机遇。

2003 年 3 月，国务院国有资产管理委员会（简称国资委）正式成立，其基本职能是：推进国有经济的布局调整；进行尚未实现公司化的国有企业的改制；在已经实现改制的公司（包括国有独资公

司、国有控股公司和国有参股公司）中代表国家行使所有者权利，在这些企业中建立起所有者与经营者之间的制衡关系，使得这些企业的公司治理更加有效。国资委成立的主要目的是从原来的“九龙治水”变成“一龙治水”，原来几个部门分割行使的职能收归国资委统一行使，十六大报告中将国资委的权利界定为“管人、管事、管资产”，并公布实施《企业国有资产监督管理暂行条例》予以法律上的确立。我国奉行20多年的“国家所有，分级管理”的国资管理体制被“国家所有，分级产权”的新体制取而代之。国资委希望成为公有制与私有制相对接的桥梁，国资委是在国务院授权下代表国家履行出资人职责的主体，国资委与企业的关系是出资人与企业法人的关系，其拥有的是所有权与财产权的关系。

2005年4月29日，经国务院批准，中国证监会发布《关于上市公司股权分置改革试点有关问题的通知》，标志着股权分置改革试点工作的正式启动。股权分置，是指上市公司的一部分股份上市流通，称为流通股，主要成分为社会公众股；另一部分股份暂时不上市流通，称为非流通股，大多为国有股和法人股。由于担心国有资产流失、国家丧失对国有资本的控制力，初期的政策都是强调对国有股权的控制，因此，国有股权以及法人股都丧失了流通的权利，结果就是我国股市上有三分之二的股权不能流通。数额庞大的国有股和法人股不上市流通，使得国有企业发展过程中资本金不足的问题难以解决，因为不流转的资本市场无法实现融资配股的效果。股权分置问题被普遍认为是困扰我国股市发展的头号难题。同股不同权、同股不同利等“股权分置”存在的弊端，严重影响着股市和经济的发展。

股权分置的由来和发展可以分为三个阶段。第一阶段：股权分置问题的形成。我国证券市场在设立之初，对国有股流通问题总体上采取搁置的办法，在事实上形成了股权分置的格局。第二阶段：通过国有股变现解决国企改革和发展资金需求的尝试，开始触动股权分置问题。1998年下半年到1999年上半年，为了解决推进国有企业改革发展的资金需求和完善社会保障机制，开始进行国有股减持的探索性尝试。但由于实施方案与市场预期存在差距，试点很快被停止。2001年6月12日，国务院颁布《减持国有股筹集社会保障资金管理暂行办法》也是该思路的延续，同样由于市场效果不理想，于当年10月22日宣布暂停。第三阶段：作为推进资本市场改革开放和稳定发展的一项制度性变革，解决股权分置问题正式被提上日程。2004年1月31日，《国务院关于推进资本市场改革开放和稳定发展的若干意见》明确提出“积极稳妥解决股权分置问题”[①]。

股权分置改革要求股权必须多元化，从中央企业到地方国有企业，消除上市公司非流通股和流通股的制度差异，当作为非流通股的国有股与民营资本持有的流通股的制度差异消除，才能形成各类股东在公司治理中的共同利益基础，进一步完善上市公司治理结构，提高上市公司核心竞争力。同时，也十分强调国有控股上市公司的

① 《上市公司股权分置改革》，凤凰网财经，2009年4月1日。

控股股东所确定的最低持股比例，最低持股比例除了要根据企业的实际情况进行确定外，还要按照规定的程序及时报国有资产监督管理机构审核，与上市公司股权分置改革方案一并披露。此时可以看出，政府对于股权分置改革中国有资产的“进退”问题是比较谨慎的，提出“有进有退、有所为有所不为”的方针。

2005 年，上市公司航天晨光启动了股权分置改革，公司控股股东为南京晨光集团有限责任公司（简称“南京晨光”）。南京晨光是 1995 年现代企业制度改革的全国 100 家试点单位之一，1996 年 6 月改制为国有独资有限责任公司，持有航天晨光 60.29% 的股份。南京晨光是中国航天科工集团公司的全资子公司，航天科工则由国务院国资委直接管理。

根据《关于上市公司股权分置改革的指导意见》的指示，非流通股东与流通股股东之间以对价方式平衡股东利益。此处的“对价”，就是非流通股股东为了取得所持有的非流通股份流通的权力而向流通股股东支付的相应代价。支付对价的改革方案，一是对价格下跌的补偿行为，因为一旦大量非流通股上市交易，受供需不平衡的影响，股票价格会有向下的趋势；二是补偿流通股股东因购买流通权而支付溢价的情形，因为流通股股东是按发行价格或者二级市场价格购入股份，溢价的部分可以被看做是购买“流通权”而支付。非流通股股东向流通股股东支付对价是必须的，但是，显然不可能形成一个市场统一的支付对价标准，因此，真正的对价价格只有通过协商才能确定，对价也就成为非流通股股东与流通股股东博弈的焦点。

关于对价的计算，在理论上有市场理论价值法、超额市盈率倍数法、可比市盈率倍数法等多种方法，不同方法定下的“对价”背后体现的是各方的利益博弈，最终确定价格是一个相当复杂的过程，除了理论上的送股比例外，还需要考虑很多方面的因素。航天晨光非流通股股东经协商后，一致同意将对价水平调整为：非流通股股东向流通股股东所持的每 10 股流通股安排 2.5 股（原来为 2.096 股）对价股份，比理论对价高出 19.27%。反映出非流通股东充分考虑流通股股东利益，在理论方法测算的送股比例外，适当增加了送股，也是一种股权分置改革诚意的体现。原流通股股东无偿获得 2.5 股的对价，以摊薄其持股成本。航天晨光在 2006 年 2 月完成股权分置改革后，复牌恢复交易。10 月，航天晨光股票价格达 13 元 / 股，涨幅达 400%，实现了非流通股股东和流通股股东共赢的局面，国有资产也因此获得巨大的增值[①]。

截至 2006 年 10 月，在中央企业控股的 187 家上市公司中，已有 152 家完成或启动了股权分置改革，股权多元化进程正在提速。截至 2016 年 12 月 31 日，沪深两市上市公司共有 2573 家公告减持，累计公告减持股数为 1302.85 亿股，占累计解禁限售股的比例为 4.74%，累计减持市值为 17091.26 亿元，占累计解禁限售股市值的比例为 6.40%。

① 郭光辉：《股权分置改革实证分析与研究——航天晨光股权分置改革案例分析与思考》，2016 年南京理工大学硕士学位论文。

进入21世纪后，公司治理问题依然突出，国有企业的激励机制逐渐转入到产权的变革。以管理层收购（Management Buy-Outs，MBO）方式为主的私有化改革开始进入国有企业。2002年底，中国市县一级的16万家国有企业大多数都通过管理层收购方式私有化完毕，剩下的只是几千家地方和中央直接管理的大型国有企业。MBO开始从中小国有企业向大型国有企业蔓延。对大型国企的改革首先是剥离外围资产，又名“主辅分离”。比如青岛海信集团将其所拥有的海信大酒店卖给了洁神洗涤公司，更名为洁神大酒店，海信购物广场则实现了管理层收购，海信集团的股份由33%降为3%。2003年，全国各地在国家发改委的部署下，开始了国企产权改革的最后冲刺。在这一年，西安市宣布先出售资产总额为80亿元的60家国企，下一步将挂牌出售500亿元的市属国有工业企业资产。重庆市加紧起草《重庆市产权交易管理办法》，准备用3至5年的时间将1000亿元国有资产全部变现。深圳市在2002年8月对5家大型国有企业成功实现国际招标后，2003年又推出第二批约50家国企进行国际招标[①]。

2004年8月，香港中文大学客座教授、长江商学院首批教授郎咸平先后对TCL产权改革、海尔集团的曲线MBO、科龙三家企业的产权改革进行了“侵吞国资”的质疑，引发了关于国企产权改革的大辩论，拉开了中国进入网络时代以来第一次关于改革问题的社会

① 仲大军:《中国的MBO为何触犯众怒》，搜狐财经，2004年11月20日。

性大讨论。中国经济学界、法学界、社会学界乃至政府官员、国企职工都参与了这样一次大讨论。

郎咸平以“四问”的方式，在《海尔变形记——一次曲折而巧妙的 MBO》一文中质疑海尔借壳海尔中建正进行着“曲线 MBO”，这四问分别是职工持股会的监管、海尔投资拥有海尔商标专利权、职工持股会控制企业资产、信息披露与责任，质疑的矛头直接对向了当时执掌海尔的张瑞敏，指责其在改制中侵吞了国有资产。海尔作为一家集体所有制企业，多年来积累形成的巨额无形或有形资产的所有权很难具体量化到个人，通过职工持股会绝对控股的海尔投资，直接和间接地控制了海尔中建的股份，也就是郎咸平所指的“曲线 MBO”，但是，职工持股会法律地位不清，社团法人资格未定，围绕着职工持股会的资本运作等诸多事宜就会成为被质疑的“灰色地带”。郎咸平的质疑刀刀都砍在了海尔高层一直回避无法谈及的产权话题。“所有人缺位”正在被大多数企业利用成为侵蚀国有资产的理论武器，而中国缺乏的是职业经理人的信托责任，大部分国企老总也没有信托责任观念。

在国有资产“合法”流失这种奇特现象上，郎咸平的观点是：“之所以在上市公司收购过程中出现国有资产流失，就在于我们国家的法律缺位。我们国家属于大陆法系国家，只要是法律条文上没有禁止的都可以做。但我们的公司法是从哪里来的？是从欧洲和美国抄来的，不适合中国的情况。在那些国家，可没有什么职工持股会，也没有什么国资局和国有股不流通的问题。因此现在我们的公司法无法对国有资产流失的问题进行有效的制约。使得收购者有机可乘，以合法掩护非法。”

“这些年，国内引入了美国的 MBO（管理层融资收购）概念。MBO 是什么？就是收购公司在外的股权。MBO 的前提是股份有一个市场价格在，因此管理层可以以一个溢价来收购公司。但我们国内的情况却是不一样的。国内大多 MBO 的运作模式是：向国有银行借钱，收购国家股，收购的价格是由管理层自己制定的，收购完成之后管理层就变成企业的主人了。全世界就只有中国还存在这样荒谬的事情。这些行为本来需要给予严厉打击，然而按照现行的法律，这些行为却都是合法的。”

总结郎咸平的观点，核心主要是两点，一是法律缺位下的不合法，二是买卖双方私下自定价格，造成国有资产大量贱卖流失。他用保姆的例子说明：“家里很脏，请了一个保姆清理一下，结果主人的家就变成保姆的了。”郎咸平针对以上两点问题，提出的解决方式是“三个必须”：一是必须暂停（私下）产权交易，国有资产的产权交易必须公开、透明、竞价与严格审计；二是（目前）必须禁止 MBO（实际是从国家银行借钱、老总们自己定价的 MBI）；三是必须建立一套激励机制与信托责任并重的职业经理人制度。

对于郎咸平的一系列关于国企产权改革的观点，国务院发展研究中心企业所副所长张文魁在接受《21 世纪经济报道》专访中作出回应。其认为只要政策得当，国资流失是可以在很大程度上得到控制的，而且国资流失的现象在现实中也越来越多地得到了纠正。张文魁个人呼吁加快建立国有资本经营预算制度，使改制成本的支付能够公开透明和统筹进行。

不管是股权分置改革还是MBO，不管是积极响应还是颇有争议，十几年来，国企对内产权改革、对外扩大开放、引入市场竞争等举措已经使得市场经济主体向多元化发展，国有企业已基本转变为现代企业，激励机制逐步搭建，运行效率提升，并成为推动我国经济发展、提升社会福利、扩大国际影响力的支柱。

二、新一轮国企改革的指导政策

1. 关于深化国有企业改革的指导意见

纵观四十多年来的国企改革之路，大致可以将改革分为三个阶段：第一阶段是从1978年到1993年的“放权让利”阶段，解决的是国有企业真正进入市场的问题；第二阶段是从1993年到2003年的“制度创新”阶段，也被称为“国退民进”的十年，国有经济主要是进行战略性调整和建立现代企业制度；第三阶段从2003年国资委的建立到十八届三中全会，解决的是股权分置等历史遗留问题，以及现代企业制度的进一步深化。那么从2014年开始直至今日，是新一轮国企混合所有制改革的执行推进阶段。

2013年11月12日，中共十八届三中全会通过了《中共中央关于全面深化改革若干重大问题的决定》(简称《决定》),《决定》第六点指明了混合所有制改革的主要形式，即国企入股民企，民企入股国企，国企员工持股。原文为:“积极发展混合所有制经济。国有资本、集体资本、非公有资本等交叉持股、相互融合的混合所有制经济，是基本经济制度的重要实现形式，有利于国有资本放大功能、保值增值、提高竞争力，有利于各种所有制资本取长补短、相互促进、共同发展。允许更多国有经济和其他所有制经济发展成为混合所有制经济。国有资本投资项目允许非国有资本参股。允许混合所有制经济实行企业员工持股，形成资本所有者和劳动者利益共同体。”

2015年8月24日，中共中央、国务院印发了《关于深化国有企业改革的指导意见》(简称《指导意见》)，这也是新一轮国企混改中具有顶层设计意义的文件。《指导意见》共分8章30条，从改革的总体要求到分类推进国有企业改革、完善现代企业制度和国有资产管理体制、发展混合所有制经济、强化监督防止国有资产流失、加强和改进党对国有企业的领导、为国有企业改革创造良好环境条件等方面，全面提出了新时期国有企业改革的目标任务和重大举措。

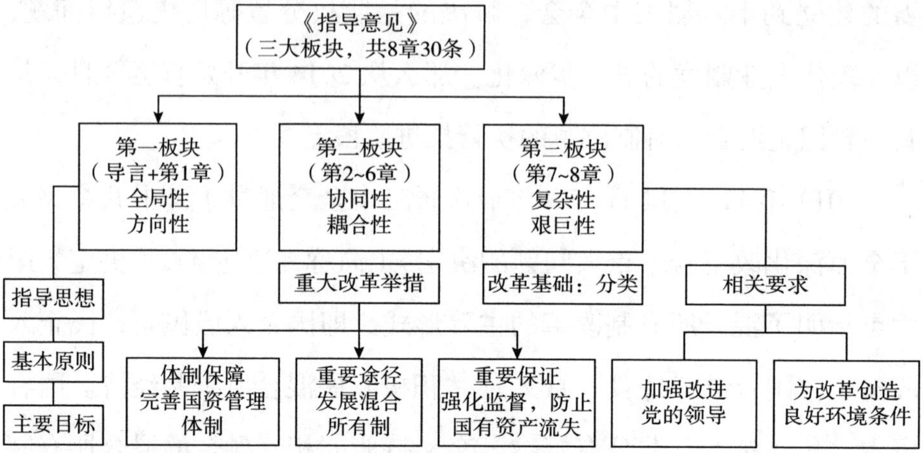

图 1-1 《指导意见》框架示意图

《指导意见》作为新一轮国企改革的纲领性文件，有非常多的新意和亮点，提出了高屋建瓴的指导性观点。比如，在《指导意见》的第一章“总体要求”部分，明确提出要“做强做优做大国有企业，不断增强国有经济活力、控制力、影响力、抗风险能力”。在“主要目标”部分，文件再次强调了要“培育一大批具有创新能力和国际竞争力的国有骨干企业，国有经济活力、控制力、影响力、抗风险能力明显增强”。而在国企改革的四个具体目标中，首当其冲的目标就是“发展混合所有制经济”，并延续《决定》，给出了更详细的措施：第一，对于已有的混合所有制国企，关键是完善现代企业制度、提高资本运行效率；第二，鼓励非国有资本投资主体通过出资入股、收购股权、认购可转债、股权置换等多种方式，参与国有企业改制；第三，鼓励国有资本通过市场化方式，以公共服务、高新技术、生态环保、战略性产业为重点领域，对发展潜力大、成长性强的非国有企业进行股权投资；第四，探索实行混合所有制企业员工持股，优先支持人才、资本和技术要素贡献占比较高的转制科研院所、高新技术企业、科技服务型企业开展员工持股试点。

在“基本原则”部分，《指导意见》明确提出“坚持政企分开、政资分开、所有权与经营权分离”，在后面的内容中，又数次提到了所有权与经营权分离。值得注意的是，“所有权与经营权分离”这一提法并没有出现在三中全会《决定》中，而在《指导意见》中明确提出了这一要点，这是非常重要的标志性意见。对国有企业来说，国资委介入国有企业日常运营一直是国企运营症结之一。此次改革中明确的“所有权与经营权分离”就是希望通过体制机制的设立，限制国资委在企业日常经营中的权力边界，从根源上解决这一问题。同时，“所有权与经营权分离”也是实现从管资产到管资本的转变、完善企业法人治理与管理体制、推进混合所有制等一系列具体改革措施的基础。可以说，《指导意见》将“所有权与经营权分离”定调为基本原则，为国企改革打下了关键基础。

2.《指导意见》中的核心亮点

除了总体要求和基本原则外，《指导意见》文件长达20页，对多个改革方案进行了概括性阐述。其中，在分类监管、股权多元化、国企重组整合、整体上市等方面亮点频现。

第一，提出通过市场化改革将国企打造成为独立的市场主体。

把国有企业打造成为独立的市场主体，充分激发和释放企业活力，提高市场竞争力和发展引领力，是贯穿《指导意见》的一条主线，也是深化国有企业改革的着眼点和落脚点。《指导意见》通篇体现这一改革取向，具体措施主要包括依法落实企业自主权，转变政府职能，推进简政放权；推动企业完善市场化经营机制，推进公司制股份制改革，积极引入各类投资者；促进企业公平参与竞争等。

其中尤为重要的是推进国资监管机构的职能转变，关键要抓好“一个转变、两个清单、三个归位、四个重点”。“一个转变”就是准确把握依法履行出资人职责的定位，实现以管企业为主向以管资本为主的转变；“两个清单”是科学界定国有资产出资人监管边界，建立监管权力清单和责任清单，做到该管的科学管理、决不缺位，不该管的要依法放权，决不越位；“三个归位”就是将依法应由企业自主经营决策的事项归位于一级企业，将延伸到子企业的管理事项原则上归位于一级企业，将配合承担的公共管理职能归位于相关政府部门和单位；“四个重点”就是重点管好国有资本布局、规范资本运作、提高资本回报、维护资本安全。

但在市场化的同时，也必须要加强监督，防止国有资产流失。这是推进国有企业改革的一条重要经验和根本保障。《指导意见》提出一系列措施，集中体现为筑牢“四道防线”：强化企业内部监督、出资人监督、专项监督以及社会监督；健全“六个机制”：建立健全核查、移交和整改机制，建立监督工作会商机制，建立健全监督意见反馈整改机制，建立健全国有企业重大决策失误和失职、渎职责任追究倒查机制，建立健全企业国有资产监督问责机制，健全反腐倡廉长效机制。

第二，提出分类型、多方式推动国企发展混合所有制经济。

《指导意见》提出，要根据国有资本的战略定位和发展目标，结合不同国有企业在经济社会发展中的作用、现状和发展需要，将国有企业分为商业类和公益类。具体推进中，对于不同类型企业将区别对待。一是区分“已经混合”和“适宜混合”的国有企业。对通过实行股份制、上市等途径已经实行混合所有制的国有企业，要着力在完善现代企业制度、提高资本运行效率上下功夫；对适宜继续推进混合所有制改革的国有企业，要充分发挥市场机制的作用。二是区分商业类和公益类国企。主业处于充分竞争行业和领域的商业类企业，原则上都要实行公司制股份制改革；主业处于关系国家安全、国民经济命脉的重要行业和关键领域、主要承担重大专项任务的商业类国企，要保持国有资本控股定位。三是区分集团公司和子公司等不同层级。集团公司层面，在国家有明确规定的特定领域，坚持国有控股；在其他领域，鼓励通过整体上市、并购重组、发行可转债等方式，积极引入各类投资者；子公司层面，国有企业集团公司二级及以下企业，以研发创新、生产服务等实体企业为重点，引入非国有资本，加快技术创新、管理创新、商业模式创新。

在混改的实际操作方式上，一方面，要鼓励非国有资本通过出资入股、收购股权、认购可转债、股权置换等多种方式，参与国有企业改制重组，参与国有控股上市公司增资控股，参与国有企业经营管理。另一方面，充分发挥国有资本投资、运营公司的资本运作平台作用，通过市场化方式，以公共服务、高新技术、生态环保和战略性产业为重点领域，对发展潜力大、成长性强的非国有企业进行股权投资。同时，要优先支持人才资本和技术要素贡献占比比较高的转制科研院所、高新技术企业和科技服务型企业开展员工持股试点，支持对企业经营业绩和持续发展有直接或较大影响的科研人员、经营管理人员和业务骨干等持股。

第三，提出积极推进国有资本投资、运营公司试点工作。

《指导意见》提出，要改组组建国有资本投资、运营公司，要科学界定国有资本所有权和经营权的边界，国有资产监管机构依法对国有资本投资、运营公司和其他直接监管的企业履行出资人职责，并授权国有资本投资、运营公司对授权范围内的国有资本履行出资人职责。国有资本投资、运营公司作为国有资本市场化运作的专业平台，依法自主开展国有资本运作，对所出资企业行使股东职责，按照责权对应原则切实承担起国有资产保值增值责任。今后，国有资产监管机构的指令主要通过国有资本投资、运营公司平台，通过规范的法人治理结构，以“市场化”的方式往下层层传导，规避政府对市场的直接干预，真正实现政企分开。

在中央层面组建中央级国有资本投资、运营公司的方式，可以避免出资人和企业之间叠床架屋和拉长委托代理链条，有利于进一步理清国有资产监管机构和国有资本投资、运营公司之间权责关系。这还需要通过试点完善，形成可复制可推广的经验。

第四，提出实行与社会主义市场经济相适应的企业薪酬分配制度。

《指导意见》为深化国有企业工资收入分配制度改革指明了方向，要推动建立健全与国有企业改革发展相适应的工资分配激励和约束机制。一方面，改革国有企业工资总额决定机制，结合国有企业的功能定位和分类，分类实施改革，逐步扩大竞争性国有企业工资决定自主权，对部分收入过高的企业，继续实行工资总额和工资水平双重调控政策；另一方面，指导国有企业深化内部分配制度改革，进一步落实国有企业内部分配自主权，由企业参考劳动力市场工资价位，结合市场竞争程度和企业经济效益，根据岗位职责和绩效贡献自主决定不同岗位人员工资，合理拉开内部工资分配差距，增强关键岗位和核心人才的薪酬竞争力。

关于国有企业负责人薪酬制度改革，此番《指导意见》明确，对国有企业领导人员实行与选任方式相匹配、与企业功能性质相适应、与经营业绩相挂钩的差异化薪酬分配办法。具体来讲，一是坚持分类关系，对由各级党委、政府及其部门任命的企业负责人，重点是严格规范薪酬结构，建立科学合理的薪酬形成机制；对通过市场化选聘的职业经理人，其薪酬结构和水平，由董事会按照市场化薪酬分配机制确定。二是坚持激励和约束相结合，对组织任命的企业负责人，其基本年薪根据企业负责人岗位职责和承担风险等因素确定；对市场化选聘的职业经理人，确定其薪酬要考虑所在企业的不同功能性质、不同经营规模的区别以及本人承担的经营责任等方面的差异性，加强经营业绩考核。

第五，提出强化国企在经济转型升级中的示范引领作用。

《指导意见》提出，要发挥国有企业在实施创新驱动发展战略和制造强国战略中的骨干和表率作用。国有企业在关系国家安全和国民经济命脉的主要行业和关键领域占据支配地位，是国民经济的重要支柱。实施制造强国战略，推动经济转型升级和实体经济发展，必须充分发挥国有企业的重要作用。

新一轮科技革命与产业变革给我国制造业发展带来重要机遇。要抓住这一轮科技革命和产业变革，实现制造业的转型升级和创新发展，主要在以下六个方面：一是坚持创新驱动发展，加快核心技术、共性技术和关键技术研发，提升核心竞争力；二是坚持两化深度融合，深化互联网在制造领域的应用，全面提升智能化水平；三是坚持质量品牌为先，不断提升企业的品牌价值和“中国制造”整体形象；四是坚持推行绿色发展，加强先进节能环保技术、工艺、装备的研发和应用，积极构建绿色制造体系；五是坚持突出战略重点，以新一代信息技术产业、高档数控机床和机器人、航空航天装备、海洋工程装备、先进轨道交通装备、新能源汽车、新材料等为重点，推动优势和战略产业快速发展；六是坚持推进结构调整，加强企业间战略合作和兼并重组，优化国有企业布局，增强国有经济整体功能和效率[①]。

3. “1+N”政策体系

经济体制改革是当下中国全面深化改革的重点，而国企改革又被视为其中最难啃的一块“硬骨头”。随着《关于深化国有企业改革的指导意见》的发布，国企分类改革、完善国资监管体制、发展混合所有制经济、加强党的领导、防止国有资产流失等多个配套文件陆续出台，国企改革“1+N”政策体系基本形成，“设计图”“施工图”逐渐明晰。

《中共中央国务院关于深化国有企业改革的指导意见》就是国企改革“1+N”政策体系中起到顶层设计作用的“1”。五年来，党中央、国务院配合《关于深化国有企业改革的指导意见》，出台了22个配套文件，补充了“1+N”政策体系中的“N”，形成了顶层设计和四梁八柱的大框架。

从国企改革“1+N”政策体系来看，在代表“1”的《关于深化国有企业改革的指导意见》中，重点提出了三个方面的改革举措，首先，是国企改革的重要途径，也就是发展混合所有制；其次，是国企改革的体制保障，也就是完善国资管理体制，建立和完善现代企业制度；最后，是国企改革的重要保证，也就是强化监督，防止改革过程中的国有资产流失。而自2014年至今的所有国企改革的指导性文件，也都是在这三层意思的框架下出台的。

① 五部委解读《关于深化国有企业改革的指导意见》，新华网，2015年9月15日。

表 1-1　　　　“1+N”政策体系一览

改革方向	配套政策	发布机构	文号
分类推进国有企业改革	《关于国有企业功能界定与分类的指导意见》	国资委	国资发研究〔2015〕170 号
	《关于完善中央企业功能分类考核的实施方案》	国资委 财政部	国资发综合〔2016〕252 号
完善国有资产管理体制	《关于改革和完善国有资产管理体制的若干意见》	国务院	国发〔2015〕63 号
	《企业国有资产交易监督管理办法》	财政部	财政部令第 32 号
	《关于推动中央企业结构调整与重组的指导意见》	国务院	国办发〔2016〕56 号
	《中央国有资本经营预算支出管理暂行办法》	财政部	财预〔2016〕6 号
	《关于加强和改进企业国有资产监督防止国有资产流失的意见》	国务院	国办发〔2015〕79 号
	《国有企业违规经营投资责任追究办法》	国务院	国办发〔2016〕63 号
	《国务院国资委以管资本为主推进职能转变方案》	国务院	国办发〔2017〕38 号
	《国有企业境外投资财务管理办法》	财政部	财资〔2017〕24 号
	《国务院关于印发改革国有资本授权经营体制方案的通知》	国务院	国发〔2019〕9 号
	关于印发《国务院国资委授权放权清单（2019 年版）》的通知	国资委	国资发改革〔2019〕52 号
完善现代企业制度	《中央管理企业负责人薪酬制度改革方案》	中共中央办公厅	中发〔2014〕12 号
	《关于印发加快剥离国有企业办社会职能和解决历史遗留问题工作方案的通知》	国务院	国发〔2016〕19 号
	《关于进一步完善国有企业法人治理结构的指导意见》	国务院办公厅	国办发〔2017〕36 号
	《中央企业主要负责人履行推进法制建设第一责任人规定》	国资委	国资党发法规〔2017〕8 号
	《中央企业公司制改革工作实施方案》	国务院	国办发〔2017〕69 号

续表

改革方向	配套政策	发布机构	文号
	《国务院关于改革国有企业工资决定机制的意见》	国务院	国发〔2018〕16号
	《中央企业工资总额管理办法》	国资委	国资委令第39号
	《中央企业负责人经营业绩考核办法》	国资委	国资委令第40号
发展混合所有制经济	《国务院关于国有企业发展混合所有制经济的意见》	国务院	国发〔2015〕54号
	《关于鼓励和规范国有企业投资项目引入非国有资本的指导意见》	发改委	发改经体〔2015〕2423号
	《关于国有控股混合所有制企业开展员工持股试点的意见》	国资委	国资发改革〔2016〕133号
	《国有科技型企业股权和分红激励暂行办法》	财政部 科技部 国资委	财资〔2016〕4号
	《关于做好中央科技型企业股权和分红激励工作的通知》	国资委	国资发分配〔2016〕274号
加强党对国有企业的领导	《关于在深化国有企业改革中坚持党的领导加强党的建设的若干意见》	国务院	国发〔2015〕44号

三、深化国企改革两大内容：所有权和经营权分离

十八届三中全会颁发了《中共中央关于全面深化改革若干重大问题的决定》，以“拥抱市场、提高国有资本运营效率、提升国有

企业活力”为核心目标，第一次提出市场经济的“决定性”作用；第一次将公有制经济和非公有制经济并列提出；第一次提出由管企业、管资产的思路，转向管资本的思路；第一次提出国企按功能定位；第一次提出混合所有制是基本经济制度的实现形式。

1. 国企改革与监管的“三三工程”

国有企业改革首先体现在国有资产监管的改革，《中共中央关于全面深化改革若干重大问题的决定》(简称《决定》)对于国企改革最大的理论创新就是提出“以管资本为主加强国有资产监督”，这是国资监管理念的重大转变。《决定》根据国资监管理念提出一系列国有企业在分类分层改革的新论述，包括根据功能分“三类”、资本分“三层”和国资委监管实现“三个转变”，并称为国企改革与监管的“三三工程”，这意味着国有企业或将进入分类分层改革与监管的新时期。

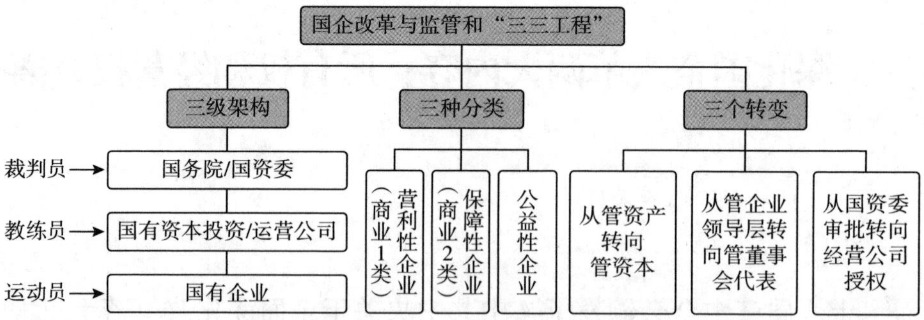

图 1-2 国企改革与监管的“三三工程”

十八大国企改革突破了国资委的“三权合一”局面，模仿新加坡的淡马锡，通过成立国有资本投资运营平台，逐渐建立起以资本运作为核心的三层架构管理模式。在这样的模式下，国资委仅仅是出资人，以股东身份存在；设立的国有资本投资运营公司则对下面的企业进行监管，拥有考核与薪酬分配的权利；而企业则掌握自主经营权。

表 1-2　三层架构的主体、角色及特点

主体	角色	特点
国资委	出资监管人	定规则制度、监督考核国企 组建大国资委，对金融、文化等领域的经营性国有资产实行统一监管，加强上级国资监管机构对下级的指导与监督
国有资本投资/运营公司	国资经营者	具备显著的投资银行特征，主要进行企业重、兼并、收购、证券发行等业务 促进下属企业提高效益
国有企业	产业或企业日常经营主体	通过生产经营活动实现国有资产的保值和增值 为实现国家调节经济的目标，调和国民经济各个方面的发展

在三层架构中，根据功能定位，国有资本投资运营公司主要分为资本投资公司、资本运营公司两类。其主要区别是在于后者更多的是财务投资，在一、二级资本市场进行金融投资，其主要发展目标是推进国有资本合理流动、改善国有资本分布结构和质量，提高国有资本配置效率；而前者则是以投融资及项目建设为主，在实业领域进行战略投资，打造和扩展产业平台，其主要发展目标是促进产业转型发展、推动重要行业的国有企业发展壮大、承担国家安全保障任务。通常情况下，有条件改组为国有资本投资运营公司的对

象可基本分为以下六类：

① 涉及国家安全、国民经济命脉、行业中重要骨干企业；

② 主业明确、具备金融布局、可实现产融结合的集团；

③ 可整合淘汰过剩产能、整合资源布局国外市场的各省国企；

④ 专门从事国资运营的企业；

⑤ 同业竞争严重、内耗问题突出的国企；

⑥ 支柱产业和高新技术企业中选取重要骨干企业。

围绕“三层架构”的搭建，对国资的监管也将实现从“管资产”到“管资本”管理内容的转变，从“工头”到“老板”管理角色的转变，以及从“管理”到“监督”管理职责的转变。具体是指从管企业投资、业务确定、合并重组等资产组合过渡到管总量、管效益、管分布的资本运营；从管企业领导层过渡到管董事会代表；从管企业实务资产的安全乃至运营过渡到管履行出资人职责机构的监督规则。

与“三层架构”相匹配的，是将国有企业分为三种类别。三种分类是指基于行业特性及企业功能，准确定位国有资本的作用，以实现有效监管、分类推进改革。国有企业根据功能不同可以分为三类：一是以企业社会责任优先，不以利润最大化为目标的公益类企业；二是成本加合理利润、在相关派生的经营活动中可以引入充分市场竞争机制的自然垄断类保障性企业，如水、电、电信等基础网络设施建设企业；三是营利性质的完全竞争领域的企业。对于不同类型的企业，应针对其特点及功能选取有针对性的改革方式。

表 1-3 三类国有企业的特征、功能及改革方式

国企类型	企业特征	国企功能	改革方式	典型行业
营利性	市场竞争激烈充分	实现盈利	优胜劣汰，推进所有制改革率先进行改革	房地产、汽车、商贸等
保障性	涉及国家经济安全、具备自然垄断特征	保障国家经济安全	破除行政垄断、网运分离、放开竞争，如油气采集业务可垄断，但是管道及终端业务可竞争	铁路、电信、能源、电网等
公益性	提供重要公共产品和服务的企业	提供公益性服务，不以盈利为目的	保持国有全资或国有控股，聚焦主业	公共事业、公共交通、军工、航天等

从功能改革的角度总体来看，十八大国企改革有以下三大趋势：其一，推进国有企业向国家安全和国民经济命脉的重要行业及关键领域转移；其二，推进国有企业从竞争行业向公共产品与公共服务领域的转移；其三，推进国有企业从传统产业向具有前瞻性、战略性的产业转移。

2. 国有资本 / 投资运营公司的职责

在“三三工程”中，最具亮点的当属“三层架构”的确立，即建立以“管资本”为核心的三层监管模式，实现国资经营主体的转变，即“国资委—国有资本投资运营公司—国有企业”三层架构。在原有的“国资委—国有企业”两层架构模式下，由国资委出资承担监管人和国有经营者的角色，而国有企业承担产业或企业日常经营。这种二层架构模式下，政企关系紧密，国企主要由国资委管理，其人事任命、资产管理、企业经营均受国资委控制，从而形成了国

资委集“资产权、治理权、人事权”三权合一的局面。

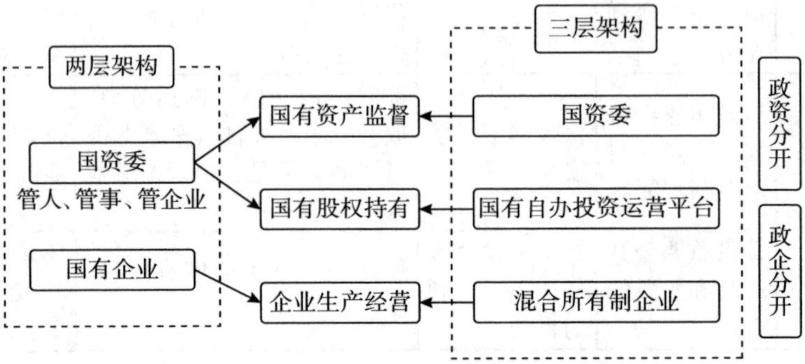

图 1-3　从“两层结构”到“三层结构”

从各个国家的国资监管机构设置来看，“两层架构”的代表模式是法国，由国家参股局来担任国家出资人的角色，其他各行业主管部门配合行政和业务管理，政府直接控制一部分高级管理人员的任命和企业重大决策。这类似于我国国企混改之前的做法，由国务院国资委直接监管中央企业，地方国资委负责监管地方国有企业。“两层架构”的优势在于代理链条短，政府的意图能够更加有效地传达到企业，尤其在政府需要迅速进行宏观调控的时候。但劣势就在于少了一层“隔离层”后，政府对企业的干预和渗透太多，影响企业自主性发挥，也容易滋生灰色地带和腐败现象。

“三层架构”比较有代表性的模式是新加坡的淡马锡模式，我们在第四章第一节中有详细阐述。简单地说，淡马锡模式就是在政府监管机构和国有企业间设置了中间层，即国有资本运营公司。它们不属于政府机关，受政府委托对国有企业进行资本运营管理，政府对该国有资本运营公司享有人事任免权和财务监督权。国有资本运营公司对下属国有企业按照《公司法》管理，履行出资人职能，享受股东的权利和义务。“三级架构”比较好地隔离了企业和政府，使得资产的所有权和经营权相分离，减少了政府的干预，使企业更贴近市场，可以更加灵活的根据市场情况配置资源。但“三层架构”的关键就在于要把握好“中间层”的界限，确定角色位置，明晰权责边界，避免出现放权过多或越权管理的现象。

国资改革推进资本化，更有利于国有资本的布局调整和保值增值，管资本就是改革经营性国有资产的实现形式，由实物形态的国有企业，转向价值形态、可以用财务语言清晰界定、有良好流动性、可以进入市场运作的国有资本。据此可以实现三个目标：

一是顶层国有企业进行整体的公司制改制，国家从拥有企业转向拥有资本（股权），并委托专业投资运营机构持有和运作。这就隔离了政府与企业直接的产权关系，从体制上为政企分开、建立现代企业制度奠定了基础。有股东没有“婆婆”，对企业是又一次解放。

二是国有资产资本化、证券化后，国有投资运营机构的所有权与企业法人财产权分离，这就解脱了国有资本与特定企业的捆绑关系。企业自主决策做强做大、国有资本追求投资收益有进有退地流动。这就构成了相关但不受约束的两个自由度。资本化是对国有资产流动性的解放，将释放出巨大的活力和效率。

三是政府在管资本不管企业的体制下，可以站到更超脱的地位，正确处理与市场的关系。这对政府也是一次解放。资本化的重要意义在于，它将从根本上理顺长期困扰我们的政府、市场和企业的关系，化解体制转轨中的诸多矛盾。国有资本的预期效能主要通过市场而不是行政力量来实现，这就使国有资本具有“亲市场性”，从而保障我国在保持较大份额国有经济的情况下，“使市场在资源配置中起决定性作用”。

因此，国有资本运营公司的功能更加清晰：一是要有很强的资本运作和金融服务能力；二是要有完备的市场化管理机制；三是要成为国资委开展资本运作、结构调整的市场化运作主体，执行国家战略，体现出资人意志。

国有资本运营公司还要不断强化战略规划能力，发挥在结构调整和产业升级中的引领作用。一是要积极研究、主动规划，优化国有资本布局结构；二是要成为战略新兴产业转型升级的引导者，通过新体制新模式，引领、培育、发展新业态、新企业；三是要成为具备综合金融功能的服务商，服务国企，以融促产，扶持实体；四是要完成重大专项任务，维护稳定，促进发展。

目前，中央企业国有资本运营公司、投资公司首批确定“2+8”格局，以诚通集团、中国国新为运营公司试点。37 家省级国资委中有 21 家改组组建了 52 户国有资本投资、运营公司，且数量仍在不断增加中。

从实践效果看，省级国有资本运营公司大多数仍在摸索中，中央企业资本运营探索实践颇有成效，其核心实践包括：一是加快改组转型，在资本运营公司内组建股权管理、资本运营、金融管理等功能板块，理顺与下属公司的管理关系，实施董事会市场化运作，激发活力；二是探索新体制新模式，发挥基金运作，打造国有资本投融资新渠道；三是搭建资本运营基础平台，包括收购商业银行和成立中央企业财务公司；四是承接划入股权，做好存量股权管理，探索存量国有资本合理流动；五是承担专项任务，对困难企业实施专业化重组，有效化解风险。

3. 经营权下放，激发国企活力

十八大以来，国有企业经营层面的改革主要是以“提高企业的市场化程度”为中心，从以下三个方面开展工作。

其一，健全股东会、董事会，完善股权治理结构。在国资委管资本的背景下，企业的股东会、董事会将会成为监管的核心抓手。因此各企业应加速完善以董事会为核心的治理机制，强化董事会专门委员会功能；增加独立董事或者外部董事的决策权重，增加其他非国有股东的话语权。

其二，建立职业经理人制度，实现人事任命的市场化。在三级监管结构下，国资委不管派驻董事、不管企业领导层，董事长与总经理需分层管理。在人事任命方面，企业可以建立职业经理人制度，逐步打破“能进不能出”现象，做到“能进能退、能上能下”。企业职业经理人完全由市场聘任，不再享受行政级别，打断权力寻租。

其三，建立长效约束激励制度，提升企业内部活力，促进国企效率提升。具体地，对于市场化聘任的企业管理人员，应研究建立市场化薪酬协商机制；各企业应积极探索混合所有制企业员工持股办法。

为了进一步激发国企活力，国务院在2019年下发《改革国有资本授权经营体制方案》（简称《方案》），对国有企业的授权放权做出了较大的突破。未来的国企改革，将从战略规划、薪酬管理、选人用人、产权管理多方面，分类进行放权。国资委根据授权代表国务院依法履行出资人职责，专司国有资产监管，不行使社会公共管理职能，不干预企业依法行使自主经营权。《方案》把国企激励作为放权授权的重要事项，释放了积极推动国企激励机制改革的强烈信号，这对于激发国企活力必将产生深远影响。尤其在涉及国企员工激励方面，《方案》的放权力度之大，是前所未有的。

表1-4　　各文件对国企激励事项的审批权限对比

<table>
<tr><th colspan="2">国企激励事项</th><th>原审批权限
（133号文、4号文）</th><th>现审批权限
（《改革国有资本授权经营体制方案》）</th></tr>
<tr><td rowspan="4">员工持股</td><td rowspan="2">地方国企</td><td>员工持股试点报省级国资委确定</td><td rowspan="6">授权国有资本投资、运营公司董事会审批子企业股权激励方案</td></tr>
<tr><td>员工持股方案报履行出资人职责的机构备案，同步抄报上级国资委</td></tr>
<tr><td rowspan="2">央企
子企业</td><td>员工持股试点报国务院国资委确定</td></tr>
<tr><td>员工持股方案报国务院国资委备案</td></tr>
<tr><td rowspan="2">股权激励、分红权激励</td><td>地方国企</td><td>激励方案报同级国资委批准</td></tr>
<tr><td>央企
子企业</td><td>激励方案报央企集团公司批准</td></tr>
<tr><td rowspan="2">工资总额管理</td><td>地方国企</td><td>工资总额预算方案报地方国资委备案或核准</td><td rowspan="2">国有资本投资、运营公司实行工资总额预算备案制</td></tr>
<tr><td>央企</td><td>工资总额预算方案报国务院国资委备案或核准</td></tr>
</table>

从表中可以看出，和之前未见的审批规定相比，《方案》比较简单，资本投资和运营公司的子公司股权激励方案，直接由“授权国有资本投资、运营公司董事会审批”。

随后的国资委制定印发了2019年版的授权放权清单。具体工作有以下几项：

一是落实授权放权。国资委将贯彻落实《方案》精神，制定印发2019年版国资委授权放权清单，在战略规划和主业管理、选人用人和股权激励、工资总额和重大财务事项管理等方面分类开展授权放权，一企一策地赋予国有资本投资、运营公司等企业更多自主权。同时，按文件要求对国资监管现行有效的规章规范性文件进行全面清理。

二是强化监管。按照放活与管好结合的思路，在授权放权的同时，全面强化企业风险内控合规体系，加强事中事后监管，严格责任追究。2019年将建成国资国企在线监管系统，建立健全实时动态监管体系。

三是动态调整。对于获得授权但未能规范行权的企业，将及时收回相应的权利，督促企业整改，实行动态管理。

四是指导推动。要求各地区按照《方案》要求，结合实际推进本地区国有资本授权经营体制改革工作，不断健全完善国资监管权力清单和责任清单制度，赋予企业更多的自主权，将已明确取消、下放的监管事项真正落实到位。

从授权放权清单以及国有企业的三种分类来看，本轮国企改革意图达到以下三个目的：

其一，让自然垄断行业的企业真正独立自主经营，按市场化的规则运作。例如，虽然各类矿产企业职能通过特许经营权取得矿产资源，但是，这类权利的取得不再是国有企业独享的特权，民营企业也可以申请特许经营权，国企不能利用公权来竞争特许权，且国企获得特许权后，政府不能随意干涉企业的事务。

其二，根据不同行业特点实行网运分开，放开竞争性业务，推进公共资源配置市场化。目前许多行业都是网运一体，如水、电、气等部门，当一家建立了管网，其他企业就很难进来，因此很容易形成行业垄断，打破这类行业垄断的最好办法就是网运分离，国有企业在网管的建设方面控股，而其他可以通过完全市场化来解决，多家供应商的竞争既可以提高服务质量，也可以降低成本。

其三，进一步破除各种形式的行业垄断。过去许多行政部门都有一些特许企业和从原有政府职能中剥离出来的部门，经过多年改革，大部分已经脱离母体，变成真正的企业和中介组织，但也有一些部门发展缓慢或始终未变，新一轮的国企改革也会在此类行业中有所深入。

四、国企混改九条配套政策及最新动向

1. 国企混改九条配套政策出台的背景

2017 年被称为国企混合所有制改革的落地实施元年。2018 年 3 月 10 日，十三届全国人大一次会议新闻中心举行的记者会上，国务

院国资委负责人更是指出，“2017 年国企的成绩是过去 5 年中最好的，2018 年要在继续坚持‘总体平稳、稳中求进’总基调的基础上，更加注重质量第一、效益优先，在高质量发展方面，央企要突出实业、突出主业，使主业的贡献率、实业的实力进一步提高和增强。”预计 2018 年将会是国企混合所有制改革取得一定突破，尤其是在混改方案的执行与实际效果的追求上的“混改突破年”。

自 2016 年起，国家发改委、国务院国资委已推出了三批混合所有制改革试点，第一批 9 家，第二批 10 家，第三批 31 家，涵盖了央企和地方国企，实现了电力、石油、天然气、铁路、民航、电信、军工等七大重要领域全覆盖，并取得显著成效。在上述试点推进过程中，试点企业遇到很多共性的具体问题，诸如国有资产定价机制、职工劳动关系、土地处置和变更登记、员工持股、集团公司层面混改、财税支持政策、工资总额等，缺乏配套政策或需要进一步厘清细节，如果不及时加以解决，势必将削弱试点效果和影响国企混改的深入开展。

国务院国有企业改革领导小组高度重视国企混改试点中存在的问题，经国有企业改革领导小组办公室积极协调，2018 年 9 月 18 日，发改委等八部委对外发布了《关于深化混合所有制改革试点若干政策的意见》(发改经体〔2017〕2057 号，简称“2057 号文”)，对混改试点中出现的国有资产定价机制、职工劳动关系、土地处置和变更登记、员工持股、集团公司混改、试点联动、财税支持、工资总额、军工审查程序等九大问题给出了答案。2057 号文不仅有效地解决了当前混改遇到的问题和困难，还释放了政府坚决推进国企改革的强烈信号，表明国家将以混改试点为引领，进一步发挥试点作用，以点带面推动国企全面混改。

2. 国企混改九条配套政策

2057 号文与之前颁布的其他国企改革文件不同，它不是一个顶层设计文件，而是解决国企混改问题的实际操作手册，坚持以问题为导向，可谓对症下药。2057 号文体现了国家深入推动国企混改的决心，不仅为国企混改的全面启动创造落地条件，也是国企混改从试点到全面启动的重要信号。

（1）国有资产定价机制问题

2057 号文充分认识到国有非上市公司交易相关定价制度存在的问题，提出要需进一步完善国有资产定价机制，要加快研究修订《国有资产评估管理办法》，严格规范国有资产评估程序、细化评估方式、强化监管和法律责任追究、强化违法失信联合惩戒，有效防止国有资产流失。2057 号文首次提出建立免责容错机制，即“对于按规定程序和方式评估交易的国有资产，建立免责容错机制，鼓励国有企业推动混合所有制改革”。

（2）职工劳动关系问题

2057 号文要求混改试点企业严格按照《劳动合同法》和《国务

院关于国有企业发展混合所有制经济的意见》（国发〔2015〕54号）涉及职工劳动关系调整的相关规定，依法妥善解决混合所有制改革涉及的国有企业职工劳动关系调整、社会保险关系接续等问题，确保职工队伍稳定。同时，细化了国企混改时职工劳动关系的处理原则："职工劳动合同未到期的应当依法继续履行，可按有关规定与职工变更劳动合同，改制前后职工的工作年限应合并计算"；"企业依法与职工解除劳动合同的，应当支付经济补偿"；"混合所有制改革企业要形成市场化劳动用工制度，实现员工能进能出"。

（3）土地处置和变更登记问题

由于历史原因，部分国企土地资产因权属瑕疵，不能满足目前依法确权、权属清晰的要求，如果按现有规定办理，混改企业将存在确权困难、程序繁琐、审批时间长等问题，严重影响混改进程。因此，2057号文要求有关部门要研究加强国有土地资产处置管理工作，解决国有土地授权经营、作价出资（入股）等历史遗留问题。2057号文尤其针对国企存在历史上获得划拨国有土地证照不全、证实不符、权属不清、土地分割等问题，要求国企要加强内部管理、抓紧解决，各地要进一步优化简化相关审批程序，为解决混改中的土地处置和变更登记提供便利。

（4）员工持股问题

国企员工持股既是混改的重要组成部分，也是一个非常敏感的问题。2057 号文总结了混合所有制企业员工持股试点的经验，提出“坚持依法合规、公开透明、立足增量、不动存量、同股同价、现金入股、以岗定股、动态调整等原则，积极推进混合所有制改革试点企业员工持股，有效实现企业与员工利益和风险绑定，强化内部激励，完善公司治理”。

2057 号文还明确“试点企业数量不受《关于国有控股混合所有制企业开展员工持股试点的意见》（国资发改革〔2016〕133 号）规定的数量限制”，并要求有关部门要抓紧研究制定重要领域混合所有制企业开展员工持股试点的意见。

（5）集团公司层面开展混改问题

根据 2057 号文，集团公司层面开展混合所有制改革，既符合中央要求和改革方向，也是实现具有全球竞争力的世界一流企业的重要途径。2057 号文要求“积极探索中央企业集团公司层面开展混合所有制改革的可行路径”，“鼓励探索解决集团层面混合所有制改革后国有股由谁持有等现实问题的可行路径”，“积极支持各地省属国有企业集团公司开展混合所有制改革”。

（6）试点联动问题

2057 号文提出，国企混改、落实董事会职权、市场化选聘经营管理者、剥离企业办社会职能和解决历史遗留问题等各项国企改革试点核心任务关联性较高，加强各项试点联动，可以有效协同攻坚，发挥政策合力。因此，2057 号文要求进一步加强混改试点与其他国企改革试点之间的联动。对于纳入混改试点的企业，符合条件的，可以同步申请开展其他国企改革试点。

（7）财税支持政策问题

2057 号文罗列了国企混改涉及的财税政策：企业符合税法规定条件的股权（资产）收购、合并、分立、债务重组、债转股等重组行为，可按税法规定享受企业所得税递延纳税优惠政策；企业以非货币性资产投资，可按规定享受 5 年内分期缴纳企业所得税政策；企业符合税法规定条件的债权损失可按规定在计算企业所得税应纳税所得额时扣除；在企业重组过程中，企业通过合并、分立、出售、置换等方式，将全部或者部分实物资产以及与其相关联的债权、负债和劳动力，一并转让给其他单位和个人，其中涉及的货物、不动产、土地使用权转让行为，符合规定的，不征收增值税；企业重组改制涉及的土地增值税、契税、印花税，符合规定的，可享受相关优惠政策。

（8）工资总额管理制度问题

2057 号文重视建立健全与混合所有制企业相适应的市场化薪酬机制，支持符合条件的混改试点企业实行更加灵活的工资总额管理制度。2057 号文对于集团层面混改试点企业，要求比照落实董事会职权试点相关政策，实行工资总额备案制。2057 号文鼓励集团公司对下属混改试点企业采取差异化工资总额管理方式，充分激发企业内生活力。

（9）军工企业国有股权控制类别和军工事项审查程序问题

既有的关于军工企业国有股权控制类别界定的政策规定，已不适应军民融合发展的需要。2057号文要求有关部门抓紧对军工企业国有控股类别相关规定进行修订。类别修订完成前，确属混改需要突破相关比例规定的，允许符合条件的企业一事一议方式报国防科工局等军工企业混合所有制改革相关主管部门研究办理。

3. 一个行动胜过一打纲领

2018年10月10日，中共中央政治局委员、国务院副总理、国务院国有企业改革领导小组组长刘鹤主持召开了全国国有企业改革座谈会。会议要求，要深入贯彻落实习近平总书记关于国有企业改革的重要思想，准确研判国有企业改革发展的国内外环境新变化，从战略高度认识新时代深化国有企业改革的中心地位，充分认识增强微观市场主体活力的极端重要性，坚持稳中求进工作总基调，按照完善治理、强化激励、突出主业、提高效率的要求，以“伤其十指不如断其一指”的思路，扎实推进国有企业改革，大胆务实向前走。

座谈会上还提出了六大任务。一是要突出抓好中国特色现代国有企业制度建设。要有效划分企业各治理主体权责边界，充分发挥党委（党组）的领导核心作用，切实落实和维护董事会依法行使重大决策、选人用人、薪酬分配等权力，保障经理层经营自主权，加快形成有效制衡的法人治理结构。二是要突出抓好混合所有制改革。要切实转换企业经营机制，增强企业内部约束和激励，保护各类所有制产权的合法权益，科学进行资产定价。三是要突出抓好市场化经营机制。要推行经理层任期制和契约化管理，按照“市场化选聘、契约化管理、差异化薪酬、市场化退出”原则，建立职业经理人制度。要统筹用好员工持股、上市公司持股计划、科技型企业股权分红等中长期激励措施，充分调动企业内部各层级干部职工积极性。四是要突出抓好供给侧结构性改革。要加快结构调整转型升级，加大自主创新力度，加快高质量发展步伐；要多措并举降杠杆减负债，坚决化解各类金融风险。五是要突出抓好改革授权经营体制。要选准试点，在组织架构、运营模式、经营机制方面加大改革力度，推动国有资本投资、运营公司试点取得实效。六是要突出抓好国有资产监管。要坚持生产力优先标准，加强对微观主体的服务工作，提高专业化能力和水平，进一步提升监管的针对性有效性系统性。

2019 年 2 月 28 日，国务院国资委提出“打造世界一流企业”试点计划，也是 2019 年国资国企改革的重中之重。

国务院国资委主任肖亚庆此前表示，我国一批大企业不仅规模达到了世界级水平，具备了成为具有全球竞争力的世界一流企业的基础和条件。但我们要清醒地看到，国有企业同世界一流企业相比，还有相当的差距，在管理、技术、核心竞争力上，还需要做出更大的努力。

党的十九大提出“培育具有全球竞争力的世界一流企业”，明确了新时代国有企业改革发展的目标方向。面对新要求，2018 年国务院国资委组织了多个专题调研和座谈会。在此基础上，2019 年 1 月宣布选择航天科技、中国石油、国家电网、中国三峡集团、国家能源集团、中国移动、中航集团、中国建筑、中国中车集团、中广核等 10 家企业作为创建世界一流示范企业。

“国企改革进入了一个行动胜过一打纲领的关键阶段。着力推进中央企业创建世界一流示范企业，是进一步推进国资国企改革的重要抓手，是 2019 年工作的重中之重。”国资委副主任翁杰明表示，要发挥企业主体作用，扎实推进创建世界一流示范企业工作。示范企业要坚持目标和问题导向，对标世界一流企业，研究制定实施方案，形成“顶层设计”和“路线图”，制定战略规划，优化产业布局、组织架构和管理运营体系，力争用 3 年左右时间在部分细分领域和关键环节取得实质性突破，在整体上取得显著成效。要加强组织领导，完善中国特色现代国有企业制度，把坚持和加强党的全面领导贯穿创建世界一流企业的全过程，为企业改革发展提供坚强政治保证。

第二章

西姆“四梁八柱”国企改革理论模型

一、全面落实中央“四梁八柱”新理念

什么是混合所有制？从“混”与“合”二字分析，“混”是资本的多元化，投资主体的多元化，股权结构的科学化；“合”是法人治理合、战略方向合、集团管控合、企业文化合及利润管理合。“混”与“合”有机统一。混合所有制改革是我国经济发展进入新常态的必然选择，中国民营企业与民营资本的日益壮大，也为国有企业混改提供了土壤与保障。纵观世界五百强企业，大部分企业都是混合所有制，这是一种更为成熟的企业发展模式。我国的混合所有制改革尚处于试点阶段，很多法律法规还没有针对诸多问题明确解释。通过三十余年的探索攻坚，找对了路线，确定了方法，制定了制度框架，但是如何真正推进国企混合制的执行，并解决上述这些问题，就是本轮国企改革的目标。上面已经具备了制度框架，下面要不停地进行实验和试点。国企与民企相结合，共同改善双方的治理结构，赢得企业的良好发展才是我国混合所有制改革的最终目的。

从 2013 年 11 月党的十八届三中全会提出全面深化改革的目标，到 2016 年底四梁八柱改革主体框架基本形成，从夯基垒台到立柱架梁，全面深化改革已经牢牢抓住主要矛盾，坚持问题导向，实现了关键突破。习近平总书记亲自领导的中央全面深化改革领导小组，从制定工作规则到设立专项小组、从审议改革方案到听取改革进展汇报、从部署改革任务到指引改革方法，始终总揽全局、统筹谋划，指引改革航程。

2016 年 1 月，在中央全面深化改革领导小组第二十次会议上，习近平提出，全面深化改革头三年是夯基垒台、立柱架梁的三年。以《中共中央全面深化国企改革的指导意见》为主体的四梁八柱已经完成，接下来是要加强对各个领域改革的全面评估，坚持问题导向，把各领域具有四梁八柱性质的改革目标标注出来，排出优先顺序，重点推进，发挥好支撑作用。全面深化改革是一项复杂的工程，不但各领域内部的改革要排出优先顺序，而且对于那些重点领域，习近平也做了强调：要把国企改革等领域具有牵引作用的改革牢牢抓在手里。这也是习近平首次提出国企改革“四梁八柱”核心理念。

“四梁八柱”本是建筑学用语，过去的房子一般都是以木结构为主，由于每个开间过大，需要加上四根横梁和八根柱子以起到一个支撑的作用，所谓的“四梁八柱”即由此而来。如果把全面深化改革比作盖房子的话，那么“立柱架梁”则是改革这座大厦能否稳固的关键之举。经过三年全面深化改革的纵深推进，四梁八柱性质的改革主体框架已经搭建，接下来要统筹协调各方面改革工作，增强改革定力，加强改革协同，完善抓落实的工作机制和办法，把责任压实、要求提实、考核抓实，推动改革落地见效。

我们秉承自身对国有企业改革的多年深度研究和实践经验，总结了国有企业在机制改革与创新中存在的共性问题，提出了西姆国企改革"四梁八柱"模型。国企改革要把握好战略、组织、股权和党建这关键的"四梁"，重点关注行业整合的顶层设计、创新性资本运作、清晰界定管理关系、健全公司法人治理、差异化股权设计、员工持股及股权激励、明确党组织法定地位、完善党委会前置程序这"八柱"，系统思考和做好这八个方面的安排，就会形成一份完整的国企混改方案。

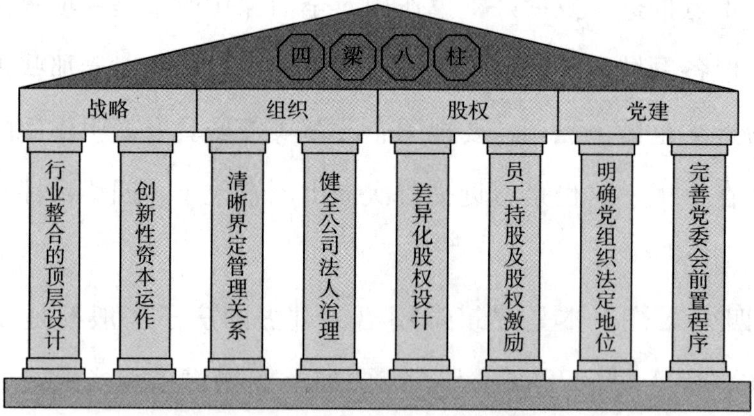

图 2-1　西姆"四梁八柱"国企混改模型

二、西姆“四梁八柱”国企改革理论模型简述

1. 前提：厘清企业的经营战略

2016 年 7 月 4 日，在全国国有企业改革座谈会召开之际，习近平总书记就国有企业改革作出重要指示，“国有企业是壮大国家综合实力、保障人民共同利益的重要力量，必须理直气壮做强做优做大，不断增强活力、影响力、抗风险能力，实现国有资产保值增值。”这也是坚定清晰地指出了国有企业发展的战略地位和根本目标，为国有企业改革发展指明了前进的方向。而具体到企业上，如何根据行业发展的特点，厘清适合自身发展的战略道路就非常重要。

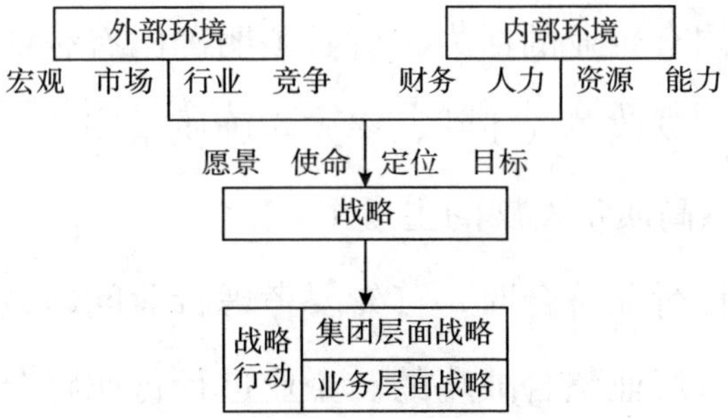

图 2-2　企业战略规划设计路径

企业的战略主要根据企业的外部环境和内部管理来设定符合企业自身条件的战略目标，外部环境主要关注宏观、市场、行业、竞

争等方面，内部管理主要关注财务、人力、资源和核心竞争力等方面。企业战略是指导企业活动的最高纲领，而制定完企业战略后，更重要的是后续的战略实施和日常管理。战略实施又可以分为集团层面的整体战略实施和业务层面的分产品、分服务或者分单位的战略实施。

（1）行业整合的顶层设计

纵观我国经济发展历程，国有企业作出了重要历史性贡献，保障了国家战略的有效实施。1949 年后，国有企业为我国构建独立完整的工业体系和国民经济体系建立了历史功勋。改革开放以来，国有企业改革作为经济体制改革的中心环节，始终发挥着牵引性作用。特别是党的十八大以来，国有企业在新时代的新征程中改革创新、开拓进取、攻坚克难，在做强做优做大的道路上迈出坚实步伐，取得了明显成效。而接下来，国有企业如何向前瞻性战略性新兴产业和优势企业集中，如何体现大国重器的责任担当，如何在高质量发展中重新焕发国有企业的活力，就必须明确国有企业自身的战略定位，以混合所有制改革为主线，率先实施质量变革、效率变革、动力变革，坚定做高质量发展的主力军。

企业在进行行业整合时，首先要考虑行业问题，不是任何一个行业都适宜推行产业整合战略的。企业进行行业整合应该综合考虑整合阶段、产业选择、价值链比较分析、企业战略目的等几个要素，慎重选择，只有这样，整合成功的可能性才会较高。

作为企业而言，行业整合的目的有两种：专业化经营与多元化经营。同时，要尤其重视行业整合后如何实施有效管理的问题。整合的目的在于提高资源综合利用效率，如何将多个具有不同文化、不同技术基础、不同组织架构和管理体制的企业，按照共同的战略愿景和目标一致行事，是行业整合成功与否的关键。

（2）创新性资本运作

混合所有制改革，就是在确定了战略目标之后，通过资本运作，引进符合国有企业战略发展需求的民营资本，引入民营企业先进的体制与机制变革经验。比如耳熟能详的东航物流混改案例中，东航物流选择了德邦物流，而不是三通一达和顺丰，就是基于自身战略发展需求考虑的。

再比如山东高速集团的混改。2014 年，山东高速集团通过股权融资，先后引进了中建公司、新加坡淡马锡公司等境内外投资者，并代持省股份控股济青高铁，成功解决了济青高铁项目 300 亿元注册资本金，为地方主导投资建设高铁项目树立了样本。同时，还整合重组了省路桥集团、齐鲁建设集团等 7 家省管企业，通过注资增资、业务扶持、剥离整合等手段，实现国有资产效益最大化。

2. 保障：围绕战略布局完善组织设置

厘清企业战略之后，为了贯彻和实施企业战略，如何在企业内部各部门和各层次间分配及使用现有的资源，以实现整体的战略意图，就是组织设置需要完成的内容。其中，我们认为最重要的就是清晰界定管理关系。而新一轮国企改革提出了国资监管方式由“管资产”向“管资本”转变的思路，更体现了对改革国有资产管理体制的重视。

（1）清晰界定管理关系

根据改革的具体思路和要求，在“管资本”的总部定位下，基本形成了总部—二级平台—三级子公司的清晰架构。总部作为资本层，设立资本投资和运营平台，以股权关系为管理纽带对二级平台进行投资和资本管理，行使所有者的职责；二级平台以业务板块划分，作为专业业务管理平台负责业务推进；三级子公司则为具体的经营单位。具体的管理条线上，集团一般采用逐层管控模式，总部仅对二级平台实行管控，不直接管至三级子公司。为了实现这一具体要求，需要在集团管控体系的基础上进一步厘清总部作为投融资平台“管资本”与二级平台作为经营实体“管资产”的关系，明确总部与二级平台之间的功能定位以及各自应当加强的核心能力建设。

（2）健全公司法人治理

当前，多数国有企业已初步建立现代企业制度，但从实践情况看，现代企业制度仍不完善，部分企业尚未形成有效的法人治理结构，权责不清、约束不够、缺乏制衡等问题较为突出，一些董事会形同虚设，未能发挥应有作用。党的十九大报告明确要求：要完善各类国有资产管理体制，改革国有资本授权经营体制，加快国有经济布局优化、结构调整、战略性重组，促进国有资产保值增值，推动国有资本做强做优做大，有效防止国有资产流失，培育具有全球竞争力的世界一流企业。

3. 核心：组织承载的责权利通过股权完成利益导向

2018 年 9 月，发改委等八部门发布了《关于深化混合所有制改革试点若干政策的意见》，意见指出，对于按规定程序和方式评估交易的国有资产，建立免责容错机制，鼓励国有企业推动混合所有制改革；积极推进混合所有制改革试点企业员工持股，有效实现企业与员工利益和风险绑定，强化内部激励，完善公司治理。

（1）差异化股权设计

差异化股权制度是相对于同股同权的股权制度而言的。同股同权，是指同一类型的股份应当享有一样的权利。我国《公司法》第一百二十六规定：股份的发行，实行公平、公正的原则，同种类的每一股份应当具有同等权利。2018 年 9 月 26 日，国务院印发《关于推动创新创业高质量发展打造“双创”升级版的意见》，提出“推动完善公司法等法律法规和资本市场相关规则，允许科技企业实行同股不同权治理结构”。并要求证监会、司法部等部门按职责分工推动落实。这一意见的发布标志着我国内地正式开启了差异化股权结构公司的新时代，有利于科技创新企业扩大融资的同时稳定控制权，实现公司的快速发展。而对于国有企业的差异化股权设计，也可以通过 AB 股、黄金股等多种手段来实现。

（2）员工持股及股权激励

在员工持股方面，《中共中央、国务院关于深化国有企业改革的指导意见》第 19 条指出“探索实行混合所有制企业员工持股。坚持试点先行，在取得经验基础上稳妥有序推进，通过实行员工持股建立激励约束长效机制。”员工持股是现代企业的一项重要制度，是国企改革中的一项重要措施和手段，对提高企业经营效率、激发员工的积极性和创造力、改善企业的治理规则和结构，避免经理人的短期行为和促进企业的长期发展等方面都有重要意义。

4. 夯实党建是实现“两个基础”的重要保证

党建工作包括政治建设、思想建设、制度建设、纪律建设、作风建设、组织建设等多个方面的建设工作，具有较为鲜明的实践性和指导性，它是确保党和国家在不同的时代、不同的环境下做出利国利民的决策并开展相关工作的政治保障。夯实党建是实现中国特色社会主义的重要物质基础和政治基础的重要保证。

（1）明确党组织法定地位

党组织在企业中的地位和作用，不仅仅要从思想上给予高度重视和充分认识，在企业治理层面同样也要得以认真贯彻和落地实施。具体应当体现在企业的规章制度和章程制定上。

中国特色现代国有企业制度，“特”就特在把党的领导融入公司治理各环节，把企业党组织内嵌到公司治理结构之中，明确和落实党组织在公司法人治理结构中的法定地位，做到组织落实、干部到位、职责明确、监督严格。

党建工作纳入章程不能停留在纸面上，而应渗透到国企工作的各个环节、各个方面，使党建真正融入企业中心工作。作为公司内部的“宪法”，章程规定毕竟较为概括，为保证党建进章程工作落到实处，应当制定更为详细、更具操作性的细化文件，保证公司章程中党建的有关规定能落到实处。

（2）完善党委会前置程序

在确定党委在企业中的地位和作用之后，企业应当制定《党委会议事规则》，进一步规范党委会议事程序，认真落实民主集中制原则，实行科学决策、民主决策、依法决策，加强和改善党的领导，充分发挥企业党组织总览全局、协调各方的领导核心作用。

《党委会议事规则》强调党委会研究讨论是董事会、经理层决策重大问题的程序要前置，对于“三重一大”等问题要先由党委会研究讨论，董事会、经理层拟决策的重大问题需由党委事先研究并提出意见建议，然后再由党政联席会、总经理办公会履行决策程序。《规则》除了体现《中国共产党党组工作条例》和《关于进一步推进国有企业贯彻落实“三重一大”决策制度的意见》等文件精神之外，还应该结合公司实际，从议事范围、议题确立、议事程序和规则、议定事项落实、会议资料、档案管理及责任追究等方面，对党委会议事决策的内容及程序进行明确规定，进一步完善公司党委会议事和决策机制。

以上是我们针对国企改革提出的西姆“四梁八柱”模型，在具体的操作过程中，还要根据国企自身的情况，量身定做适合企业发展的改革方案。在此简单介绍，希望能对正在进入深水区的国有企业改革提供系统思路和帮助。

第三章

国企改革中的战略规划

2017年6月19日，东航集团与联想控股、普洛斯投资、德邦物流、绿地集团4家投资者以及东航物流核心员工持股层代表签署增资协议、股东协议和公司章程。预示着国家首批推进的“七大领域”混合所有制改革试点在民航“落地”。

在启动混改前，东航物流面临两大困境。第一，物流业务内忧外患。2007～2017年，航空旅客周转量复合增速为11.65%，货运周转量增速仅为6.7%，运价下降了27%，货运平均价格仅为1.27元/吨公里，几乎没有利润空间。而民营物流业随着电商的兴起迅速发展，2018年顺丰的收入已经超过了900亿元，他们正对着航空货运业务虎视眈眈。第二，财务指标不甚乐观。东航物流利润低、权益少。2013年，东航物流总资产57.22亿元，但净资产只有0.19亿元，营业收入虽然达到69.52亿元，但净利润却是–4.43亿元；到2015年，这个境地也没有好转，东航物流净资产2.16亿元，略微盈利，净利润2.13亿元。但是，这就使得它在混合所有制改革的时候，盘子没那么大，投资成本不高，收入又很高，可谓是典型的混改标杆基因。

在混改之前，东航物流就确定了此次混改的目标：要整合民营资本的第三方物流、物流地产、跨境电商以及传统快递产业，通过引进战略投资者和员工持股计划，一方面可以为合作伙伴提供航空运力支持，另一方面可以借助合作伙伴的资源将自身业务不断完善，形成良性循环，最终把东航物流打造成各类资本优势互补、股权结构均衡有序，具有健全的法人治理机构、完善的现代企业制度、市场化的体制机制的高端物流服务集成商。

也正是基于这个战略目标，东航物流制订了自己三步走的混改方案：第一步，将东航物流从母公司东方航空（600115.SH）的体系内脱离出来，专注于经营航空物流产业，也方便后续进一步资本运作。第二步，选择符合自身战略目标的战略投资人，比如选择了有着国内最具规模的公路地面运输网络的德邦物流。第三步，则是改制上市的规划，2017 年“两会”期间，东航集团总经理马须伦透露，未来东航物流将 IPO，实现单独上市。2019 年 1 月 29 日，东航物流已接受上市辅导的通告公布在上海证监局的官网上，计划 2019 年申请上市。

从东航物流的混改历程中不难看出，在整个混改流程中，战略体系是从上至下贯穿始终的。国有企业在推进混改之前及过程中，应当就自身战略定位、方向、目标、发展规划、战略举措等进行认真系统的再思考，从而使自己的战略更加清晰，更加符合国有经济赋予企业的使命和责任，也更加符合市场经济和所在产业发展的方向。

一、行业整合的顶层设计

1. 战略规划的基本路径

前文提到，企业的战略主要根据企业的外部环境和内部管理来设定符合企业自身条件的战略目标，外部环境主要关注宏观、市场、行业、竞争等方面，内部管理主要关注财务、人力、资源和核心竞争力等方面。而企业战略就是指导企业活动的最高纲领，而制定完企业战略后，更重要的是后续的战略实施和日常管理。战略实施又可以分为集团层面的整体战略实施和业务层面的分产品、分服务或者分单位的战略实施。

外部环境主要指在广阔的社会环境中影响一个行业和行业内企业的各种因素。在迈克尔·A.希特的《战略管理》中，把这些因素细分为七个方面：人口、经济、政策/法律、社会文化、技术、全球化和自然环境。

表 3-1 外部环境细分与具体要素

人口因素	人口数量/年龄结构/地理分布/种族构成/收入分配
经济因素	通胀率/利率/贸易赤字和盈余/预算赤字和盈余/个人存款率/商业存款率/国内生产总值
政策/法律因素	反托拉斯法/税法/放松管制的态度/劳工培训法/教育哲学和政策
社会文化因素	劳动力中的女性/劳动力的多样性/有关工作、生活质量的特征/工作和职业偏好的转变/产品和服务特点偏好的转变

续表

人口因素	人口数量 / 年龄结构 / 地理分布 / 种族构成 / 收入分配
技术因素	产品创新 / 知识应用 / 私人和政府支持的研发支出焦点 / 新的沟通技术
全球化因素	重要政治事件 / 关键的全球市场 / 新型工业化国家 / 不同文化的制度属性
自然环境因素	能源消费 / 开发能源的实践 / 可再生能源的利用 / 最小化企业的生态烙印 / 可用的水资源 / 环境友好型产品生产 / 对自然或人为灾害的反应

资料来源：迈克尔・A. 希特：《战略管理》，机械工业出版社 2018 年 11 月第 1 版，第 28 页。

外部环境因素是企业不能控制的，所以企业要做的是认清每一个外部环境因素的趋势，以及这些趋势可能给企业带来的影响。企业在做战略规划的时候，不能只考虑一年三年的事情，而是需要考虑未来 10 年、20 年的趋势变化，以及企业应该如何应对这种趋势变化。

比如，我国人口的出生率从 90 年代开始就一路下滑，1990 年，新生儿人口数量为 2391 万人，到 2000 年，已经下降到 1771 万人，到 2018 年，只有 1523 万人。这其实就意味着，在 20 年后，比如 2010 年，新进入劳动力市场的人口上限是 2391 万人，而到 2038 年的时候，新进入劳动力市场的人口上限只有 1523 万人。所以现在常说的人口红利已过，劳动力成本上升，制造业招工难等等问题，在 20 年前已经显露苗头了。如果意识到这个问题的企业，比如制造业企业，提前加紧技术研发，准备自动化生产设备，那么就不会为劳动力成本上升这一问题而苦恼。但如果提前没有做准备，等到最近几年，才发现劳动力成本已经严重挤压到企业的利润，这时候想要换自动化生产设备，或者把工厂整体搬迁到用工成本更低的东南亚，无论是什么选择，都无法从容应对。毛泽东在《解放战争第二年的战略方针》中就讲过，要“不打无准备之仗，不打无把握之仗，每战都应力求有准备，力求在敌我条件对比上有胜利的把握。”

在具体分析行业环境时，我们比较常用的是迈克尔·波特的五力竞争模型。如图 3–1 所示，五力竞争模型展示的是影响企业盈利能力的五种竞争力，分别是新进入者的威胁、供应商的议价能力、购买者的议价能力、替代品的威胁，以及现有竞争者之间竞争的激烈程度。

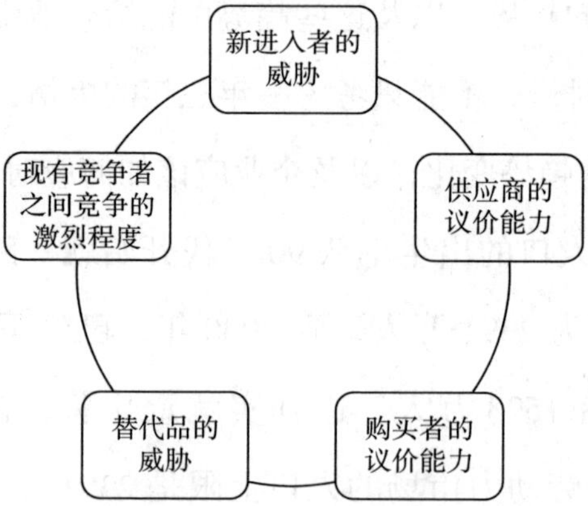

图 3-1 五力竞争模型

我们以汽车行业为例，简要说明如何用五力竞争模型来分析一个行业的外部情况。

（1）新进入者的威胁

汽车行业的进入壁垒较高，不仅有政策的限制，也有技术、规模经济等方面的制约。比如，我国政府对于轿车实施了严格的行政性进入限制，包括严格的投资审批制度，轿车项目一律由国家审批立项，这对新进入者形成了几乎难以逾越的进入壁垒；严格的目录管理制度，只有政府有关部门认可的特定企业和特定产品才能开工生产和销售，同时生产企业开发新产品也受到严格限制。此外，汽车行业还存在着一些行业技术政策限制，如国家要求重点发展符合国家安全、节能、排放法规及私人用车要求的经济型轿车等，都对潜在进入者形成巨大的进入壁垒。从技术的角度来说，目前中国的汽车整车项目大都由跨国公司主导，跨国公司以其丰富的设计、制造经验和雄厚的产品开发能力，这对于缺乏汽车工业背景的新进入者也形成了较高的进入壁垒。

（2）供应商的议价能力

在汽车行业中，上游企业主要是黑色金属采选业、有色金属采选业、纺织业、皮革毛坯羽绒及其制品业、石油加工及炼焦业、普通机械制造业、电气机械和器材制造业、电子及通信设备制造业等。在某些中低附加值的上游企业中，比如汽车座椅、轮胎、内饰等等，国内企业具有比较强的实力，供应商议价能力不强。但在汽车关键部件方面，比如发动机、汽车总线等，依然是外方占着主动地位，供应商有一定的议价能力。

（3）购买者的议价能力

购买者主要通过其议价能力来要求企业提供较高的产品或服务质量，从而影响企业的盈利能力。现在对于汽车行业而言，同质化已经比较严重，购买者有很多品牌可以选择，这就形成了购买者有能力实现后向一体化，而卖主不可能前向一体化的潜在市场不利因素，提高了购买者的议价能力。另一方面，2018 年，国内汽车保有量达到 2.4 亿辆，首次购车者的比例在不断下降，更多的是二次置换的需求，在这种情况下，进一步增强了购买者的议价能力。

（4）替代品的威胁

汽车行业替代品的威胁主要是两个方面。一是轨道交通的威胁，比如随着北上广的轨道交通的普及，道路交通的拥堵和停车难停车贵等问题的显现，更多人出行时选择轨道交通而不是开车，对于汽车的销售就造成一定的压力；二是随着节能减排的推广，电动车、混合动力汽车等新能源汽车更快地进入消费者的视野，对于纯汽油车的销售也造成很大压力。

（5）行业内现有竞争者的竞争

竞争者竞争力主要表现在竞争者的数量、产品的价格、综合实力等方面。就汽车行业而言，从汽车产能分析，长远看基本是属于供大于求的局面。国内东风日产、华晨宝马、北京现代等都在不断扩大产能，而后进入中国市场的跨国公司也都加大了对中国市场的战略部署。随着补贴政策、价格战、新旧动能调整因素的深入，汽车产业已进入了短兵相接的年代，小规模弱势资产无法支持竞争，大批弱势品牌将出局，产业关停并转会成为一个常态。

从上述情况可以看出，虽然中国仍然是全球最具活力的经济市场，汽车行业的发展潜力仍然巨大。但相比于10年前，汽车行业已经不再是“野蛮生长”的局面了，需要对自身战略做出精细的规划，才能在激烈的竞争中存活下来。比如，要打造自身的技术能力，降低供应商的议价能力；要选择差异化竞争战略，通过服务、质量等多方面的实力来提升品牌的竞争力；开拓海外市场，逐步走向全球化竞争；选择空间更大更舒适的SUV或MPV来应对二胎家庭的二次置换需求等等。同时，中国还是全球互联网科技最领先的国家之一，汽车产业也可以充分利用这一发展的机会，从跨界合作来助力产品的进一步发展和产业的发展，同样用互联网思维来促进品牌的快速提升。

厘清外部环境后，还要看企业的内部管理情况，也就是说，企业的资源、能力和核心竞争力是什么。毕竟，巧妇难为无米之炊，战略规划一定是在充分分析、理解和管理企业内部组织能力的基础上完成的。

对于企业内部而言，最基本的就是企业的资源，将各项资源结合起来，开发出的就是企业的组织能力，而组织能力又是企业核心竞争力的来源。企业的资源可以分为有形资源和无形资源。有形资源指的是那些可见的、能够量化的资产，比如生产器械、制造设备、厂房、土地等等。无形资源指的是领导者的管理能力、组织制度、研发团队的创新能力、客户的黏性等不可见的、无法量化的资产。与有形资源相比，无形资源更难被竞争对手所了解、分析和模仿。

表 3-2　　有形资源和无形资源

有形资源	财务资源	企业的借款能力 企业产生内部资金的能力
	组织资源	企业正式的报告结构，以及正式的计划、控制和协调系统
	实物资源	企业的厂房和设备的地址，以及先进程度 获取原材料的能力
	技术资源	技术的含量，如专利、商标、版权和商业机密
无形资源	人力资源	知识 信任 管理能力 组织惯例
	创新资源	创意 科技能力 创新能力
	声誉资源	客户声誉 品牌 对产品质量、耐久性和可靠性的理解 供应商的声誉 有效率的、有效的、支持性的和双赢的关系以及交往方式

资料来源：迈克尔·A. 希特:《战略管理》，机械工业出版社 2018 年 11 月第 1 版，第 61 页。

企业将自身的有形资源和无形资源结合起来，就形成了企业内部管理能力，而其中蕴涵的核心竞争力，就是企业在做战略规划时要重点考虑的方向。比如，苹果的核心竞争力就是它的创新能力。苹果公司的研发活动就是将有形资源（比如财务资源和研发实验室等）和无形资源（比如工程师、科学家以及研发程序等）结合起来的过程，通过强化研发能力，苹果公司就可以不断地提供创新型的产品来为消费者提供独特的价值。比如每次苹果的新品发布会，消费者最期待的就是能看到什么出乎意料的“黑科技”。

企业的核心竞争力并不是唯一的，可以有多种核心竞争力。比如苹果的另一核心竞争力就是它的零售系统，以及优秀的客户服务能力。这都是建立在一系列精心设计的培训和业务流程之上的，比如零售店如何设计消费者浏览路径，现场技术如何支持，销售人员如何与客户互动，以及根据每家店面的特点，预装照片和音乐演示设备等等。

在完成内外部分析之后，接下来就是企业战略管理的过程。企业的战略是有目的地引领即将采取的行动，并且形成对公司愿景和使命的共同理解。一个有效制定的战略部署能够整合与分配公司的资源、能力以及竞争力，还能够使公司的愿景、使命以及所采取的行动合理化。

战略管理又可以分为集团层面战略和业务层面战略。集团层面战略可以分为多元化战略、国际化战略等等，业务层面战略有差异化战略、成本领先战略等等。而对于大多数国企而言，更关注的是集团层面战略，也就是说，基于集团发展的规律，在充分挖掘集团内所涉及的各个产业板块的本质和规律的基础之上，为了引领子公司追求最大集团效应（规模效应、范围效应、速度效应等），而制定的一套计划体系的框架。

在实施集团战略的时候，我们一般主要考虑五个方面。第一，集团发展模式，由母公司制定集团层面战略和发展模式，然后各个子公司按照集团层面战略和发展模式，来设计自己的业务发展战略，从而达到协同效应，实现一加一大于二；第二，资本运作方式，除了实业运作之外，资本运作也是非常重要的一个层面，要在产业正常运行以及高峰的时候就赚实业运作的利润，在产业低谷时，就反周期并购，赚资本运作的利润；第三，产业组合路径，如何设计与集团战略相匹配的多元化产业发展路径；第四，横向发展机制，集团公司如何形成一种横向、长效协调机制，使得集团公司总部以及各个子公司之间能够形成一种有效的沟通，能够战略上协同起来；第五，集团能力建设，是由母公司牵头，来协同各个子公司完成上述几个板块建设的能力。

战略是一个非常大而广阔的话题，而在“四梁八柱”国企混改模型中，我们对战略的关注，更多的是集中在行业整合层面，也就是说，如何通过行业整合来推动企业迅速做大做强。在行业整合层面，我们认为可以分为两种，一种是通过集团自身的力量，通过多元化发展，包括相关多元化和非相关多元化，形成集团和各个子公司之间的协同效应和规模效应；另一种是通过外部的力量，通过并购重组，吸纳集团外部的优秀公司，或者被集团外部的优秀公司吸纳，从而完成公司发展的飞跃。

2. 多元化整合模型

在确定集团多元化整合路径时，可以使用业务评估矩阵来对集团旗下业务进行评估。业务评估矩阵主要是按业务吸引力和业务竞争力两个维度评估现有业务（或事业单位），每个维度可以分三级，分成九个格以表示两个维度上不同级别的组合。两个维度上可以根据不同情况确定评价指标。

在构建业务评估矩阵时，首先要做的，是确定业务单元，并且根据企业的情况、业务的情况、产品的情况等等，对每个业务单元进行内外部的环境分析。内部分析，得到的就是业务竞争力的评价指标，外部分析，得到的就是业务吸引力的评价指标。在内外部环境分析时，可以根据自身的特点，设定符合企业自身情况的评价因素及每个因素的权重。业务吸引力和业务竞争力的评价指标没有通用标准，要根据企业所处的行业特点和企业发展阶段、行业竞争状况进行确定。但是从总体上讲，业务吸引力主要由行业的发展潜力和盈利能力决定，业务竞争力主要由企业的财务资源、人力资源、技术能力和经验、无形资源与能力决定。

设定好业务单元和评估标准后，就根据业务的分析结果，进行评估和打分，分数为0～9，最好为9分，最差为0分，并按照不同指标的不同权重，加权求和，得到每一项业务单元的业务吸引力和竞争力的最终得分，然后将各业务单元标注在矩阵上。在标注时，可以用圆圈的大小表示业务单元的市场总量规模。然后，根据业务单元在矩阵上的位置，来确定业务单元之后的战略方向。

我们根据多年实践经验，把业务评估矩阵大致分为了四类业务，分别是核心业务、培育性业务、发展性业务和剥离业务。

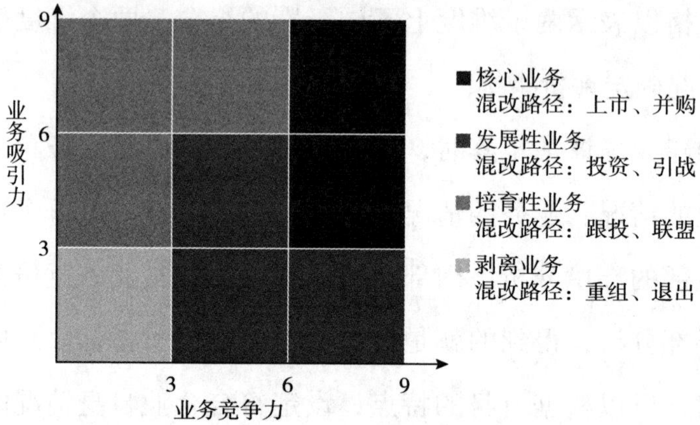

图 3-2 业务评估矩阵

核心业务，也就是吸引力和竞争力都非常优秀的这部分业务，它们目前是公司的业务支柱，负责提供公司大部分或主要的现金流及利润，同时为其他业务发展提供技术支持和资源支持。对于这类业务，在我们混改当中，要支持它们维持现有市场地位，巩固自身竞争优势，并通过自身的核心能力，加大业务的扩展力度。混改路径主要是通过上市或并购做强自身。

发展性业务，是公司未来几年潜在的业务支柱，所以在战略上，对于这类业务需要大胆追加投资，尤其在关键的成功要素上加大投入，努力追求收入的快速增长以及市场份额的提升，迅速抢占行业领先地位。混改路径主要是通过集团自有投资，或者引进战略投资人来帮助业务迅速做大做强。

培育性业务，是有着较好的业务吸引力，但公司本身的业务竞争力并不强的部分业务，是公司潜在的战略业务，并且有可能成为未来的核心业务。对于这类业务，主要不断加强自身的研发力量，通过业务模式的尝试及完善，寻求合适的市场机遇。这类业务并不十分适合引战，混改路径更适合的是员工跟投，或者联盟，从而激发员工及相关利益者的活力，推动业务成长。

剥离业务，是业务吸引力和业务竞争力都较差的业务，需要逐步退出市场或者通过重组寻求新的发展机会，比如通过降低成本、产品重构及管理优化等手段来发掘利润潜力。混改路径主要是重组及退出。

有些文章会把业务评估矩阵总结成一句很经典的话，叫“高位优先发展，中位谨慎发展，低位拉它一把”，也非常生动形象地阐述了业务评估矩阵的使用方法。

在 2019 年 1 月 25 日的“中央企业创建世界一流示范企业座谈会”上，国资委副主任翁杰明强调，示范企业要坚持目标和问题导向，对标世界一流企业，研究制定实施方案，形成“顶层设计”和“路线图”，制定战略规划，优化产业布局、组织架构和管理运营体系，力争用 3 年左右时间在部分细分领域和关键环节取得实质性突破，在整体上取得显著成效。这其实也是对国企改革做出了基本的要求，也就是说，在新一轮国企改革中，我们的最终目标是要将国企做大做强，在把握住核心业务的基础上，做大发展性业务，做强培育性业务，该重组就重组，该剥离就剥离，甩掉包袱，激发活力，迅速前进。

2019 年 4 月 20 日，深圳证券研究所创业板上市公司海康威视（002415.SZ）发布了公司 2018 年年度报告。2018 年，公司的营业收入为498.37亿元，同比增长18.93%；归母净利润113.53亿元，同比增长20.64%。上市八年来，公司总资产增长9.7倍，收入增长13.8倍，净利润增长10.8倍，向资本市场的投资者们呈现出了一份漂亮的答卷。而作为一家国企，海康威视从2001年公司刚成立时的默默无闻，到2018年连续七年蝉联全球视频监控行业全球第一，拥有全球视频监控市场份额的22.6%，连续三年蝉联“全球安防企业50强”第一名，正是我国自主品牌伴随民族复兴、行业崛起，由追赶到超越国外的又一力证。

而从业务评估矩阵方面，也可以看出海康威视在接下来几年规划的战略路径。海康威视在2016年正式将发展战略由“全球领先的视频产品及内容服务提供商”转变为“以视频为核心的物联网解决方案和数据运营服务提供商”，因此，在业务单元上，主要从以下三个方面进行突围。

第一，针对核心业务单元，即传统视频监控业务进行架构调整。为了更好地针对不同类型的客户，公司在2018年将之前的交通、能源等七大事业部和渠道营销团队重新组建为PBG（公共服务事业群）、EBG（企事业事业群）和SMBG（中小企业事业群）。其中，PBG包含传统公安、交通和司法三个事业部，以城市治理和城市服务业务为主，EBG事业群则是以传统金融、能源、楼宇、文教卫四个事业部为基础，主要服务传统大型企业，以AI开放平台为引擎，一体化应用平台与企业级公有云平台“云眸”双轮驱动；SMBG由公司之前的渠道经销管理团队组成，主要服务于由中小企业组成的 SMB 市场，其“长尾效应”显著，单一用户需求较小同时又有一定的个性化，但用户数量巨大因而累积效应显著。

第二，针对发展性业务，提出 AI 云战略，加大研发，构建“云边融合”三级架构。其中，边缘节点侧重多维感知数据采集和前端智能处理；边缘域侧重数据汇聚、存储、处理和智能应用；云中心侧重业务数据融合及大数据分析应用。数据从边缘节点到边缘域再到云中心。通过这一架构，赋予了智能摄像机等前端设备一定的分析运算能力，从而更加突出公司在前端摄像机和视频算法上的优势。为了实现公司提出的 AI Cloud 云战略，海康威视在软件和硬件两方面都做了相关部署。在软件方面，公司开发了数据资源池、计算存储资源池、算法仓库、数据资源平台、智能应用平台、资源管理调度平台以及运维服务平台等“两池一库四平台”软件产品，并将其进一步整合为“物信融合数据平台”，进而实现横向跨网融合、纵向跨层汇聚、双网三类应用和保障数据安全等功能。而在硬件方面，公司利用自己在前后端视频监控设备上的技术积累，通过与人工智能、云计算相结合，开发了“深眸”系列智能摄像机、工业相机、智能传感器等前端设备，以及行为分析、人脸分析服务器等边缘计算产品。

第三，对于培育性业务，则是加大创新业务的支持与投入力度。早在 2015 年 9 月，公司就提出《核心员工跟投创新业务管理办法》并获股东大会通过。根据《办法》，公司持有投资设立创新业务子公司 60% 的股权，员工跟投平台跟投 40% 股权。并且，跟投平台根据适用对象分为A、B两个计划，A计划由公司及全资子公司、创新业务子公司的中高层管理人员和核心骨干员工组成，强制跟投各类创新业务；B计划由创新业务子公司核心全职员工组成，参与跟投某一特定创新业务。这一办法的实施，不仅使得公司的创新业务获得稳定的资金来源，还可以通过跟投模式形成长期激励机制，使得员工的创造性和积极性得到充分发挥。目前已经孵化出以工业自动化为核心的海康机器人、以汽车智能化为核心的海康汽车电子，以及海康微影、海康智慧存储、海康慧影等数家创新型子公司。

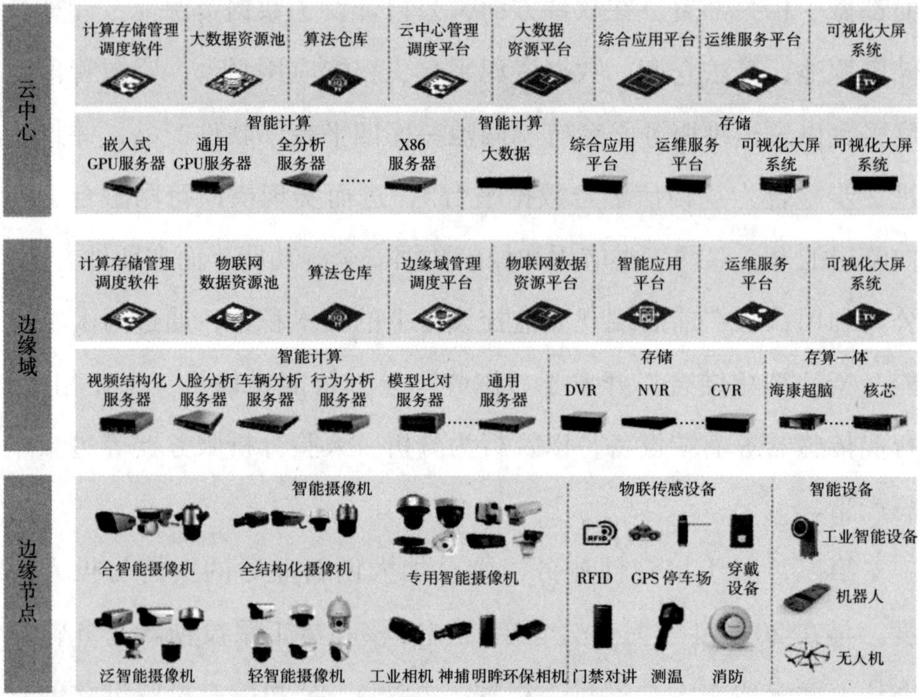

图3-3 海康威视AI Cloud产品架构

3. 并购重组

并购重组是搞活企业、盘活国企资产的重要途径。现阶段我国企业并购融资多采用现金收购或股权收购支付方式。随着并购数量的剧增和并购金额的增大，已有的并购融资方式已远远不足，拓宽新的企业并购融资渠道是推进国企改革的关键之一。

2018 年 4 月 21 日，国资委发布了白皮书《2018 中国国企国资改革发展报告》。报告中提到，可以预见，在一定时期内，并购重组将成为国企改革发展的中心枢纽，强强联合、拆分重组、混合参股、关停并转、内部重组等多种方式的重组整合案例将持续涌现，呈现出四个"更加"趋势。

首先，2018 年国企重组将更加聚焦提升竞争力，扎实推进战略性重组。中央企业的重组拆分逻辑，将从"国内竞争为主"向"国内外竞争并重"转变。按照"成熟一户、推进一户"的原则，稳步推进装备制造、煤炭、电力、通信、化工等领域中央企业战略性重组。

其次，国企会更加注重重组质量效果，加快推进内部资源重组。2018 年中央企业集团层面的重组整合不再是简单强调形式上、规模上的加速，而是更加注重重组的质量和效果，更加注重内部资源整合和协同。从地方国有企业来看，未来一年内，各地国资委所监管企业的产业布局将进一步优化，企业之间的重组力度将进一步加大，特别是一些同类型业务的公司，资源整合将全面展开，甚至可能会出现按照“一个业务板块，一家集团公司”，或是按照“一个产业，一家集团公司”去进行重新整合的情况。

三是更加发挥产业协同作用，稳步推进企业重组整合。国有企业将加强产业链上下游重组并购力度，推动向高端价值链的延伸与转型升级，努力打造全产业链竞争优势。同时，中央企业和地方国有企业之间、地方国有企业相互之间资源的优化组合迹象已经日益明显，资源整合力度将进一步加大，特别是兼并重组、交叉持股、财务投资、战略联盟等多种合作模式将大量涌现。

四是更加关注产业发展方向，积极推进新业态新领域重组并购。未来一年，中央企业为培育壮大战略性新兴产业、提升行业技术水平、增强国际市场竞争力，将紧密围绕国家战略发展方向积极推进新业态、新领域重组并购，特别是对重要性前瞻性战略性产业、生态环境保护、共用技术平台等重要行业和关键领域，加强重组并购。

白皮书不仅对国企改革的最新进展进行了大量一手资料的梳理，还对未来一年的国企重组、混改、投资运营公司等多项改革趋势进行了权威展望。报告提到，国有企业将紧紧把握全球新一轮科技革命和产业变革重大机遇，进一步发展壮大新一代信息技术、高端装备、新材料、生物、新能源汽车、新能源、节能环保、数字创意等战略性新兴产业，推动更广领域新技术、新产品、新业态、新模式蓬勃发展，建设制造强国。

其实从这几年国企类上市公司的重组情况，就已经展示出了国企改革落地的效应。

Wind统计数据显示，在国有企业上市公司中，并购重组事件的涉及规模逐年上升。2016年，共有46家地方国有企业和27家中央国有企业发生了重大重组事件，交易总价值分别为1138.3亿元和2111.4亿元；2017年，共有47家地方国有企业和37家中央国有企业发生了重大重组事件，交易总价值分别为1449.2亿元和3296.3亿元；2018年，共有32家地方国有企业和17家中央国有企业发生了重大重组事件，交易总价值分别为1894.7亿元和3170.9亿元。尤其从2018年的数据可以看出，虽然发生重大重组事件的国企数量在下降，但交易总规模迅速上升，地方国有企业平均每个事件的交易价值从2016年的24亿元上升到2018年的59亿元，中央国有企业平均每个事件的交易价值从2016年的78亿元上升到2018年的186亿元。

表3-3　　近三年国企重大重组事件（不含失败）数量及金额

	2016		2017		2018	
	家数	规模（亿元）	家数	规模（亿元）	家数	规模（亿元）
地方国有企业	46	1138.3	47	1449.2	32	1894.7
中央国有企业	27	2111.4	37	3296.3	17	3170.9

近几年，从中央到地方，特别是涉及煤炭、钢铁等产能过剩领域，国有企业并购重组的步伐正在显著加快，围绕着国企改革的市场化重组正在全面加速。比如，2017年成功实施了国机集团与恒天集团，保利集团与中轻集团、中国工艺集团，中国国电与神华集团3组7家企业重组，国资委监管央企户数由2003年国资委成立之初的196家调整至98家。其中，国电集团与神华集团合并重组为国家

能源投资集团有限责任公司；同时，中国神华将与国电电力共同注资666亿元成立合资公司，并注入两者的火电资产；重组后公司的资产规模超过1.8万亿元，堪称能源领域“巨无霸”。

在全球化的背景下，国家竞争首先是企业实力的竞争。现在，我国国有企业正从跨越式发展追赶者，变成与国际先进企业同台竞争的并行者，有的领域和行业已经成为领跑者。为了在激烈的国际经济竞争中培育我国经济的新优势，为了在产业链、价值链中占据中高端，提升我国的综合国力，我们需要立足于培育适应具有全球竞争力的世界一流企业的目标，重构国企改革动力体系。而通过并购重组整合做强做优做大国企，是打造世界一流企业的重要途径。

表3-4　2018年上市国有企业重大重组事件一览

股票代码	股票名称	企业性质	参与角色	重组目的	交易总价值（万元）	支付方式
601717.SH	郑煤机	地方国有企业	竞买方	横向整合	EUR 54500.00	现金
600859.SH	王府井	地方国有企业	竞买方	整体上市	429120.18	股权 + 现金
000504.SZ	*ST生物	地方国有企业	竞买方	横向整合	5130.00	现金
600773.SH	西藏城投	地方国有企业	竞买方	多元化战略	119844.84	股权 + 现金
600559.SH	老白干酒	地方国有企业	竞买方	垂直整合	139900.00	股权 + 现金
300368.SZ	汇金股份	地方国有企业	出让方	横向整合	11500.00	股权
600309.SH	万华化学	地方国有企业	出让方	横向整合		无偿
600675.SH	中华企业	地方国有企业	竞买方	横向整合	1747214.67	股权 + 现金
000682.SZ	东方电子	地方国有企业	竞买方	横向整合	180790.00	股权 + 现金
600332.SH	白云山	地方国有企业	竞买方	横向整合	109410.00	现金
000422.SZ	ST宜化	地方国有企业	出让方	资产调整	103999.41	现金
300413.SZ	芒果超媒	地方国有企业	竞买方	横向整合	1155075.12	股权

续表

股票代码	股票名称	企业性质	参与角色	重组目的	交易总价值（万元）	支付方式
000401.SZ	冀东水泥	地方国有企业	竞买方	资产调整	1553080.67	资产
600960.SH	渤海汽车	地方国有企业	竞买方	垂直整合	EUR 6150.00	现金
600985.SH	淮北矿业	地方国有企业	竞买方	垂直整合	2106777.08	股权 + 现金
600733.SH	北汽蓝谷	地方国有企业	竞买方	业务转型	2884955.47	上市公司股份 + 资产
600960.SH	渤海汽车	地方国有企业	出让方	业务转型	2884955.47	上市公司股份 + 资产
000409.SZ	*ST 地矿	地方国有企业	竞买方	业务转型	110958.14	现金
000755.SZ	山西路桥	地方国有企业	竞买方	横向整合	148505.30	现金 + 资产
000531.SZ	穗恒运 A	地方国有企业	出让方	横向整合	626438.36	股权 + 现金
000987.SZ	越秀金控	地方国有企业	竞买方	横向整合	626438.36	股权 + 现金
000695.SZ	滨海能源	地方国有企业	竞买方	资产调整	36582.35	现金
603977.SH	国泰集团	地方国有企业	竞买方	横向整合	85399.47	股权
000019.SZ	深粮控股	地方国有企业	竞买方	整体上市	587554.64	股权
002349.SZ	精华制药	地方国有企业	出让方	横向整合	55871.62	股权
600239.SH	云南城投	地方国有企业	竞买方	多元化战略	2357285.54	股权 + 现金
600724.SH	宁波富达	地方国有企业	出让方	资产调整	396678.97	现金
600248.SH	延长化建	地方国有企业	竞买方	整体上市	161956.00	股权
600241.SH	时代万恒	地方国有企业	竞买方	业务转型	5961.00	现金
600653.SH	申华控股	地方国有企业	竞买方	资产调整	159000.00	现金
000737.SZ	ST 南风	地方国有企业	竞买方	资产调整	19670.27	现金
000563.SZ	陕国投 A	地方国有企业	竞买方	其他	76799.69	债权
600877.SH	*ST 嘉陵	中央国有企业	竞买方	资产调整	51053.63	现金
600636.SH	三爱富	中央国有企业	竞买方	资产调整	190000.00	现金
600161.SH	天坛生物	中央国有企业	竞买方	横向整合	335980.00	现金 + 资产
000050.SZ	深天马 A	中央国有企业	竞买方	横向整合	1110940.74	股权
600151.SH	航天机电	中央国有企业	竞买方	横向整合	119004.89	现金
000503.SZ	国新健康	中央国有企业	出让方	资产调整	16806.35	现金

续表

股票代码	股票名称	企业性质	参与角色	重组目的	交易总价值（万元）	支付方式
600795.SH	国电电力	中央国有企业	竞买方	横向整合	9782795.68	资产
601088.SH	中国神华	中央国有企业	竞买方	横向整合	9782795.68	资产
600876.SH	洛阳玻璃	中央国有企业	竞买方	横向整合	77456.57	股权
002314.SZ	南山控股	中央国有企业	竞买方	多元化战略	450823.00	股权
600657.SH	信达地产	中央国有企业	竞买方	横向整合	783294.71	股权
601919.SH	中远海控	中央国有企业	竞买方	横向整合	HKD 4845590.09	现金
000930.SZ	中粮生化	中央国有企业	竞买方	横向整合	828472.80	股权
000998.SZ	隆平高科	中央国有企业	竞买方	横向整合	138690.00	股权
000720.SZ	新能泰山	中央国有企业	竞买方	资产调整	82861.39	现金
001872.SZ	招商港口	中央国有企业	竞买方	横向整合	2465000.00	股权
600378.SH	天科股份	中央国有企业	竞买方	整体上市	648311.92	股权 + 现金

二、创新性资本运作

所谓资本运作，是指以利润最大化和资本增值为目的，以价值管理为特征，将企业的各类资本，不断地与其他企业、部门的资本进行流动与重组，实现生产要素的优化配置和产业结构的动态重组，以达到企业自有资本不断增加这一最终目的的运作行为。

从资本运作的定义可以看到，资本运作主要就是和资本相关的管理行为，比如企业发行债券，发行股票，已上市公司配股、增发新股，未上市公司增资扩股、老股转让，企业的合并、托管、收购、兼并、分立以及风险投资等，都属于资本运作的范畴。其主要目的就是实现资本结构或债务结构的改善，为实现价值最大化的根本目标奠定基础。

而在新一轮国企混改中，我们讨论的创新性资本运作方式主要是以资本市场为媒介，通过民企入股国企、国企入股民企、中央企业与地方国企混合、国企与外资混合等途径来实现国企效率的提升和规模的扩大。因此，我们主要介绍引进战投、整体上市和分拆上市三种模式。

1. 引进战略投资者

在本章开篇提到的东航物流案例中，引进战略投资者就是其一大亮点。引进什么样的战略投资者，以什么样的价格引进战略投资者，引进后如何利用战略投资者的优势帮助自身发展，都颇有可圈可点之处。2015 年中央出台《关于深化国有企业改革的指导意见》，强调推进国有企业混合所有制改革，此后又出台《关于鼓励和规范国有企业投资项目引入非国有资本的指导意见》，将引入战略投资者作为国企混改的重要路径。

引入战略投资者对提高国有企业效率和效益有着非常重要的意义。由于历史原因，我国国有企业市场化改革动力不强、经营效率不高，而面对国家经济发展新常态的高要求，国有企业必须考虑离开政府这棵大树，以打开大门迎接市场机制进入的方式提高经营能力。而引入外部战略投资者正是国企市场化建设的重要路径，“外部人”带来的资源与市场压力能促使国有企业提升公司治理水平，达到提高效率和效益的目的。

在国有企业引进战略投资者方面，我们认为，主要有六大挑战。

挑战一：如何将公司的历史和现有资源、机遇和挑战、愿景、发展路径、预备投资的项目等厘清包装，让投资者知晓。

这部分，主要就是公司战略规划的问题，包括集团层面的规划，子公司层面的规划，业务部门层面的规划，以及未来资本运作的路径。目标企业也要综合考虑自身发展需求，包含战略需求、业务需求、管理需求、竞争需求与资本运作需求。比如某煤业国企在“十三五”规划中提出“以煤为本，相关多元”的发展战略，那么，在混改时就要重点考虑如何发展业务多元化，并引入适当的战略投资者。

挑战二：如何对有意愿的投资者进行筛选，并在接触过程中保证合适的资料披露程度。

筛选战略投资者对许多国有企业来说是一件难事。尤其对于一些资质比较优秀的国企而言，在混改的过程中，往往有非常多的民企想要参与进来。比如之前提过的东航物流，在进行混改时，顺丰、三通一达等知名物流企业都向它抛出了橄榄枝。但最后，基于它制定的 2B 的战略，没有选择以 C 端客户为主的三通一达，而是选择了在B端更有优势的德邦物流。所以，在选择投资者时，最重要的是考虑两方面的问题。第一，是上级主管部门的要求，比如上级主管部门是否有相关的政策文件来规定企业引入战略投资者的大致范围和数量，或者是否符合地方性的战略规划；第二，是要考虑自身发展诉求，无论是业务上的，还是公司治理层面的，或者市场竞争层面的。比如四川航空集团就以"资本效率化"作为诉求，引入金石租赁、富航基金公司等金融企业作为战略投资者，弥补了四川航空在资本运作方面的不足，促进国有资本流动，加速资金流转。

挑战三：如何应对尽职调查。

尽职调查主要是在混改过程中引入的战略投资者对目标企业的资产和负债情况、经营和财务情况、法律关系以及目标企业所面临的机会与潜在的风险进行的一系列调查。调查过程中通常利用管理、财务、税务方面的专业经验与专家资源，形成独立观点，用以评价优劣，作为战略投资方管理层的决策支持。在这个环节，建议目标企业先与第三方做充分的沟通，在尽调团队入场前对自身的经营状况做充分的梳理，以促进混改的快速落地。

挑战四：如何进行交易谈判，除了保证合理的交易价格之外，还要就出资形式、股权结构、治理构架、管理层激励体系、职工安置方案、资本市场战略等达成一致，遴选出最优的投资人或投资人组合。

在新一轮国企改革中，这一部分是重中之重。交易价格、股权结构、治理构架、管理层激励体系、职工安置方案，每一项拿出来都大有学问。公司治理和股权结构、员工激励我们会在接下来的章节中详细分析。在这里只说交易价格的问题，也就是我们常说的估值。估值是国企混改的必要步骤，也是引入战略投资者的基础。对内，估值可以帮助国企厘清自身发展现状和资产规模；对外，是国企确定设计方案的基石。估值过高影响战略投资者进入的积极性，估值过低容易造成国有资产流失。因此，估值部分需要设计方案的咨询公司尽早与第三方估值公司接洽，有利于方案的顺利完成。

挑战五：如何准备各种交易资料。

交易资料的准备是贯穿整个国企混改全流程的。比如在前期准备阶段，需要研究、拟定改制思路与业务发展规划，在启动阶段，需要策划、编制并报上级部门预审改制预案，在审议报批阶段，需要审议稿及法律意见书，收尾阶段，需要办理各类手续的法律文件。

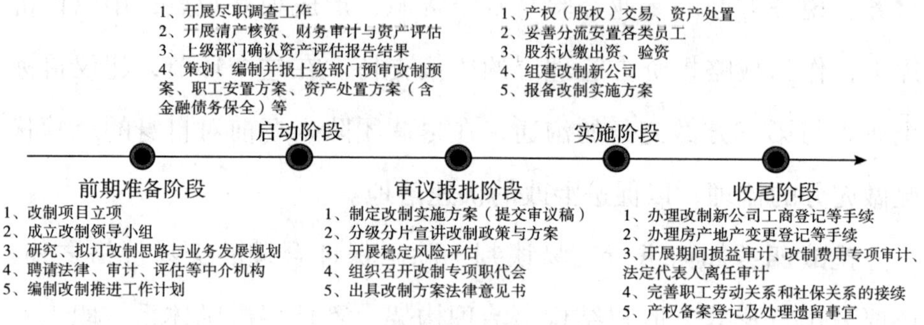

表 3-4　国企混改操作流程

挑战六：如何取得国资委等监管当局批准。

国企引入战投与民企最大的区别，在于国企引战时，混改方案须符合中央、地方政府各类规范性文件的要求。合同、章程等基础文件的制定，合理设置条文条款，构建规范、顺畅的股东合作机制和争议解决机制，切实维护自身合法权益，防范风险。在组建和注册混合所有制企业时，要依据相关法律法规，规范国有资产授权经营和产权交易等行为。受让企业国有产权时，不得向包括标的企业在内的国有及国有控股企业融资，不得以这些企业的国有产权或资产为管理层融资提供保证、抵押、质押、贴现等。

2018 年 5 月 30 日，哈成套所在上海联合交易所发布公告，拟引入 1 ~ 2 家战略投资者持股比例不超过 23%，同步引入员工持股比例不超过 22%。从我们前述的六大挑战来看，哈成套所首先要解决的，就是厘清自身战略，选择与战略相匹配的投资人。

哈成套所全称哈尔滨电站设备成套设计研究所有限公司，成立于 1978 年 9 月，曾为国家机械工业部直属一类研究所，2017 年成为国机集团科学技术研究院有限公司全资子公司。哈成套所主要经营范围包括：水、火电站设备成套设计及技术服务与咨询；煤的高效清洁燃烧及环保技术与装备开发应用；高新技术产品研制与电站控制装置设计供货；电站性能保证值考核试验及新型机组全面鉴定试验；电站工程机组调试；电站工程设备监理。经过四十年的建设和不断深化改革，哈成套所已发展成为集“科研、设计、工程”为一体并能提供全价值链一站式电站领域专业化服务的国家级高新技术企业。

哈成套所此次混改的战略需求，是引入行业内具有实力的民营企业，实现企业间进一步全方位、多领域的协同合作，通过资源高效整合，可以助力增量业务协同发展；另外，作为一家老牌国企，面对民营经济灵活的体制机制和创新创业大潮，哈成套所人才流失尤其是核心团队流失日趋严重，企业发展陷入瓶颈。因此哈成套所此次混改的目标非常明确，第一，引入合适的战投；第二，员工持股。

2018 年 10 月 17 日，哈成套所成功引入杭州锅炉集团股份有限公司、黑龙江大正投资集团有限责任公司两家战略投资者以及员工持股平台哈尔滨成联企业管理合伙企业（有限合伙）。选择杭锅股份，是基于其在余热锅炉、清洁能源技术、项目承包、资本运营等方面的雄厚实力，希望通过这次混改的契机，充分发挥双方各自优势，抓住未来共同发展的契合点，谋划新的发展思路。另外，哈成套所把对企业未来发展影响大、与业绩关联度高、可替代性低的核心骨干纳入持股范围，持股员工人数有 118 人，占整个哈成套所职工总数的 39.33%，合计持有哈成套所 20.18%。

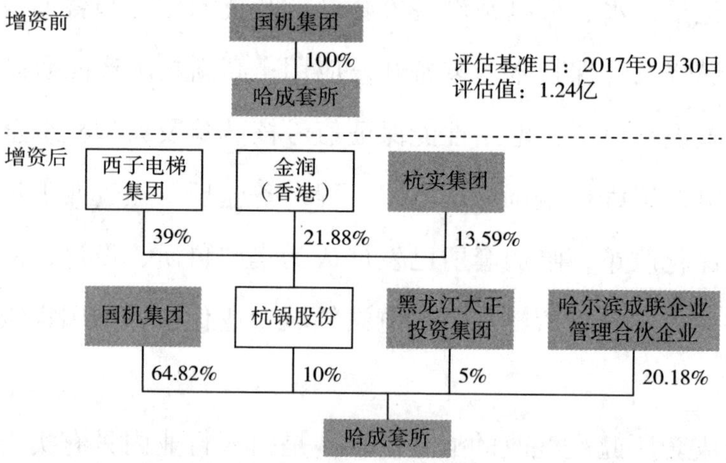

图 3-5　哈成套所引入杭锅股份

2. 整体上市

整体上市是指一家公司将其主要资产和业务整体改制为股份公司进行上市的做法。整体上市主要有两种模式。第一，是企业通过整体改制后首次公开发行上市的方式，如中国石化、中国石油整体改制后境外整体上市。第二，是企业借助其控股的上市公司，以吸收合并或资产重组的方式实现经营性资产的整体上市，如 TCL 集团的吸收合并方式，武钢集团、宝钢集团的增发收购方式。这些方式从本质上来讲是一种融资行为，但具体操作方法有所区别，比如 TCL 集团先是吸收合并了旗下的上市子公司 TCL 通讯，再通过与 TCL 通讯置换股权首发上市，集团公司是融资的主体；而武钢股份采取先增发股份，然后用募集的资金购买集团主要经营性资产的方法，最后将这些资产注入到上市公司，实现资产的整体上市，上市子公司是融资主体①。

截至 2019 年 6 月 11 日，我国 A 股市场共有上市公司 3623 家，其中地方国有企业有 690 家，中央国有企业有 366 家，占比达到 29%。其中 19 家的大股东为各地国资委，33 家的大股东为各地的投资控股集团，其余都是集团公司为上市公司大股东。就目前的情况来看，对于我国国企而言，无论是整体改制后首次公开发行上市，还是以吸收合并或资产重组的方式实现经营性资产的整体上市，都有非常大的市场空间。

① 整体上市，百度百科词条。

表 3-5　　2014 年以来整体上市的国有企业统计（增发）

代码	名称	属性	发行年度	募集资金（万元）	证监会行业
000607.SZ	华媒控股	地方国有企业	2014	223115.86	新闻和出版业
000719.SZ	中原传媒	地方国有企业	2014	251430.46	新闻和出版业
000837.SZ	秦川机床	地方国有企业	2014	240535.76	通用设备制造业
002238.SZ	天威视讯	地方国有企业	2014	127700.00	电信、广播电视和卫星传输服务
600893.SH	航发动力	中央国有企业	2014	956950.46	铁路、船舶、航空航天和其他运输设备制造业
601989.SH	中国重工	中央国有企业	2014	848000.00	铁路、船舶、航空航天和其他运输设备制造业
000852.SZ	石化机械	中央国有企业	2014	180000.00	专用设备制造业
002100.SZ	天康生物	地方国有企业	2014	183960.53	农副食品加工业
002155.SZ	湖南黄金	地方国有企业	2014	127053.49	有色金属矿采选业
600299.SH	安迪苏	中央国有企业	2014	859795.48	医药制造业
600418.SH	江淮汽车	地方国有企业	2014	641219.44	汽车制造业
600604.SH	市北高新	地方国有企业	2014	142765.00	房地产业
600623.SH	华谊集团	地方国有企业	2014	1164691.81	化学原料及化学制品制造业
600629.SH	华建集团	地方国有企业	2014	12000.51	专业技术服务业
600704.SH	物产中大	地方国有企业	2014	1063486.04	批发业
600758.SH	红阳能源	地方国有企业	2014	595078.23	煤炭开采和洗选业
600871.SH	石化油服	中央国有企业	2014	2407549.52	开采辅助活动
600981.SH	汇鸿集团	地方国有企业	2014	618236.63	批发业
601669.SH	中国电建	中央国有企业	2014	1466585.62	土木工程建筑业
000557.SZ	西部创业	地方国有企业	2014	432844.81	铁路运输业
002110.SZ	三钢闽光	地方国有企业	2014	232473.66	黑色金属冶炼及压延加工
600547.SH	山东黄金	地方国有企业	2014	447385.55	有色金属矿采选业
600864.SH	哈投股份	地方国有企业	2014	983412.97	资本市场服务
601000.SH	唐山港	地方国有企业	2014	119708.09	水上运输业
002608.SZ	江苏国信	地方国有企业	2014	2101302.46	电力、热力生产和供应业
600475.SH	华光股份	地方国有企业	2014	558310.58	通用设备制造业
600502.SH	安徽水利	地方国有企业	2014	303164.49	土木工程建筑业
600578.SH	京能电力	地方国有企业	2014	549155.25	电力、热力生产和供应业
600967.SH	内蒙一机	中央国有企业	2014	698440.33	铁路、船舶、航空航天和其他运输设备制造业

对于借助资本市场力量实现国有资产的保值增值方面，在各个省、直辖市、自治区里面，还要数上海做得最好。数据显示，截至2016年底，上海市混合所有制企业占国资委系统企业总户数的67%、资产总额的67.7%、主营业务收入的89.3%、净利润的93.3%；市属企业中有80家上市公司，总市值约2.9万亿元，国有股市值近1.2万亿元。其中，上海国资国企中整体上市和核心资产上市的竞争类企业已占竞争类企业总数的2/3，包括上港集团（600018.SH）、上汽集团（600104.SH）、上海建工（600170.SH）、交运股份（600676.SH）、隧道股份（600820.SH）、华建集团（600629.SH）、绿地集团（600606.SH）7家国企完成整体上市，华谊集团、锦江集团实现核心资产上市[①]。

国务院发展研究中心企业研究所国有企业研究室主任、研究员项安波在2017年11月撰文指出，“国有资产资本化和证券化一直是上海深化国企改革的主线”。具体而言，就是整体上市或核心业务资产上市、开放性市场化联合重组、实施股权激励和员工持股这三大关键路径。

除了推进国企整体上市，上海市还以产权为纽带，推进一批跨所有制、跨管理层级、跨行业、跨地域的重组项目，支持国有企业通过合资合作、战略联盟等方式，与各类所有制企业实施双向联合重组；鼓励非公有制企业参与国有企业改革，鼓励发展非公有资本

① 国务院发展研究中心企业研究所课题组：《混合所有制改革的“苏、沪经验”》，2017年10月。

控股的混合所有制企业。

2017 年 5 月，上海电气（601727.SH）通过核心资产注入完成了整体上市。上海电气的控股股东上海电气（集团）总公司将港股上市公司上海集优 47.18% 内资股权、自仪泰雷兹 50.10% 股权、电气置业 100% 股权及其持有的土地使用权等多项资产注入上市公司，交易总价高达 66.28 亿元。

此次注入上海电气 A 股上市公司平台的资产，均为上海电气集团公司旗下的优势资源。其中，上海集优为港股上市公司，属于高端制造行业，主要产品有紧固件、轴承、叶片及刀具等，产品应用领域主要为汽车、工业与服务、能源、铁路及航空。公司收购的内德史罗夫是世界上最大和最领先的汽车紧固件生产厂商之一，在全球范围内拥有广泛的客户资源和领先的技术，其生产的紧固件硬度可达 12.9 级，远高于国内一般企业的 10.9 级。自仪泰雷兹是根据国家发改委对城市轨道交通信号系统国产化和产业化的要求，由上海电气、上海自动化仪表和法国泰雷兹集团共同投资组建而成，是泰雷兹集团的全球城轨能力中心之一，主要提供包括信号系统和监控系统在内的轨道交通机电集成解决方案。泰雷兹已为上海轨道交通 6 号线、7 号线及延伸线、8 号线及延伸线、9 号线一期二期、11 号线一期二期，北京地铁 4 号线和大兴线，广州地铁 3 号线及延伸线和武汉轻轨 1 号线一期二期等十几条线路超过 350 公里里程提供了最先进的 CBTC 信号系统，已开通的 CBTC 线路数量在全球排名第一。

通过资产重组，上海电气战略性地将电气总公司的优质资产注入上市公司，丰富了产品宽度，提升了产业能级。通过横向、纵向产品延伸，实现产业链的整合，增强了协同效应。在相关行业大环境困难时，上海电气在“低调”中积攒技术实力，全力为新兴产业发展和传统产业转型升级夯实基础。比如在江苏泰州投入运行的由上海电气自主设计制造的两台百万千瓦超超临界二次再热燃煤发电机组，是世界上首次将二次再热技术应用到百万千瓦超超临界燃煤发电机组。从数据来看，机组发电效率高达 47.82%，为当今国内外最好水平，发电煤耗仅为 256.8g/kwh，实现超低排放，再一次创造了世界煤电效率新纪录。

在创一流企业的要求下，各地也都开始争相发展核心产业集团，以“化零为整”的方式，集中优势资源，培育重点企业。比如，2018 年甘肃省提出，要推动国有企业战略性重组，并力求取得新突破。比如，要健全完善国有企业公司法人治理结构和经营管理机制，推动国有企业战略性重组，优化国有经济布局结构，组建陇药、电子电器、工程咨询、旅游投资等 10 个大型企业集团。

同样在 2018 年，江苏省国资委出台了《省国资委关于推动省属企业上市发展的指导意见》，其中提出“支持已有上市平台的省属企业将集团内适合的资产注入上市公司，或重组整合其他省属企业同类资产，使上市公司成为国有资本放大功能和保值增值的重要平台”。金陵饭店作为江苏省国资委旗下唯一的旅游上市平台，无疑就成为了旅游行业整体上市的标杆案例。7 月 18 日，金陵饭店

（601007.SH）发布了关于控股股东筹划酒店和旅游资源整合事项进展公告，江苏省16家省属酒店及旅游企业已被注入到金陵饭店的控股股东金陵饭店集团。而此次金陵饭店集团合并的16家省属旅企，仅是第一批。江苏省国资委披露，未来其他省级机关和单位管理的酒店类、旅游类资产，在条件成熟时逐步注入金陵饭店集团。

金陵饭店成立于1983年10月，最早直属于江苏省旅游局，此后经过整体改制，于2007在上海证券交易所上市，成为全流通后国内酒店业首发上市第一股，也是江苏省首家上市旅游企业。金陵饭店集团旗下经营着酒店、旅游、养老地产和商业贸易四大业务板块，其中酒店板块以股份公司为业务开展主体，实施酒店实体投资业务和酒店连锁经营轻资产业务并举；旅游和养老地产板块则主要围绕江苏盱眙的天泉湖景区做一系列的旅游产品开发，并延伸至旅游养老地产，打造养老产品、养老服务、养老金融三位一体的产业链；商贸板块则进行食品产业化运营、高中档酒代理经营、物流和物业管理。金陵饭店凭借其在南京新街口的地标金陵饭店大楼及常年从事高档酒店管理的经验，在同行业中享有良好声誉和品牌优势，保持着业内领先地位。

然而我国传统高档酒店脱胎于计划经济时代，无论在经营理念还是运作方式上都已经全面落后，并且在对公业务缩水及行业内连锁快捷酒店和OTA的冲击下，越来越难以为继，金陵饭店也出现业绩下滑。适逢新一轮国企改革启动，旅游行业作为完全竞争性行业，中央和地方在国企改革方向上阻力小、敏感性低、动力足。更重要的是，金陵饭店作为江苏省唯一的旅游上市平台，承载省内“四带两圈一网”的旅游发展战略使命。所以对于金陵饭店的改革，当务之急是需要围绕旅游行业的价值链对其进行战略性重组，充分利用江苏旅游资源大省的优势，逐步整合区域内稀缺和优质的旅游资源，提升行业竞争力和影响力。

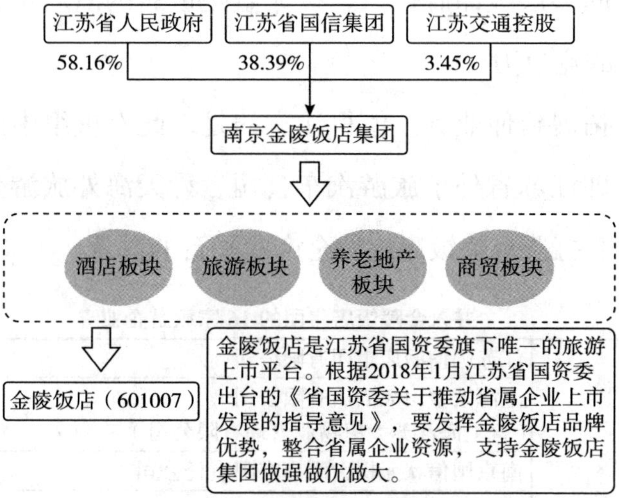

图 3-6　金陵饭店股权架构图

因此 2018 年在江苏省国资委的推动下，金陵饭店两大股东国信集团和交通控股将旗下 14 家酒店公司和 2 家旅游公司的资产分别通过无偿划拨或股权作价入股的方式注入金陵饭店。此次战略性重组具有两方面重要意义：

其一，增强主业经营。此次注入的 14 家酒店合计客房数量约 3500 间，合计总资产 20 多亿元，这为原本以传统高档酒店经营为主的金陵饭店进军连锁酒店领域提供了充沛的弹药。而且这些酒店大多毗邻优质景区，更凸显此次重组的含金量。重组完毕后，金陵饭店子公司金陵饭店酒店管理公司随即成立新品牌运营公司“南京金陵文旅酒店管理有限公司”，力图从现有的庞大酒店队伍中筛选出一批具有特色的主题文化酒店、主题精品酒店、休闲度假酒店，并将其打造成优质的连锁或单体新品牌，与原有的传统高档酒店业务一同构建起多层级品牌体系，扩大金陵饭店的酒店市场份额，增加酒店业务的竞争力。

其二，拓展延伸业务。值得注意的是，此次重组中两家旅游公司的加入，即江苏省外事旅游汽车公司、舜天海外旅游公司，彰显了江苏国资委打造金陵饭店旅游全产业平台的深意。

表 3-6　并入金陵饭店集团的 16 家旅游企业

国信集团	江苏国信酒店集团有限公司
	上海紫金山大酒店有限公司（含上海江苏大厦物业管理有限公司）
	南京国信状元楼大酒店有限责任公司
	苏州国信雅都大酒店有限公司
	连云港云台宾馆有限责任公司
	淮安国信大酒店有限公司
	江苏舜天国际集团碧波度假村有限公司
	连云港神州宾馆有限公司
	南京友好大厦有限公司
	扬州花园国际大酒店有限公司
	深圳市江苏宾馆有限公司
	江苏舜发实业有限公司
江苏交通控股	苏州南林饭店有限责任公司
徐矿集团	西安紫金山大酒店有限公司
国信资产	江苏省外事旅游汽车有限公司
舜天集团	江苏舜天海外旅游有限公司

值得注意的是，此次重组中两家旅游公司的加入，即江苏省外事旅游汽车公司、舜天海外旅游公司，更彰显江苏国资委打造金陵饭店旅游全产业平台的深意。旅游公司作为旅游产业链上最接近市场的环节，掌握着大量的客群信息和渠道资源，是上游景区及酒店的重要业务输出口。江苏国资委此举意在实现旅游产业链上下游资源的整合，提高金陵饭店的整体议价能力。而且，随着互联网的出现，旅游消费者越来越依赖通过旅游公司的网络渠道直接搜索景区及酒店信息，并随时留下体验评价，因此无论是从采集客户画像，精准获取客户需求，还是通过反馈信息有效改善服务体验，提高产品附加值，掌握旅游公司这个渠道端都具有重要的战略意义。尤其是舜天海外旅游公司，作为江苏最早的一批五星级旅行社，长期从事出境游旅行社业务，不仅是金陵饭店旅游产业链版图的最后一块拼图，还是公司未来走向国际化的重要一步，如果配合后期对于海外旅游酒店资产的收购，金陵饭店也将在境外游这样的高毛利业务中占有一席之地。

金陵饭店集团合并16家酒店及旅游企业仅是第一步，接下来就要面对两方面考验。一方面，是如何将资产顺利注入到上市公司金陵饭店，完成旅游板块整体上市，实现国有资本的放大和保值增值，并解决同业竞争问题。另一方面，就是省级旅游集团如何实现旅游资源的有效整合，在全省层面实现旅游资产运营统一化、标准化和现代化，实现当地旅游产业提质增效。

3. 分拆上市

分拆上市有广义和狭义之分。广义的分拆包括已上市公司或者未上市公司将部分业务从母公司独立出来单独上市；狭义的分拆指的是已上市公司将其部分业务或者某个子公司独立出来，另行公开招股上市。分拆上市后，原母公司的股东虽然在持股比例和绝对持股数量上没有任何变化，但是可以按照持股比例享有被投资企业的净利润分成，而且最为重要的是，子公司分拆上市成功后，母公司将获得超额的投资收益。

目前上市公司分拆子公司上市的情况主要有以下四种情况：①分拆子公司创业板上市；②分拆子公司新三板挂牌；③分拆子公司直接发行“H股”在香港上市；④分拆子公司通过红筹架构（VIE架构是红筹架构的一种）在境外上市。

而对于新一轮国企改革而言，分拆上市更多的是指将国有企业集团的核心业务重组为股份公司，并公开发行上市。这种模式比较适合企业生产系统或辅助生产系统中有大量效益低下资产的情况，或者企业内有部分公益性或非营利性业务的情况，就需要将企业的业务适当的拆分，将优质资产剥离出来。一方面，可以提高拟上市公司的质量与估值，确保国有资产的保值增值；另一方面，选择合适的拟上市企业进行资本运作，减轻整体改制带来的压力，增强拟上市公司的融资能力。

2016年12月21日，中石油集团公告称《集团公司市场化改革指导意见》和《集团公司混合所有制改革意见》获得集团全面深化改革领导小组审议通过。两个《意见》指出：中石油集团公司混合所有制改革要按照不同业务单元进行分类指导，坚持“突出主业、优化结构、搞活机制、提高效益”的原则，提出了具体的改革举措，并且将尽快下发落实。

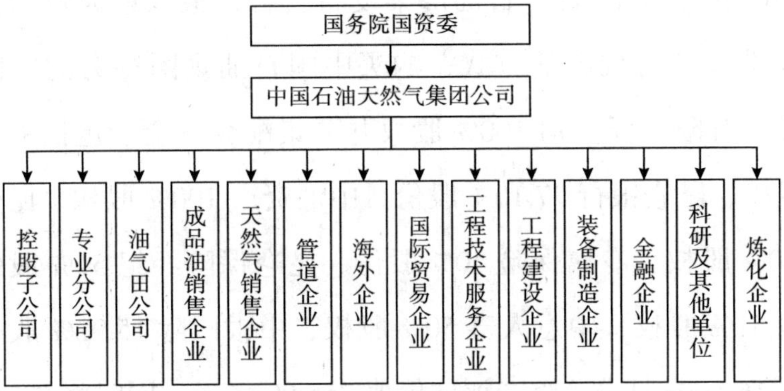

图 3-7　中国石油天然气集团业务分布

在中国石油天然气集团的业务板块中，上游勘探与生产板块、炼油与化工板块、成品油销售、天然气管道等核心资产基本都放在中国石油天然气股份有限公司中，并于 2007 年 11 月 5 日在上海证券交易所挂牌上市。另外，中国石油集团旗下还有天利高新、石油济柴、大庆华科等上市子公司。

2016 年 9 月 26 日，天利高新发布公告，拟通过发行股份及支付现金购买资产的方式，向中石油集团非公开发行 A 股股份及支付现金收购中石油集团持有的管道局工程公司 100% 股权、工程建设公司 100% 股权、寰球工程 100% 股权、昆仑工程 100% 股权、工程设计 100% 股权、东北炼化 100% 股权以及中油工程 100% 股权，资产评估价值250.7亿元。通过此次操作，中石油集团旗下的石油工程建设业务基本装入天利高新，“天利高新”更名为“中油工程”。天利高新原有资产和负债除现有一宗透明质酸厂土地及其上房产和构筑物以及三宗输气厂土地及其上房产外全部出售给天利石化。

2017年1月13日，石油济柴发布公告，拟以重大资产置换并发行股份及支付现金的方式，购买中国石油集团持有的中国石油集团资本有限责任公司100%股权并募集配套资金，包括中油财务28%股权、昆仑银行77.10%股份、中油资产100%股权、昆仑金融租赁60%股权、专属保险40%股份、昆仑保险经纪51%股份、中意财险51%股权、中意人寿50%股权、中银国际15.92%股权和中债信增16.50%股份，资产评估价值755.09亿元。同时将ST济柴的原有业务全部置出，中油资本实现整体上市。

至此，中国石油集团初步形成三大上市平台：石油、资本和工程，中国石油集团核心业务板块重组上市的格局基本形成。此外，中国石油集团旗下尚余油田工程技术服务板块和石油装备制造板块还未证券化，2017年11月15日，中石油全面深化改革领导小组第二十一次会议审议并原则通过《中国石油工程技术业务改革重组框架方案》，表明石油工程技术服务业务的专业化重组已提上日程；如果顺利完成整合，“中油油服”的营收规模预计将超过1000亿以上，有望成为仅次于斯伦贝谢和哈里伯顿的全球第三大油服企业。

2019年3月27日，在博鳌亚洲论坛2019年年会期间，国务院国资委主任肖亚庆在回应“如何看待央企子公司分拆到科创板上市”

问题时表示，要鼓励央企子公司带头去科创板。同时他还表示，要重视上市公司管控力度，特别要进一步提升价值创造能力。按照国资委要求，未来应以提升内在价值为核心的市值管理理念，依托上市公司平台整合优质资产，盘活存量股份，抓好亏损上市公司专项治理，不断提升价值创造能力。可以预计，未来应该会有更多优质资产通过整体上市或分拆上市走入资本市场，国有企业必将大放异彩。

三、锦江集团：混改助力并购扩张之路

1. 混改引入弘毅资本

2013 年 11 月，十一届三中全会通过了全面深化改革的决定。中央启动了央企“四项改革”试点和薪酬改革、国有资本投资公司等工作，拉开了国企改革顶层设计的序幕。上海市政府迅速响应，于 12 月发布了《深化上海国资改革意见》，该意见也被称为“上海国企改革 20 条”。

在各项政策利好的支持下，2014 年 6 月，锦江股份作为上海市国企混改的试点企业，实施了定向增发。在多方抉择之后，锦江股

份最终选择了弘毅资本作为战略合作伙伴。弘毅资本投入15亿元买入约1亿股，成为公司第二大股东，持股比例12.4%，而大股东锦江酒店则投入另外15亿元，持股比例维持50.32%不变。

弘毅资本作为联想集团控股旗下的股权投资基金，资产管理规模超过400亿元，已经参与了包括中国玻璃、中联重科、石药集团等多家国企的改制，拥有十分丰富的国企混改经验。此外，弘毅的投资方包含高盛、淡马锡等国际著名的投资机构，因此公司在国际并购领域也具有丰富的经验，可以为锦江股份的未来发展提供战略支持。

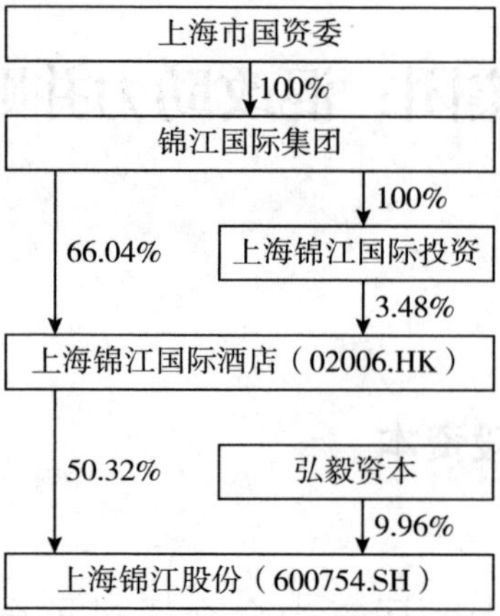

图3-8 锦江股份股权结构图

2. 借助资本力量的并购之路

锦江股份（600754.SH）原名新亚股份，公司成立于1995年，控股股东为锦江酒店（02006.HK），实控人为上海市国资委。公司旗下拥有锦江都城、锦江之星等多个酒店品牌。

引入弘毅投资后，公司获得了大量的流动资金，开始通过并购，迅速扩张。在弘毅资本的帮助下，公司在 2015 年 2 月作价 100 亿元成功收购法国卢浮酒店集团，完成了对欧洲地区的战略布局，发挥中国和欧洲的区域协同效应。此后，为进一步扩大在国内的领先地位、切入中端酒店领域，公司又在同年 10 月以 83 亿元收购了铂涛集团 81% 股权。

至此，锦江股份一跃成为国内第一大连锁经营酒店。

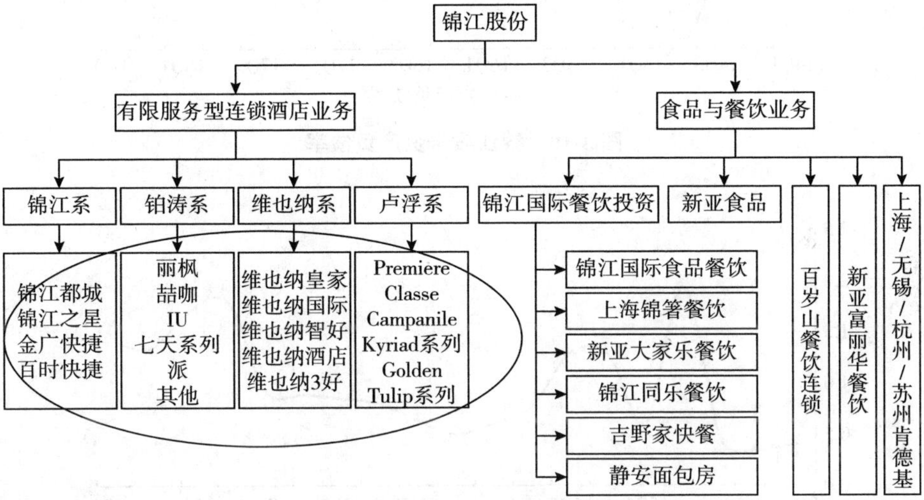

图 3-9　锦江股份旗下资产一览

但是，这两次收购也使得公司的债务规模迅速增加。在完成对法国卢浮酒店的收购后，公司的资产负债率由年初 23.2% 迅速上升至年末 68.6%。流动比率也迅速下降至 0.77。而至 2016 年，公司将铂涛集团并表后，资产负债率再次上升至 78.6%，流动比率下降至

0.5。因此，为了改善公司财务状况，降低负债规模，公司于2016年1月再次进行定向增发，所获资金用于偿还短期债务。此次定增，由大股东锦江酒店出资22.7亿元，其余资金由弘毅投资以及国盛投资、华安资管、长城资管等投资机构提供，共计45亿元。

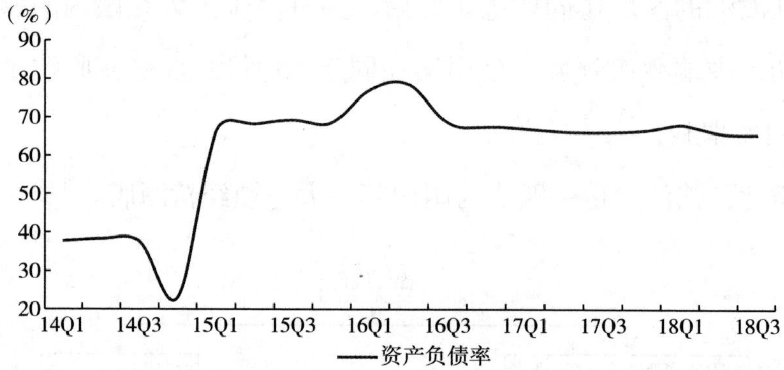

图3-10 锦江股份资产负债率

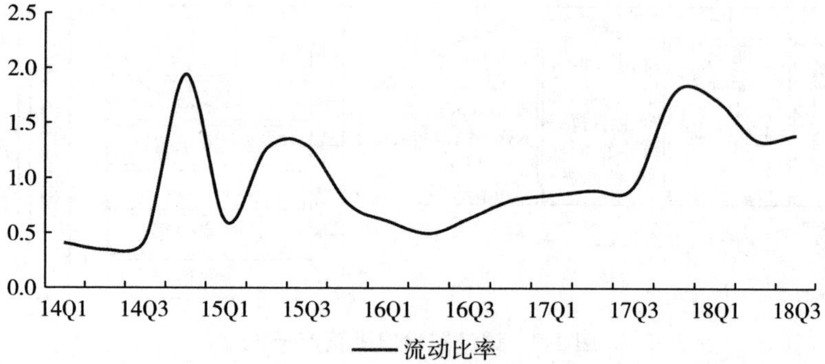

图3-11 锦江股份流动比率

随着本次定增的完成，公司的资产负债率开始逐渐下降，财务状况趋于稳定。2016年4月公司再次进行收购，以17.5亿收购维也纳酒店80%股权，完成在中端酒店领域的扩张。2017年10月，再次收购铂涛集团 12% 股权。

经过这几次收购，锦江股份已经成为国内第一大和全球第五大连锁酒店集团，在国内市场的经营规模远超华住和首旅等竞争对手。截至 2018 年 9 月，公司旗下已开业的酒店总数已经达到 7193 家，总房间数 70.6 万间，而华住集团的酒店总数为 4055 家，总房间数 41.0 万间，首旅如家酒店总数 3858 家，总房间数 38.7 万间。

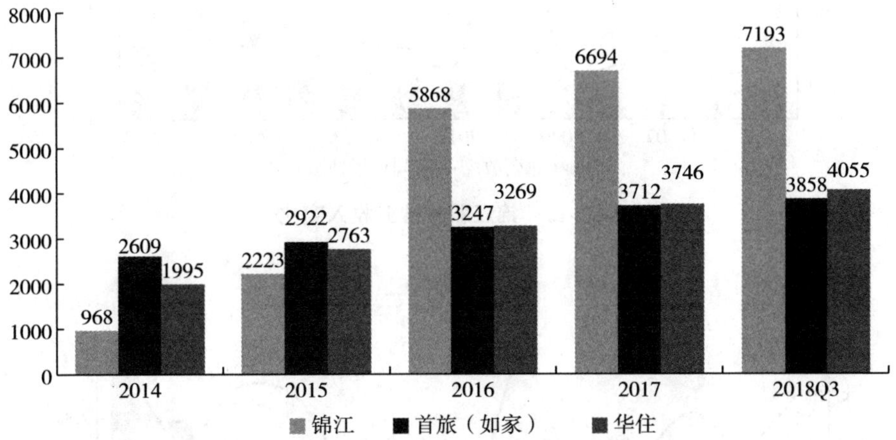

图 3-12　锦江、首旅、华住酒店家数比较

并购作为国际酒店业扩张的常用手法，与自开分店相比，并购不仅可以在短期内实现酒店数量和规模上的迅速增加，还可以将并购目标旗下经历多年树立起来的品牌纳入囊中，从而发挥不同品牌之间的优势互补效应。并且，通过并购合适的标的，公司还可以发挥不同地区之间的整合协同效应，通过扩大规模降低单位成本。在此例中，锦江还借这几次并购实现了由经济型连锁酒店向“经济型 + 中高端酒店”的全服务型酒店集团转型的目标。

而从公司营收规模上，锦江通过这几次并购也实现了营收和利润的快速增长。2017 年公司总营收为 135.8 亿元，相比 2013 年公司混改前增长了 5 倍，净利润也达到 9.9 亿元，增长 2.6 倍。

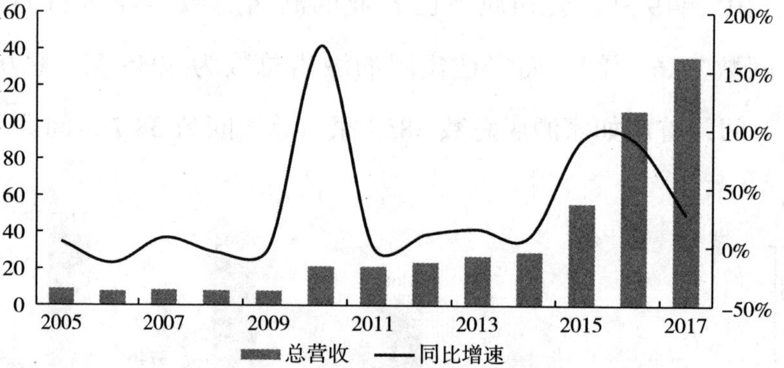

图 3-13　锦江股份营业收入变化

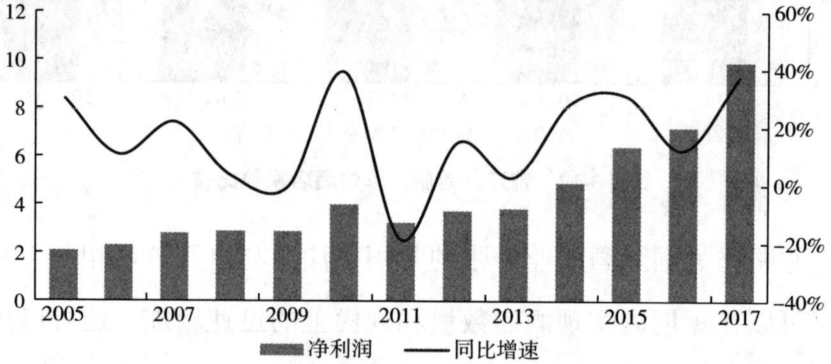

图 3-14　锦江股份净利润变化

3. 精细运营下的管理瓶颈

2007 年至 2017 年的十年里，我国酒店业发展迅速，酒店总家数从约 1700 家增长至 3.2 万家，年均复合增长率为 34.1%；总客房数也由 18.9 万间增长至 280 万间，年均复合增长率为 31.0%。但是，随着酒店数量和房间数的迅速增加，增速则呈现明显的下降趋势，意味着我国酒店行业整体已逐渐趋于饱和，未来同业间的竞争必将愈加激烈。

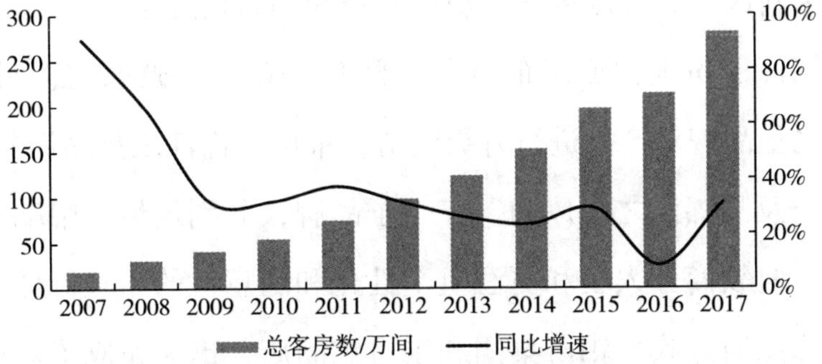

图 3-15 我国酒店总客房数增长迅猛

而从酒店行业内部结构来看，随着我国经济增长带动国民收入的不断提高，消费升级趋势明显，以往经济型酒店占主导的情况已经改变，中端酒店的需求和比重不断上升。我国目前中端酒店的比重仅 11% 左右，而美国中端酒店占比则为 47.1%，未来我国中端酒店仍有相当大的发展空间。

与以“b&b”（住宿 + 早餐）为核心服务模式的经济型酒店相比，客户对中端酒店在酒店设备和服务上的要求更高，除了要提供如健身、娱乐等多种休闲服务之外，还特别突出对其个性化和主题风格的要求，以及贴心到位的软性服务感受。

因此，中端酒店价格明显高于经济型酒店，而且其拥有的品牌特色又使得消费者的价格敏感性较低，从而产生的附加值较高。在目前我国经济型酒店行业同质化竞争愈加激烈的情况下，各酒店集团均在加快布局中端酒店领域。一方面，在各大酒店集团的新开门店规划中，中端酒店的比重不断上升。另一方面，各大酒店也在加快将存量经济型酒店改造升级为中端酒店的步伐，如华住将旗下汉庭升级为新汉庭、首旅将如家快捷升级为如家精选等。

而锦江股份也在加速布局中端酒店领域，一方面，公司将原有的锦江之星品牌对产品进行升级改造，推出“锦江之星品尚”“锦江之星”以及“锦江之星风尚”三个子品牌，分别定位于中端商务人群、都市白领商务人士和更注重个性化和随意性的年轻群体。另一方面，锦江通过收购铂涛集团和维也纳酒店，迅速完成了对中端酒店领域的切入。截至 2018 年三季度末，公司已经拥有 2193 家中端酒店，占酒店总数的 30.5%；而华住旗下的中端酒店家数为 1197 家，占比 29.5%；首旅中端酒店家数仅 610 家，占比 15.8%。无论是中端酒店的数量和占比，锦江都高于华住和首旅。并且，从加盟店的数量和占比上，锦江也都领先于华住和首旅。

规模化之后，随之而来的就是精细化运营的要求。酒店经营是最需要细心、耐心的行业。酒店从业人员素质参差不齐，管理难度非常大。而客人更是形形色色，需求喜好各不相同。尤其对于中端酒店而言，精细化运营的效果直接影响到酒店的 RevPAR（每间可销售房收入）。

而从财务上来看，锦江股份在酒店管理上并不成功。公司规模的迅速扩张导致了管理效率下降，管理费用和销售费用逐年提升。因而，虽然公司毛利率近年来维持在较高水平，但净利率却不断下降。

而与公司的主要竞争对手相比，近年来华住的净利率和 ROE（净资产收益率）则不断上升，首旅的净利率和 ROE 也在 2017 年超过了锦江，公司资产的盈利能力已经明显弱于首旅和华住。若不着力提升内部管理能力，降低各种费用及成本，公司的竞争优势可能进一步弱化。

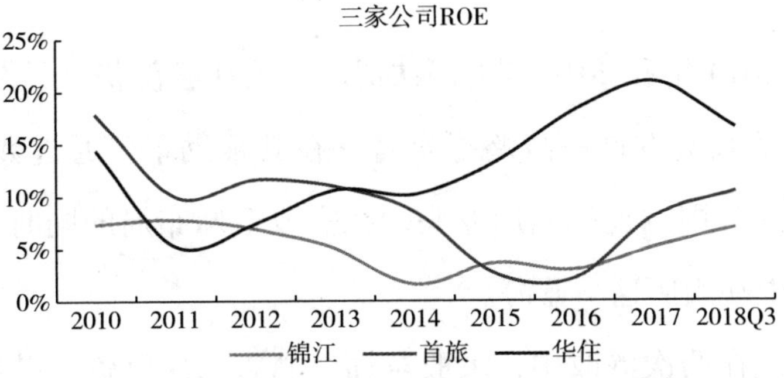

图 3-16 锦江、首旅、华住 ROE 比较

而经过测算，2017 年锦江境内酒店的平均 RevPAR 仅为 145 元 / 间，同期首旅如家的 RevPAR 则为 154 元 / 间，华住集团更高达 180 元 / 间。无论从入住率还是房价，锦江股份都落后于首旅和华住。

表 3-7 锦江、首旅、华住 RevPAR 比较

	RevPAR / 元	平均入住率 /%	平均房价 / 元
锦江股价	145	81.00	179
首旅如家	154	84.53	182
华住集团	180	88.30	204

此外，从结构上看，虽然锦江拥有的中端酒店占酒店总数的比

重高于华住和首旅，但在会员管理、酒店预订等服务上相对落后，因此锦江旗下的中端酒店的总体入住率要低于华住和首旅，未能发挥出中端酒店的优势，最终导致锦江的平均 RevPAR 也较低。如果不能获得有效改进，那么在中端酒店精细化管理这一关上，锦江股份规模化的优势将逐步被消耗殆尽。

4. 混改不是一改就灵，机制改革必须跟上

通过 2014 年和 2016 年的两次混改，锦江股份获得了大量资金，并引入了弘毅资本这一战略投资者。在其帮助下，通过数次并购，公司成功变为国内连锁酒店龙头，在完成全球布局的同时，也快速切入国内中端酒店这一蓝海。

但是，在两次混改中，大股东锦江酒店均斥巨资与弘毅投资同比例参与进来，以保持自己的控股地位不变。而除了弘毅投资之外，锦江股份的其他小股东中，占股 1% 以上的股东其中就有几只证券投资基金，属于绝对意义上的财务投资者。可以看出，在股权结构上，即使在混改之后，锦江股份依然以国资资本为主导，一股独大现象非常明显。

对比首旅酒店可以看出，首旅酒店作为北京国资委控股的酒店业龙头，2016 年引入携程后，控股股东首旅集团的持股比例下降到 36.74%，处于相对控股地位，而其第二大股东携程上海占股达到 15.43%。

在锦江股份混合所有制改革之后，弘毅投资基金的代表人赵令欢成为董事一员，董事会结构发生变化。由于弘毅投资既是公司的第二大股东，又是公司的管理层，因此其一方面能够在投资决策和发展战略的制定上站在股东的利益上考虑，降低了股东和管理层之间的信息不对称程度，另一方面，由于其所有者权属特征，使得其监督的有效性提高，降低了委托代理的成本。在二者的作用下，锦江股份的治理结构得到优化。

但是，在经营管理班子成员的构成方面，锦江股份并未将其收购的卢浮、铂涛及维也纳等集团负责人引入锦江股份董事会，而是延续其以往的董事会成员。这种人员结构对于公司的战略制定、战略执行以及并购的资源整合都存在着不利的影响，不但在公司决策上容易受到锦江股份固有的思维限制，无法吸纳优秀民营企业收购对象的市场化经验，还容易造成并购中的文化冲突，影响改革效果。相反，首旅酒店引入携程上海之后，不但携程上海的梁建章入局董事会，就连小股东红杉资本的沈南鹏以及如家董事长孙坚也在董事会上占有一席，更有携程项目经理朱剑岷为独立董事，董事会 13 个席位当中，因收购如家而变更的董事高达 4 位。

2018 年 11 月 27 日，首旅酒店公告了其股权激励草案。而在美国上市的华住酒店一直都有针对员工的股权激励政策，酒店的店长在达到一定业绩和级别后可以获得相应的股权激励。而从锦江股份 2017 年年报来看，除了董事长和 CFO 有少量持股外，其他高管均未持有公司股份。

更重要的是，弘毅投资不可能长久持有锦江股份的股权，现在弘毅投资已经开始在逐步卖出。失去了弘毅投资的管理与监督，锦江股份管理层与股东的利益冲突有可能重现，因此，解决公司管理层的激励问题才能长久地释放出锦江股份的活力。

混合所有制改革不仅是股权上的变革，还应在治理上、管理上与之相配套，才能将产权变革的作用发挥出来。发展混合所有制，应该真真正正地把市场机制引进来，真正地让企业有活力、有动力，这才是我们做混合所有制的根本目的。改革者们需要更加坚决的态度、迅速的行动，围绕完善治理、强化激励、突出主业、提高效率的要求，扎实深入地做下去。要真正触动体制机制，使企业充分市场化，调动员工的积极性，混合所有制改革任重而道远。

四、上海城投：平台公司资本运作典范

自 2014 年《新预算法》和国发〔2014〕43 号文等文件颁布实施后，各地的城投公司承担地方政府投融资主体的功能逐渐丧失，迫切需要寻找新的发展定位，在不依赖政府背书的情况下，实现公

司的独立运营和持续发展。然而，城投公司从投融资平台向独立运营的公司实体转变实非易事，其中最突出也是最难以解决的就是债务问题。如何化解债务难题，降低企业负债率，同时保证公司的平稳发展，这是大多数城投平台都亟待解决的。而上海城投集团，不仅是国内最早成立的第一批城投公司，也是最早实现成功转型的城投公司。

上海城投集团成立于1992年7月，前身是上海市城市建设投资开发总公司。纵观上海城投集团发展至今，从一开始的政府投融资平台到目前城市开发和运营的市场主体，共经历了资产注入、整体上市以及分立上市三个比较重要的阶段。

1. 经营性资产整体上市

自上海城投集团1992年成立后，其作为上海市政府的投融资平台，承担了公路、水厂等大批城市基础设施建设项目的投融资任务，为上海市的快速发展提供了巨大助力。然而，随着上海市基础设施的日渐完备，上海城投集团发现仅仅承担政府投融资功能难以实现自身的持续发展，同时还可能会因为政府的过度扩张而导致公司负债高企，引发财务风险。因此，上海城投在2003年以建设“中环线”项目为契机，开始谋求转型，力图从单一的政府投融资平台逐渐向城市项目的投资融资和建设运营主体转变。

上海城投的这一转型计划得到了上海市政府的大力支持，后者通过向上海城投注入大量优质资产为其转型奠定了坚实的基础。自 2004 年开始，上海市政府陆续将上海市政资产经营发展有限公司、上海交投、上海水务资产经营发展有限公司、上海固体废物处置中心以及上海环境集团等资产划至上海城投旗下。在 2014 年，上海市政府还通过资产重组运作，将上港集团 5.61% 的股权和上海同盛的三家子公司（上海同盛内河航道建设发展公司、上海同盛大桥建设公司和上海同盛城北置业公司）100% 的股权也划归上海城投。

时至 2008 年，在获得政府的大量资产和资金注入后，上海城投的资产规模迅速增加，经营范围也扩大到水务、路桥、房地产和环境治理等多个板块。因此，上海城投的主要任务就变成如何通过调整组织架构，整合旗下规模庞大且行业分布广泛的资产，提高经营效率，从而促进公司的持续发展。为此，上海城投开始逐渐展开以资产运作为核心的转型改革，而这一改革首先便是实现旗下经营性资产的整体上市。

此时，上海城投集团旗下拥有的唯一上市公司原水股份（代码 600649.SH）的主要业务为原水生产供应以及污水输送。由于用水价格受到政府管控，公司的业绩增长十分缓慢，且随着人工、材料等成本的上升，公司的毛利率不断下降，导致盈利能力降低，难以获得资本市场的认可，原水股份作为集团上市平台的主体功能日益衰弱。

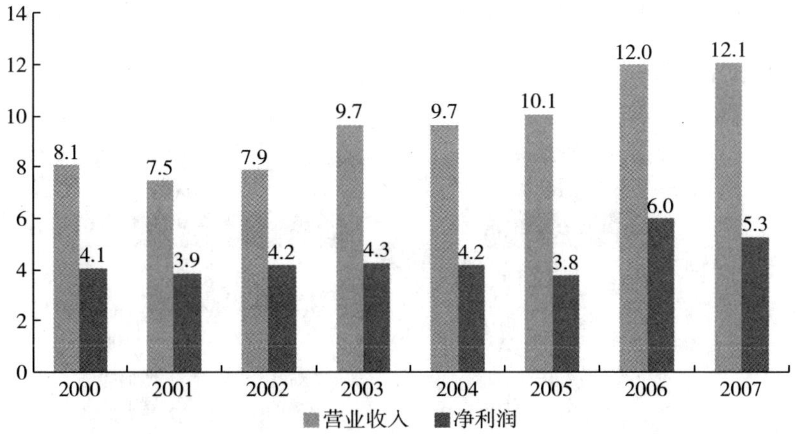

图 3-17　原水股份 2000 ~ 2007 年业绩指标（亿元）

与此同时，通过前期的资产划拨，上海城投集团旗下已经拥有很多优质的经营性资产，主要包括以环境治理为主业的上海环境集团和以房地产、投资业务为主的上海城投置业集团。而房地产、投资以及环境治理等业务的市场化程度较高，且行业发展潜力巨大，若将这些业务注入上市平台，不仅可以满足投资者对于上市主体的盈利要求，重新盘活市场流动性和投融资功能，还可借助资本市场帮助集团进一步扩大自身实力。

因此，集团决定将旗下主要的优质资产即环境板块和房地产板块注入上市平台，而后逐步将水务板块置换出上市主体，从而将上市公司打造成为集团旗下主要经营性资产的经营平台，实现集团经营性资产的整体上市。2008 年 4 月，原水股份先更名为上海城投控股，并在 6 月以非公开发行股票和支付现金相结合的方式购买上海环境集团和上海城投置地（集团）有限公司各 100% 的股权，从而完成上海城投集团的资产注入。改革前后上市公司的股权结构如图 3-18 所示。

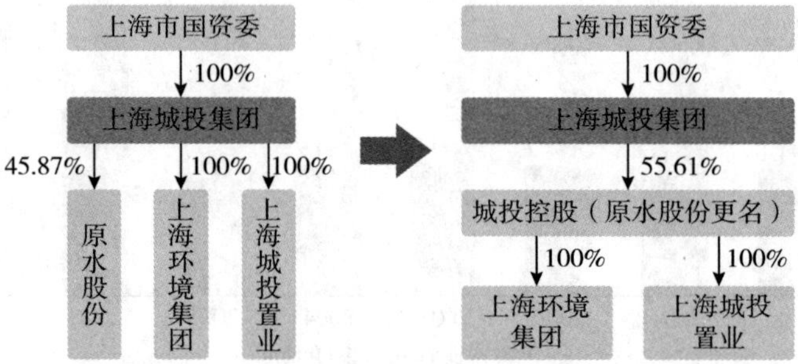

图 3-18　城投控股（原水股份）重组前后股权结构

通过这次资产注入，不仅解决了集团旗下上市平台的业绩增长问题，上市公司的业务结构也从单一的原水供应业务转变为水务、环境治理（垃圾发电等）和房地产开发三足鼎立的综合业务格局，公司业绩和盈利能力大幅提升。从 2008 年城投控股重组至 2016 年吸收合并阳晨 B 股后分立上市的这段时间内，除 2013 年因房地产市场波动导致公司营收下降之外，其余年份上市公司业绩均呈现持续稳定的增长。

而通过这一次上市公司的重大资产重组，上海城投集团也基本完成了旗下经营性资产的整体上市。此外，为进一步强化上市平台的经营性质，上海城投在此次资产重组后又陆续展开操作，将经营性质较弱的水务业务从上市公司置换至集团旗下，并将市场化程度较高的垃圾焚烧等经营性业务划入城投控股的子公司上海环境集团内。

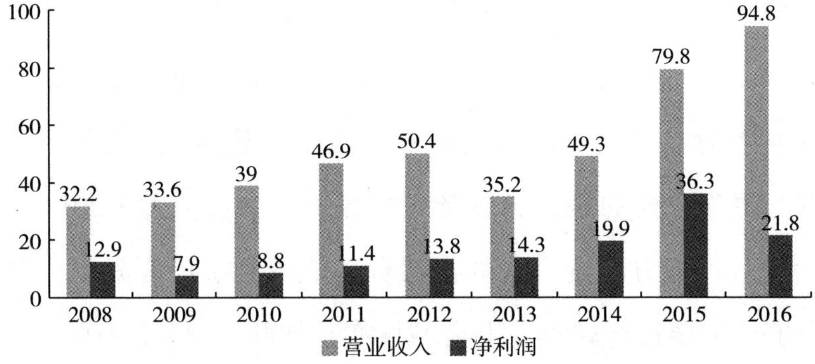

图 3-19　城投控股 2008 ~ 2016 年业绩情况（亿元）

2. 合并阳晨 B 股后分拆上市

2011 年，上海市国资委将拥有的阳晨 B 股 56.83% 的股权无偿转让至上海城投集团旗下，上海城投成为公司的控股股东。然而，随着 A 股市场的日益活跃，B 股市场的流动性不断下降，几乎已经丧失了正常的融资功能，B 股股东的利益难以得到合理体现。并且，阳晨公司的主营业务为城市污水处理，这与城投控股的子公司上海环境集团从事的生活垃圾处理及固体废物焚烧等业务同属环保板块，存在同业竞争的潜在风险。因此，上海城投决定将上海环境集团从城投控股旗下分立出来，与阳晨 B 股合并后再通过主板上市，剥离上海环境集团后的城投控股则可以专注于房地产及投资业务。如此不仅可以彻底解决集团各子公司之间潜在的同业竞争风险，也有利于城投控股和 B 股股东的利益。此外，2014 年 5 月，国务院出台了《关于进一步促进资本市场健康发展的若干意见》，明确提出“稳步探索B股市场改革”这一政策性指导意见，也为方案的实施提供了政策支持。而在此之前，已有浙能电力吸收合并东南发电B股后上市、新城控股吸收合并江苏新城B股并上市这两起“B转A”的成功案例。更为重要的是，2014年《新预算法》和国发〔2014〕43号文陆续出台，地方融资平台的投融资功能受到了极大限制，各地城投公司迫切需要进行转型，上海城投亦是如此。

2014年11月，上海城投进行了体制改革，由全民所有制企业改制为有限责任公司，由企业法人转为公司法人。上海城投变为由上海市国资委全资所有的顶层控股型国有独资公司，政府与公司的产权边界更加明确。在具体架构上，依照现代企业法人的治理结构和上海国企改革20条，集团层面设立执行董事和总裁，与党委书记分设。而在此之前，上海城投还在子公司层面相继成立了上海城投水务（集团）有限公司、上海城投公路投资（集团）有限公司、上海城投资产管理（集团）有限公司三大专业集团公司，将集团的路桥板块、水务板块和其他资产分别装入，设立董事会，实行董事会领导下的总经理负责制。在这三大集团公司成立后，上海城投陆续将上海环境集团旗下的公益性资产划到这三大集团下，为下一步的吸收合并阳晨B股并分立上市做好准备。

2016年10月，在经过商务部、证监会等相关监管部门批准后，由城投控股换股吸收合并阳晨B股的方案开始实施。首先，由城投控股通过向阳晨B股股东发行股份，以换股方式吸收合并阳晨B股，阳晨B股终止上市并注销法人资格，其全部资产负债由城投控股的全资子公司上海环境集团承接。接着，在合并过程完成后，上海环境集团自城投控股中以存续方式实现分立，并作为分立主体申请在上交所主板上市。2017 年 3 月，上海环境集团成功在 A 股上市。该方案交易完成前后相关公司的股权结构如图 3–20。

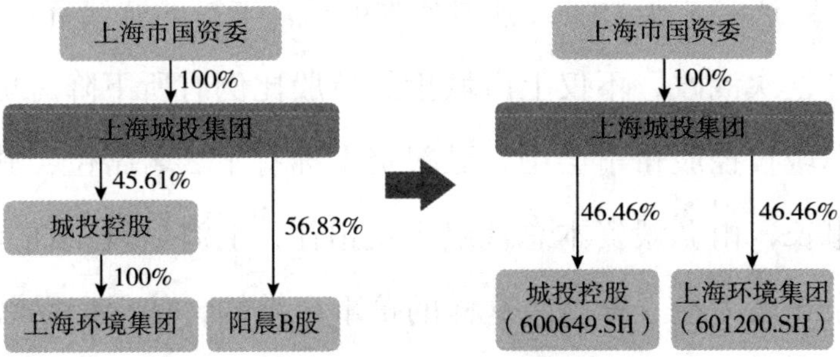

图 3-20　换股吸收合并前后股权结构

此次城投控股吸收合并阳晨 B 股并分立上市完成后，上海城投集团旗下的主板上市公司由一家变成两家，资本运作的能力和空间大大增强。并且，两家上市公司之间业务边界清晰，城投控股主要负责房地产和投资业务，上海环境集团则主要负责污水处理、固废处理等环境业务，不仅避免了集团子公司同业竞争的风险，实现了分类经营，两家上市公司还可相互合作，发挥一定的协同效应。2018 年，上海环境营业收入 25.8 亿元，同比增长 0.66%；净利润 6.74 亿元，同比增长 11.2%；总资产 152.3 亿，同比增长 21.4%。

3. 引进战投，转型升级

除了上述资本运作外，上海城投集团还在引进战投、项目建设运营、经营管理思路等其他方面也进行了许多成功的创新和转型，从而有力推动了集团的转型升级。

2013 年，为了加快城投控股在环境板块的拓展步伐，提高市场竞争力，上海城投决定出让城投控股 10% 的股权，为其引入战略投资者，最终选定了实力强大且国企改革经营丰富的弘毅资本。

通过这次混改，不仅上海城投的持股比例有所下降。更为重要的是，在城投控股董事会中，弘毅资本拥有了 2 名席位，其中一席为副董事长，由弘毅资本总裁赵令欢担任，上海城投则拥有 4 名席位，其余 5 名为独立董事。这样的董事会结构，使得以弘毅资本为代表的社会力量在公司管理决策中的话语权得到增强，改变了以往国有资本一家独大的局面，使得公司经营管理的市场化程度和战略决策能力与效率得到极大提升。

上海城投在不断发展过程中，经过投资运营、政府划拨等方式积累了大量不同类型的资产。其中，既有像原水供应、生活垃圾处理等公益类资产，又有固废处理、垃圾焚烧等运营类资产，还有房地产、股权投资等市场化运作的资产。不同类型的资产由于商业模式各异，统一管理难免发生混乱。因此，集团通过分类经营的方式，通过资产划拨，使得各子公司可以聚焦主业，便于管理。同时，也不会造成子公司之间的业务重叠，避免不良竞争，甚至子公司之间的业务还可以发挥协同作用。例如，2010 年城投控股将黄浦江原水系统资产出售给上海城投原水公司、用自来水闵行公司 100% 股权置换上海城投新江湾城发展公司 100% 股权，以及将环卫集运、保洁等公益类业务剥离进入环境实业公司；上海城投将可市场化运营的垃圾焚烧业务划入城投控股旗下的环境集团，上述的吸收合并阳晨B股亦是如此。集团通过这种方式，形成了以房地产和投资等市场化业务为主的城投控股、以固废处理等市场程度较高的环境业务为主的上海环境、以公路投资运营为主的上海城投公路投资集团和以公益类业务为主的环境实业等。

纵观上海城投集团整个发展转型历程，其充分利用了各种债务融资和股权融资工具，为集团的发展提供了大量资本支持。在债务融资方面，集团早在1995年就率先在全国发行上海市市政工程建设债券和浦东建设债券及其他企业债券，不仅为公司发展筹措了大量资金，而且由于公司的信用良好，所发行的债券大都以最低下限利率发行，节约了大量融资成本。其次，上海城投还发行了多期中短期融资产品，如中期票据、短期融资券等，改善债务结构。再次，公司还与保险公司合作，设计工程项目的债权投资计划，降低公司投入。此外，上海城投还设计了上海路桥和排水设施为基础资产的资产证券化产品和一些理财产品等，有效补充了资金来源。经统计，在1992～2000年之间，政府投入集团的资金仅占公司资金总额的23%，其余76%的资金均是集团通过发行债券、银行借款、中外合资、库房存量等市场化融资方式实现的。

纵观上海城投集团成立至今，从一开始的政府投融资平台成功转变为目前城市综合开发治理提供商。上海城投从依靠政府资产划拨注入，到通过丰富而合理的资本运作和架构调整，成功转型为多元化的企业集团，通过经营性资产反哺公用事业，实现了经营的可持续性，成功建立起企业信用。与此同时，上海城投通过创新融资工具，降低了融资成本，拓宽了融资渠道，使得公司拥有充足的资金用于项目建设，从而实现持续的内生增长。自2018年以来，上海城投集团的营业收入和资产规模不断上升，资产负债率稳步下降。可以说，上海城投集团的成功转型为其他城投集团提供了很好的示范，值得其他城投集团学习和借鉴。

五、某新闻传媒集团：业务规划扬长避短

2018年底，西姆股权激励研究院受邀为某市属新闻传媒集团设计混改方案。在该方案的设计中，就充分体现了西姆“四梁八柱”国企混改理论模型中的“战略”模块的实际应用。

该新闻传媒集团成立于2004年，是由原广电集团与报业集团重组而来，拥有报纸、广播、电视、期刊、网站等多种媒体资源，产业涵盖出版发行、数字网络传输及增值业务、广告、网站运营、服务外包、印务、会展、旅游、饮品和快送等多个领域，属国有独资企业，总资产4.1亿元，现有员工1126人。

由于受到互联网渠道冲击，国家对于电视台广告政策收紧及长期以来国有企业低效经营等因素的影响，该新闻传媒集团长期处于业务收入下滑，债台高筑的不利境况，亟需趁着国企改革的东风扭转这一不利局面，适应新闻媒体发展要求和运作规律的管理体制及运行机制，不断提高主流媒体传播力、引导力、影响力和公信力。

该新闻传媒集团的这次改革涉及下属 28 家单位 / 企业，其中包括新闻宣传机构 2 家，广告经营分公司 3 家，产业经营子公司 23 家。

改革的总体思路是将新闻传媒集团的宣传职能与产业经营职能进行分离，原新闻资讯社、广播电视台和媒体经营分公司剥离出新闻传媒集团，剥离之后成立新的新闻媒体机构为公益二类事业单位（正处级），承接原有的宣传职能。新机构按照公益二类事业单位标准，在科学核定运行成本的基础上，工作经费列入市财政预算，由财政部门给予经费保障。新成立的新闻媒体机构实行新闻与经营全面分离，机构内部的新闻宣传部门与媒体经营分公司分别按照公益事业单位和公司化运营管理。

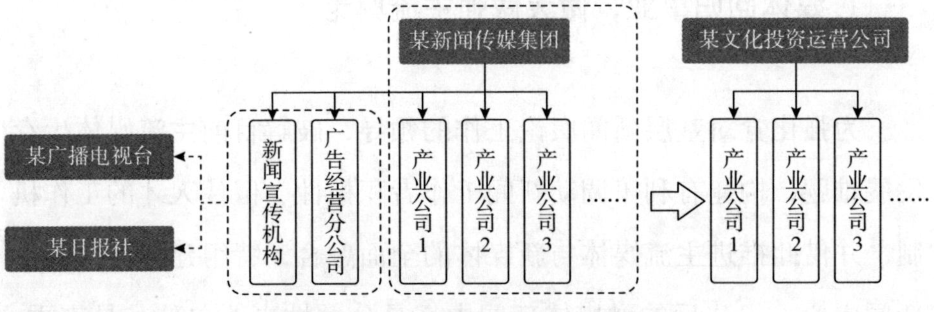

图 3-21　新闻传媒集团改革总体思路

剥离宣传职能的新闻传媒集团更名为某文化投资运营公司，负责对其所属国有资产进行统筹，加强优质资产整合和不良资产清理，借助市场化运作手段，实现国有资产保值增值。

而业务剥离过程中有两点至关重要，一是资产处置问题。为使本次改革后新闻媒体机构轻装上阵，更好地发展新闻宣传事业，该文化投资运营公司保留原新闻传媒集团全部固定资产及债务，新成立的新闻媒体机构只保留原新闻媒体从事人员，日后通过租借办公大楼和设备的方式来进行日常运营。而历史遗留债务问题则分两步走来解决：前期通过与债权人协商谈判、债务托管或资产注入的方式化解一部分债务，后期通过产业公司重组，优化产业经营等方式创造持续性收益来改善企业负债情况。二是人员问题。为使得本次改革能够在比较稳定的局势下顺利进行，将改革成本降到最低，改革后保留原事业编人员的事业身份，而当用人单位发生合并或分立等情况，原劳动合同继续有效，劳动合同由继承其权利和义务的用人单位继续履行。具体的细化方案如下所述。

1. 媒体回归事业，做大做强主流舆论

为强化党对基层新闻舆论工作的领导，破解目前主流媒体生存发展难题，构建有利于调动新闻工作者积极性、留住人才的工作机制，并借此推进主流媒体与新媒体的全面融合，特组建该市融媒体新闻中心。组建后的融媒体新闻中心是公益性事业单位，是市委、

市政府重要的宣传舆论阵地，隶属市委宣传部。

该市融媒体新闻中心承担《日报》《晨报》及市属三套广播频率、三套电视频道的内容生产、制作和刊播；承担“市新闻网”、日报、晨报、广播、电视旗下“二微一端”、掌上市情、直播客户端、市智慧手机台、市网络广播等新媒体矩阵内容发布工作；负责中央人民广播电台、中央电视台和省广播电视台多套节目转播工作。融媒体新闻中心主要工作职责是：宣传党的理论和路线方针政策；统筹重大宣传报道；组织党媒内容创作生产；采写、刊发、制作和播出优秀新闻作品；引导社会热点；加强和改进舆论监督；推动多媒体融合发展，加强域内外传播能力建设等。融媒体新闻中心将结合该市媒体实际，借助新媒体的网络传播优势，按照“移动优先、内容为王、融合传播、多级覆盖”的发展方向，破除融通壁垒，着力打造平面媒体、广电媒体、移动终端、互联网、自媒体互相渗透、交叉和重组的全媒体、全时空资讯传播平台，形成具有强大竞争力的全媒体传播矩阵。

2. 产业公司整合，国企改革激发活力

目前集团下属产业公司管理分散，规模实力不强，业务市场化竞争力弱，内部管理粗放，无论是国有资产保值增值还是对集团业务整体发展的带动效应都没有充分发挥，整合空间和发展潜力明显。此次产业公司整合对集团跨越突破具有重要意义。

集团所属产业公司可划分为饮品快送、服务外包、房屋服务、教育培训、会展、影视动漫、剧院运营、物业管理、房地产开发、数字电视、电视购物、仓储质押和印刷业务 13 个细分业务板块。通过对各产业公司资产经营状况的梳理，可以看出产业公司经营普遍不佳，2018 年盈利的公司只有四家，且普遍存在资产规模较低、专业化不强、主业不突出、抗风险能力弱、盈利能力低、资金占压大等问题。

根据业务评估矩阵对现有业务进行评估，明确业务的定位，分为转型支撑业务、大力培育业务、维持现状业务和剥离退出业务四类。

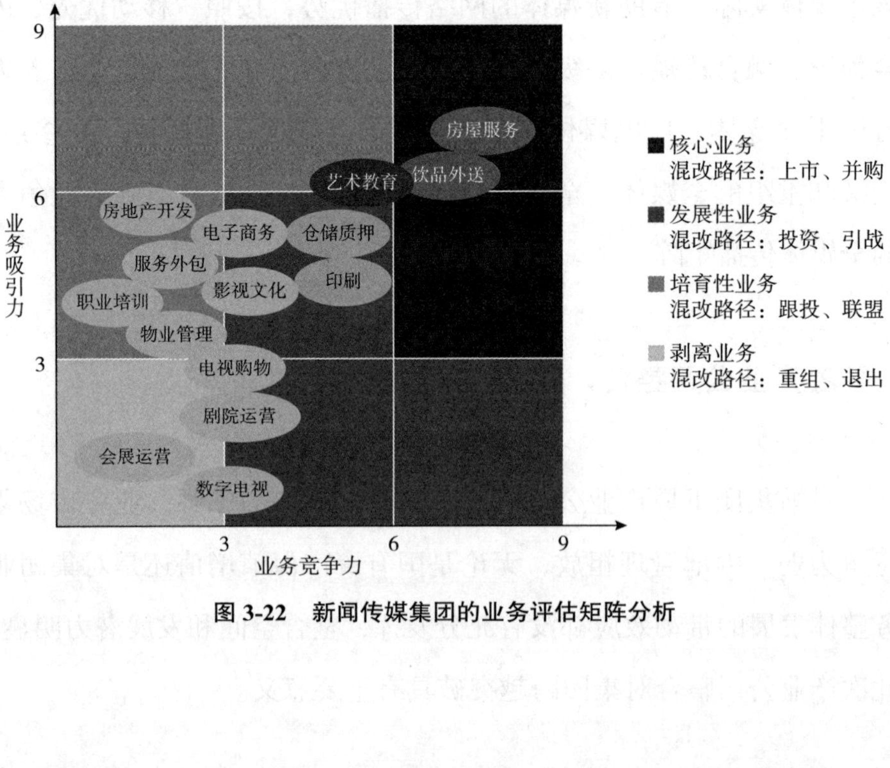

图 3-22 新闻传媒集团的业务评估矩阵分析

（1）转型支撑业务——印刷、电视购物、仓储质押业务

转型根基：集团目前可以获利的业务，可以迅速实现资金回笼，是转型期间其他业务扩展的基础和保障；

固本常青：依靠行业地位及经验，在现有优势及市场的基础上，挖掘新优势，开拓新市场，以形成长期稳定的经营性现金流支撑企业转型为目标。

（2）大力培育业务——饮品外送，房屋服务业务

未来利润中心：市场潜力大、获利能力强，未来可形成新的增长极，成为集团的主要利润来源；

积蓄发力：倾斜资源，尤其是人才与资金资源，迅速弥补自身短板，突破困境，实现由投资布局阶段向经营盈利阶段过渡。

（3）维持现状业务——服务外包、教育培训、物业管理、影视动漫、房地产开发业务

战略收缩：多为政策性业务或无盈利潜力业务，对政策依赖比较强，控制资源投入，完成政策目标即可。

（4）剥离退出业务——会展、剧院运营、数字电视业务

会展业务与剧院运营业务与传媒行业相适性不高，建议剥离，由市政府商务部门及文化部门进行管理。数字电视业务受到收归省里政策影响，建议剥离。

3. 文化投资运营公司重组措施

更名后的文化投资运营公司将采用兼并、解散注销、国有产权无偿划转等方式对旗下业务板块进行重组。如果合并中或合资公司中涉及到股权问题，按照控股的权利大小可划分为全资子公司、控股子公司、参股子公司，投资运营公司在业务重组中应根据自身的实际情况，确定股权占比。此外，在重组过程中，也会面临一系列操作问题，如不良资产处置、资质、担保等或有债务的处理，投资运营公司还需认真研究现有政策，做出正确的判断。而在处理职工安置问题时，投资运营公司更应该研读相关法律规定，推动重组进程。具体重组措施有：

① 明晰文化投资运营公司战略愿景和定位，制定战略发展目标。明确公司未来业务组合模式，一方面，要对公司已涉足领域进行深入甄选，战略性放弃部分低增长业务；另一方面，要加强对盈利能力强、发展前景好的市场化业务的创新探索，兼顾市场化和公益性。

② 明确公司总部功能定位，加强公司对各业务条线及内部职能的管控，科学设计管控模式，既保障整体利益最大化，又充分发挥各业务运作优势，同时规避风险。

③ 公司下属业务板块在不同阶段采取灵活多样的发展模式，积极引入民间资本，实现股权多元化，并结合企业类型进行混改股权结构的设计。

④ 完善法人治理结构，重组后公司要健全现代企业制度，相应

的公司治理机制必须配套运行，形成权责统一、运转协调、有效制衡的治理结构。

⑤ 完善职业经理人制度，引入企业家精神，为重组后投资运营公司经营管理人才队伍的建设、壮大创造良好的环境。

⑥ 引进中长期战略投资者，有利于国企股改公司资本结构的调整，同时形成相对制衡的股权结构，转换为企业有效的经营决策机制。

4. 内部管理优化措施

（1）战略管理

首先，文化投资运营公司应逐步建立规范的战略规划体系，通过规范的战略管理流程实现各业务单元在战略上与投资运营公司保持高度一致和同步。其次，投资运营公司要逐步建立科学的战略管控体系，将战略规划落实到经营计划和具体的日常经营活动中。战略管理的关键是投资运营公司战略的设计以及在二级单位的传递，年度的战略质询会是整体战略制定并实现战略传递的有效工具。

（2）财务管理

文化投资运营公司总部将通过以全面预算管理和资金管理为主的财务战略推动投资运营公司高速发展，并帮助二级公司完善财务制度和会计核算体系。在投资运营公司重组完成后，首先要规范并建立统一的财务制度和会计核算体系，便于投资运营公司及时准确获取各子公司财务数据。建议投资运营公司构建完善的财务管理信息系统，利用信息系统实现经营数据的实时监控和财务分析，并在投资运营公司建立自上而下的财务指标评价体系，更好地保障投资运营公司总体财务目标的实现。其次要实现投资运营公司上下资金的统筹管理，通过设立资金结算中心的方式对资金进行集中管理控制，并赋予投资运营公司总部资金管理监督职能。在财务决策层面，投资运营公司需要建立全面预算体系。全面预算必须与经营计划紧密结合，要求投资运营公司所有部门和各二级单位共同参与。

（3）人才管理

人事控制是管控目标实现的基本手段，投资运营公司主要通过人事任免权和绩效考核实现对子公司关键岗位的控制。文化投资运营公司的人力资源将定位于政策指导、人资管控、共享服务，二级公司人力资源将执行投资运营公司策略、管理具体事物和参与服务平台建设。同时，投资运营公司人力资源需要制定相关政策和制度，统一管理规则和管理标准，为二级公司人力资源管理规范化运作提供框架。

（4）绩效管理

文化投资运营公司战略通过计划和预算管理体系转化为正确的

行动需要有效的业绩考核体系作为保障。绩效管理体系的建立需要考虑设计关键绩效指标、设定绩效目标、进行绩效考核和应用考核结果四个主要环节的工作。投资运营公司未来将通过每年与二级单位签订业绩合同，来设定二级单位的绩效目标。考核结果的应用将与经营层激励机制相结合，实现投资运营公司对各二级单位的管控。

（5）审计法务管理

内部审计是实现财务控制的保障手段，投资运营公司需要完善内部审计体系，加强对经营活动的监督检查。投资运营公司应通过严格审计程序，完善审计制度，实现对二级单位财务及经营的监督和审查。文化投资运营公司应从法制工作向二级单位延伸和加强重大决策的法律审核刚性两个方面加强法制及风险控制体系建设的执行力。在强化经济合同100%法律把关的同时，要充分考虑业务运行效率问题，在坚持两手都要抓、两手都要硬的原则以保护公司整体利益的同时，可通过法律审核流程的时效控制和进一步加强标准化合同的使用等措施解决保障与效率的矛盾。

第四章

国企改革中的组织分析

对于一个企业而言，必然是为了达成某个目标而设立的。为了实现这个目标，企业需要形成一个合理有序的组织结构，这个结构决定了工作任务的分工、协调、整合的方式，决定了人和人之间、部门和部门之间、总公司与子公司之间的工作关系。而一个完善的组织结构，就是使得整个企业有序运转，通过协调效应达到企业的最终目标。

本书第三章讲了国企改革中如何设定企业的战略。对于企业而言，环境影响战略，战略影响组织，组织影响行为，而行为又决定了最终利益分配的结果。所以，一个组织的管理者必须根据客观环境来合理地确定企业战略和相适应的组织架构，使员工有效地分工协作，取得良好的绩效，完成企业的战略目标。

在此，我们不详细阐述关于组织设计中非常细节的问题，而是依照国企改革这个大的框架，强调在新一轮改革中最重要的两个方面：第一，要界定清晰管理关系；第二，要健全法人治理结构。

一、界定清晰管理关系

国有企业的所有权属于谁？理论上来说，国有企业的所有者是很明确的，属于全体国民。全体国民委托中央政府经营管理，而国务院显然没有能力直接经营管理数量庞大的国有企业，因此传统的做法是国务院委托国有企业的经理来经营管理。简言之，全体国民委托国务院，国务院转委托于国企经理，委托代理关系相当明确，国有企业的终极所有权人是全体国民，实际属于中央政府。但是，国有企业的代理人规模庞大，数量很多，一旦不能实施有效的监管，就会形成内部人控制，导致国有资产流失。在这种模式下，所有者无法真正行使所有者权利，实际上可以被看做是一种所有权缺位的状态。

2003 年 3 月，国务院国有资产管理委员会（简称国资委）正式成立，国资委成立的主要目的就是从原来的“九龙治水”变成“一龙治水”，原来好几个部门分割行使的职能收归国资委统一行使，十六大报告中将国资委的权利界定为“管人、管事、管资产”，并公布实施《企业国有资产监督管理暂行条例》予以法律上的确立。我国奉行 20 多年的“国家所有，分级管理”的国资管理体制被“国家所有，分级产权”的新体制取而代之。

新一轮国企改革的方向之一就是要建立现代企业制度，而现代企业制度的基本要求就是“产权清晰、权责明确、政企分开、管理科学”。党的十八届三中全会提出，要“以管资本为主加强国有资产监管”，党的十九大报告更是明确提出，要“做强做优做大国有资本”。从管资产到管资本为主，从做强做优做大国有企业到做强做优做大国有资本，这是认识上的一次重大飞跃，对推进新一轮国企国资改革有着关键性的指引意义。

2017 年 4 月 27 日，国务院办公厅关于转发《国务院国资委以管资本为主推进职能转变方案的通知》（国办发〔2017〕38 号），其强调以管资本为主的职能转变，科学界定了国有资产出资人监管的边界，明确了国资委具体职能定位，清晰了监管层权力和责任清单，核心目的就在于调整优化监管职能和方式，放权搞活国有企业。未来管企业的模式将彻底被取代，以国有资本投资运营公司为主要平台的管资本将成为主旋律，企业由此获得更多的经营自主权。

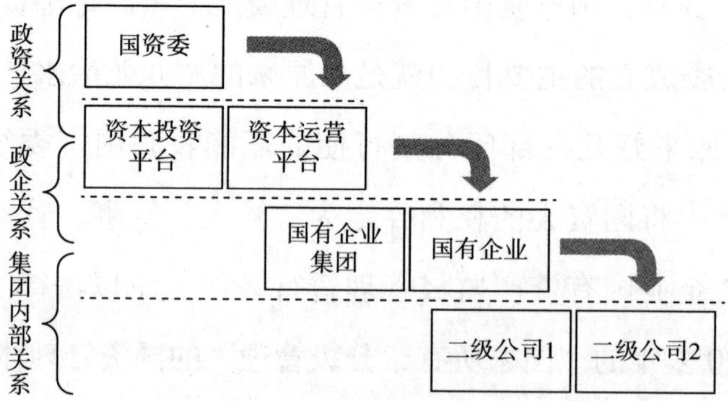

图 4-1 西姆两类关系界定法

根据38号文，我们原有的政企关系进一步被细分成了三个维度，即政资关系、政企关系和集团内部关系。其中，资本投资平台和资本运营平台起到了非常关键的承上启下的作用。向上，资本投资平台和资本运营平台与政府对接，政府向平台出资，平台向政府负责，完成政资关系的交接。向下，资本投资平台和资本运营平台与国有企业及国有企业集团对接，平台向国有企业及国有企业集团出资，完成政企关系的对接。在某些情况下，国有企业集团总部承担了资本投资平台和资本运营平台的职责，两者是合二为一的。而集团总部再向下投资，和子公司、孙公司之间形成集团内部关系。

因此，我们在这一节里面，主要就要厘清两个层次的问题。第一个层次，就是政府到资本投资或资本运营平台的层次，也就是38号文中强调的，从管资产到管资本。第二个层次，就是如何通过集团管控来完成集团内部关系梳理问题。

1. 从管资产到管资本

党的十八届三中全会提出，要“以管资本为主加强国有资产监管”，党的十九大报告更是明确提出，要“做强做优做大国有资本”。2017年4月27日，国务院办公厅发布了《国务院国资委以管资本为主推进职能转变方案》，明确要求国务院国资委准确定位，调整优化国资监管职能等，力图从国资监管层面再做突破，增强国企活力。这份文件标志着国资监管机构从以“管企业”为主向以

“管资本”为主转变迈出了历史性、实质性的关键一步。这是一场刀刃向内的改革，“放权”成为关键词。

该方案提出，要科学界定国有资产出资人监管的边界，国务院国资委作为国务院直属特设机构，根据授权代表国务院依法履行出资人职责，专司国有资产监管，不行使社会公共管理职能，不干预企业依法行使自主经营权。

由管资产转变为管资本，关键是要调整优化国资委的监管职能。方案从强化管资本职能、落实保值增值责任，加强国有资产监督、防止国有资产流失、精简监管事项、增强企业活力，整合相关职能、提高监管效能，全面加强党的建设、强化管党治党责任等5个方面对国资监管职能做出优化调整。

突出国有资本运营则是监管职能转变能否接得住的关键一步。方案提出：牵头改组组建国有资本投资、运营公司，实施资本运作，采取市场化方式推动设立国有企业结构调整基金、国有资本风险投资基金、中央企业创新发展投资引导基金等相关投资基金。实现管资本相关的职能调整，需要有相应的组织框架，改组组建的投资、运营公司，完成国资委管资本的职能要求，是国资委职能转变的重要保障。目前，国有资本投资、运营公司已经进入试点阶段，下一步会被更加重视。

2019年6月3日，国资委印发了《国务院国资委授权放权清单（2019年版）》（简称《清单》），重点选取了5大类、35项授权放权事项列入《清单》，包括规划投资与主业管理（8项）；产权管理

（12 项）；选人用人（2 项）；企业负责人薪酬管理、工资总额管理与中长期激励（10 项）；重大财务事项管理（3 项）等。授权放权意味着最大限度地减少对企业生产经营活动的直接干预，更多依靠公司治理结构开展工作。这将赋予企业更多自主权，全面激发微观主体活力。这也充分体现了此次国企改革中政府的决心和落地能力。

值得关注的是，《清单》更加聚焦企业的重点关切，直接回应了企业诉求，更能增强企业获得感，保障授权放权落到实处。《清单》中共 35 项授权放权事项，涉及企业产权及激励方面的就高达 22 项，占比超过 60%。这也充分表明了，在此次国企改革中，国企所有权与经营权分开的问题，长期以来国企员工薪酬与激励机制不够市场化的问题，都是重中之重。比如，《清单》提出，支持中央企业所属企业市场化选聘的职业经理人实行市场化薪酬分配制度；支持中央企业在符合条件的所属企业开展多种形式的股权激励，股权激励的实际收益水平，不与员工个人薪酬总水平挂钩，不纳入本单位工资总额基数等。

加大授权放权，中央企业在获得更大权利的同时，也要担负更大的责任。这对企业加强行权能力建设、规范运行提出了更高的要求。另外，《清单》还提到，授权放权不能只停留在企业集团总部，而要做到“层层松绑”，把授权放权落实到各级子企业或管理主体上。这意味着授权放权将彻底落实到各级管理主体，更大激发企业活力。

虽然《清单》授权放权的对象主要针对国务院国资委监管的中

央企业，但近年来，各地方国有资产监督管理机构也都在积极出台相关政策和清单，加大授权放权，且已经取得了较为显著的效果。期待接下来国资委将指导各地方国资委结合实际，进一步授权、放权，赋予更多企业更多自主权。

在从“管资产”到“管资本”转变的过程中，首先，就是要改组组建国有资本投资、运营公司，对这两类国家授权经营国有资本的平台公司，可以通过建立具体目标合约和公司治理渠道来管理。比如，明确权责边界，制定管资本的权力清单、责任清单，使政府、国资监管机构和国有资本投资、运营公司权责利边界清晰，责任明确，追责有据；完善法人治理结构，组建董事会，董事会中除了投资、资本运作等方面的专家型董事，还应该配备能与出资人充分沟通、代表出资人意志的董事；向董事会授予业绩考核、经营层的市场化选聘、薪酬管理和激励权力，从事前审批转为目标完成情况和授权事项的报告相结合的制度；具体考核指标可以将国有资本保值增值率、股东总回报率、经济增加值、资产证券化率等财务类指标和资产配置、社会责任等非财务类指标相结合；强化审计监督，对运作合规性、资产状况和运作效率进行监督，保障国有资产的保值增值。

国有资本投资、运营公司实际操作中，首先，要依照当地战略规划，构建多元化的产业格局，厘清产业战略，做大做强核心产业，构建相关多元化产业结构，退出非核心产业，从而实现产业集约化专业化和产融结合发展。比如我们前文提到的宝钢集团就是非常好的案例。其次，要在国有资本投资公司内部构建以“管资本”为主的财务管控模式，建立精干、规范、高效的组织机构和决策体系。第三，要完善公司治理体系，建立健全法人治理结构，充分发挥党组织的政治核心作用、董事会的决策作用、监事会的监督作用、经理层的经营管理作用。充分发挥公司治理各主体作用，有效提高企业的市场化运作能力；改进投资监管方式，内部建立健全监督和风险防控体系，外部提升监督职能。最后，也是最重要的，就是要加强党的建设，充分发挥党组织的政治核心作用，明确党组织在公司法人治理结构中的法定地位，保证党组织参与公司经营管理中的重大决策。

2014年，中粮集团被确定为国有资本投资公司首批试点企业。之所以选择中粮集团，是因为中粮集团正面临着在大规模扩张、多元化拓展、高速度成长后的以盈利难题为主的众多难题。比如“改革难”，各部门、各层级、各环节长期以来已形成固有模式和各自利益，动谁的奶酪都不情愿，容易出现原则上讲都同意，一涉及具体问题就畏难、为难的情况。比如“整合难”，十年的外延式增长，平均每年300亿元的资产增量，有些产业和项目长期实践证明已不能生存，也不符合中粮发展战略，靠长期输血无法彻底解决问题，而要果断退出、止血养生，则要考验各级管理层和员工的大局意识、担当精神、纪律观念和坚强执行力。

中粮集团曾经的发展标签是“大而全”，但多年发展之后，“大而全”的模式逐渐变成了高速扩张带来的“主业不稳、专业不精”

问题。旧的功臣开始躺在功劳簿上吃老本，团队责任意识和进取精神都开始下降，现有的管理机制和方法没法对旗下业务一概而论。改革势在必行。

2016年7月18日，中粮集团按照中央国企改革“顶层设计”要求，启动了国有资本投资公司改革，通过分离资本运作与资产经营，探索构建定位清晰且职责明确的“集团总部资本层—专业化公司资产层—生产单位执行层”三级架构，努力实现政企分开、投资和经营分开、所有权和经营权分开。

具体的改革措施，按照我们“四梁八柱”的逻辑来说，就是战略整合、组织放权、激励到位、加强监管。

首先，是战略整合。不再是原有“大而全”的模式，而是要聚焦主业，打造专业化公司，推动产业化发展。根据业务聚焦原则，中粮集团提出，要加强各业务的专业化管理和专业化生产经营，纵向推进产业链上下游优化配置，横向整合同类业务资产，减少同质化经营、重复建设、无序竞争。中粮集团结合资产布局需要和业务经营现状，在集团设立18个专业化公司，作为二级单位负责资产运营，以核心产品为主线进行纵向整合，全面建立现代企业制度，努力实现股权多元化，真正成为依法自主经营、自担风险、具有核心竞争力的市场主体。

其次，是从组织管理上充分放权，总部将用人权、资产配置权、生产和研发创新权、考核评价权及薪酬分配权等五大类关键权力下放给专业化公司，主要通过派驻专职董事、监事行使股东权利，并直接干预企业经营决策和业务运营。专业化公司对立项有规划和运营权，集团本部把控和批准重大问题、重要事项和重点环节，对年度预算实行刚性考核的同时，管投资来源、管业务界限、管投资底线。

第三，是激励到位。对尚处于发展和培育中的业务给予重点关注和扶持，激励和帮助业务团队尽快提升经营管理和增强竞争力；对行业前景不明朗的业务，限制投资扩张，集团帮助团队尽快重新作出战略选择。改革激励机制，分享超额利润，在原有激励报酬体系基础上，新增超额利润分享计划，从业务团队实现的净利润与集团下达的“目标值”之间的增量部分中拿出一定比例奖励团队。改革约束机制，实行末位淘汰，市场化管控：按照市场化要求，以控股公司架构对下属业务板块进行管理，充分发挥董事会的作用；完善职业经理人制度：建立国际化、专业化、市场化、能上能下、能进能出、收入能增能减的职业经理人制度，最大程度地发挥经理人团队的创造性和激情。

最后，是加强监管。要求国资委授权放权，并不是对下属企业放任不管，而是要将监管方式从过去的“以管企业为主”向“以管资本为主”转变。明确中粮集团战略方向，确定国有资本投资回报底线；对中粮集团负责人进行任免、考核并根据其经营业绩进行薪酬激励，根据国有资产损失情况进行责任追究；市场化选聘经营管理者试点，国资委对中粮集团建设现代企业制度、完善法人治理结构进行监督和管理。同时，建立以管资本为主的管控模式，建立小总部、大产业，实施集团总部资本层—专业化公司资产层—生产单位执行层三级管控模式，集团总部将经营者选择权、重大事项决策权、收益分配权适度下放[①]。

中粮此次混改可以说有两大亮点：第一，是创新体制机制，释放企业活力和竞争力；第二，是加强监管，构建综合性监督风控体系。

在创新体制机制方面，首先，是改革管理方式，实施分类管理。中粮旗下的业务板块，分处于不同的发展阶段，在“关键成功要素、团队成熟度、经营质量、管理水平、发展潜力”等方面差异很大。通过对各项业务的行业环境、竞争力及其在集团内部战略地位进行综合评估，中粮将旗下业务分为稳健、发展、培育、问号等四类，并从“战略、投资、经营计划和预算、运营监控、评价”等五个方面实施分类管理。

其次，是改革激励机制，分享超额利润。为进一步激发业务团队的主动性、创造性和发展潜能，中粮在原有激励报酬体系基础上，新增超额利润分享计划，从业务团队实现的净利润与集团下达的“目标值”之间的增量部分中拿出一定比例奖励团队，大体比例为 20% ~ 30%，且不超过当年净利润额的 10%，具体奖励金额由集团决定，以此激励团队持续努力做大“蛋糕”，实现国家得大头、企业可持续、团队有动力的多方共赢格局。尽管新增超额利润分享计划可能受到工资总额限制，但依然有调节空间，一是如果多数经

① 资料来源：张帆：“案例：中粮集团从‘管资产’到‘管资本’”，载《现代国企研究》，2019 年第 1 期。

营单位实现超额利润，中粮整体利润将大幅增长，按国资委规定可适当上调工资总额；二是如果仅个别经营单位实现超额利润，有部分单位未达标，未能上调工资总额，中粮将按“奖优罚劣”原则进行内部调剂；三是如果执行中依然受限，中粮将即时向国资委汇报，争取国资委对完全市场化企业的政策支持。

第三，是改革约束机制，实行末位淘汰。为配合激励机制改革，中粮着手强化经理人约束机制，以5%末位淘汰制度，建立“业务一把手”的“能上能下、责任追究”的刚性约束机制，将“下课”的压力传导给团队，避免懈怠与涣散，让团队永葆竞争的激情、责任心与进取精神。此外，为推动5%末位淘汰制度的逐级落实，中粮适当下放了人事任免权，各一级经营单位职能部门副职、各二级经营单位副职等均改由一级经营单位任免，仅需任前向集团备案。

在加强监管方面，总部设立专门由集团董事长直接分管的“审计与法律风控部”，集商业风险控制、审计、法律为一体，对风控进行总协调，整合风控产业链，综合执行、信息共享，缩短风控处置链条。总部直管审计体系，由总部向各专业化公司委派审计特派员，兼任监事长，确保审计监督职责的“到位、到底”。专门设置纪检监察机构，负责对职能部门和各专业化公司（平台）领导班子及成员的监督、执纪和问责，事级企业纪检监察组织建设全覆盖，严格执行干部交流和轮换制度。总部向专业化公司推荐财务负责人，由专业化公司董事会聘任，集团对专业化公司财务实行在线监测调度管理，统一预算管理、统一资金使用、统一资金风险管控、统一负债和融资。在专业化公司全面建立董事会，董事会下设战略与预算、提名、薪酬与考核、审计与风控等专门委员会。董事会成员由内部董事和外部董事组成，外部董事包括专职股权董事和独立董事，占董事会成员的大多数，建立60多人的独立董事库，适时为专业化公司配备独立董事。

中粮专业化重组一年多来，18家专业化公司成为人财物、产购销独立成本核算的主体，经营团队有了全面成本管理、全面市场经营的责任，既承担了生产，又承担了经营，成为完整的市场经营主体，资本资产结构明显优化，资源配置效率明显优化，主要经济指标明显优化，企业成本和效益得到了明显改善，很多长期亏损的企业扭亏为盈，专业化体制设计在实践中初见成效。

“十三五”期间，中粮计划打造2～3个营收超1000亿元规模、4～5个营收超500亿元规模的专业化公司。2016年，在全球大宗农产品价格低迷的背景下，集团主业利润同比逆势增长80%。2017年，中粮集团实现利润总额118亿元，同比增长80%，取得历史性突破，收入效益实现超同期、超历史最高值、超预算，也远超社会预期[①]。

2. 集团管控的三种模式

按照新一轮国企改革的目标，国有企业将逐步向集团化发展。

① 《中粮集团坚持市场化方向 推进内部机制改革》，中粮集团有限公司网站。

如果把国有资产运营平台也看作集团的话，国有企业的发展方向就是以一个或数个实力雄厚的大型企业为核心，以产权联结为纽带，跨地区、跨行业经营，乃至跨所有制和跨国经营的，具有多层次结构，产权以母子公司体制为主体的多法人经济联合体。

集团管控的三种模式最初来源于迈克尔·古尔德提出的集团公司层面三种类型的管理风格。迈克尔·古尔德认为，集团公司对下属企业的管理风格大致可以分为财务管控模式、战略管控模式和操作管控模式。

财务管控模式主要以财务指标对成员企业进行管理和考核，总部一般无业务管理部门，主要关注投资回报。这种管控模式下，集团主要通过投资业务组合的结构优化来追求公司价值最大化，管控的主要手段体现为财务控制、法人治理和企业并购行为，是一种分权管控模式。

战略管控模式主要以战略规划为主，总部可以视情况设置具体业务部门。这种管控模式下，集团主要关注集团业务组合的协调发展、投资业务的战略优化和协调，以及战略协同效应的培育，通过对成员企业的战略施加影响而达到管控目的，主要管控手段为财务控制、战略规划与控制，人力资源控制，以及部分重点业务的管理，是介于集权与分权之间的一种管控模式。

操作管控模式主要通过总部业务管理部门对下属企业的日常经营运作进行管理，其关注重点包括成员企业经营行为的统一与优化、公司整体协调成长、对行业成功因素的集中控制与管理。这种管控模式下，集团主要管控手段包括财务控制、营销 / 销售控制、网络 / 技术控制、新业务开发、人力资源等等，是一种集权的管控模式。

功能和人员配置 \ 管理模式		财务管控模式	战略管控模式	操作管控模式
总部功能	核心功能	·财务/资产 ·集团规划 ·监控/投资管理 ·收购、兼并	·财务/资产 ·集团规划 ·监控/投资管理 ·收购、兼并 ·公关 ·人才培养 ·法律 ·审计 ·集团营销 ·现金管理	·财务/资产 ·集团规划 ·监控/投资管理 ·收购、兼并 ·公关 ·人才培养 ·法律 ·审计 ·集团营销 ·采购/物流 ·销售网络 ·人事管理
	重要功能	+ 总部组织机构的管理	+ 总部组织机构的管理	+ 总部组织机构的管理
集/分权		分权	集权与分权相结合	集权

图 4-2　集团管控三种模式

这三种管控模式，从管控力度的大小由弱及强，也就是从分权还是集权的角度来看，财务管控模式是分权，尽可能地将权力下放给了子公司；而操作管控模式是集权，将更多的权力都集中在了总公司层面。在确定集团采用什么样的管控模式时，必须首先考虑集团战略是什么，战略选择要与集团管控模式相匹配，集团管控体系是集团战略实施的保障。集团管控归根结底是为实现集团战略服务的，这也是集团管控模式的价值所在和终极目标。

集团的战略是通过外部环境和内部环境的分析，充分考虑市场、服务、竞争力等方面的问题，确定集团长期的目标、愿景以及自身的定位。简单地说，战略要回答的是我们做什么，在哪儿做，怎么样做三个层面的问题，而发展战略需要集团管控架构的有力支撑来确保战略的落地实施。战略解决企业的方向问题，尤其是竞争策略和业务策略。这样的选择又会带来结构上的需要，首先是管控架构的需要，包括管控模式、组织结构、汇报关系、责权划分及其整合以后的利益机制等一系列内容。

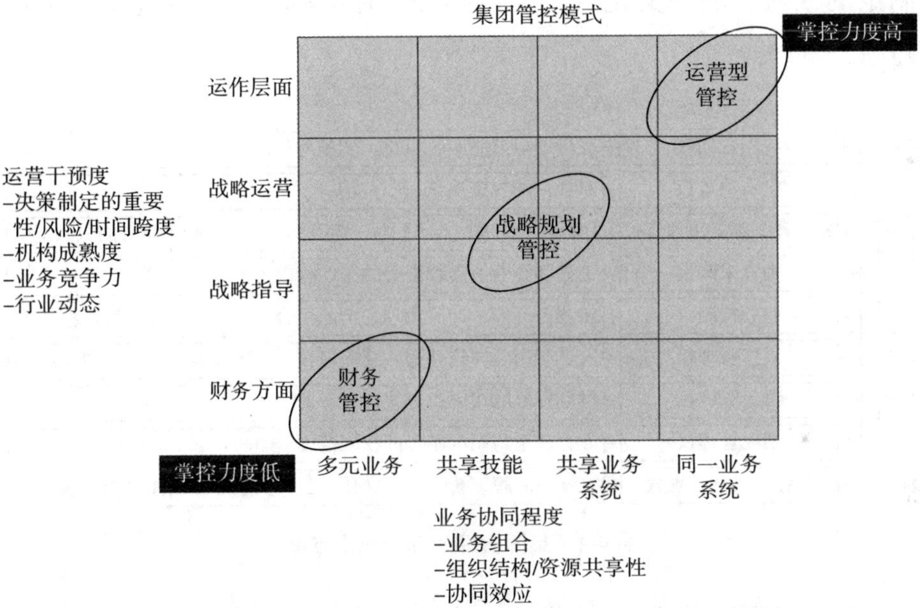

图 4-3 集团管控模式

管控模式的核心就是集权还是分权的选择。财务管控、战略管控、操作管控这三种管控模式具有不同的集分权程度，从经营角度看主要是通过 9 项基本权利的配置来界定总部与下属公司之间的管控模式，包括战略规划权，即对战略的研究制定、审批、实施等权限范围；投资决策权，即对项目投资决策的权限；经营计划和费用预算权，即年度经营计划、经营目标、费用预算等制定和考核的权限；物资采购权，即经营等业务所需物资的采购权限；业务控制权，即新业务开发、产品策划、产品组合、市场开发等方面的权限；人事管理权，即人员录用、岗位任命、绩效考核等方面的权限；财务管控权，即财务层面的权限；制度管理权，即公司方针政策与制度制定的权限；品牌文化管理权，即公司在品牌、企业文化等方面的权限。

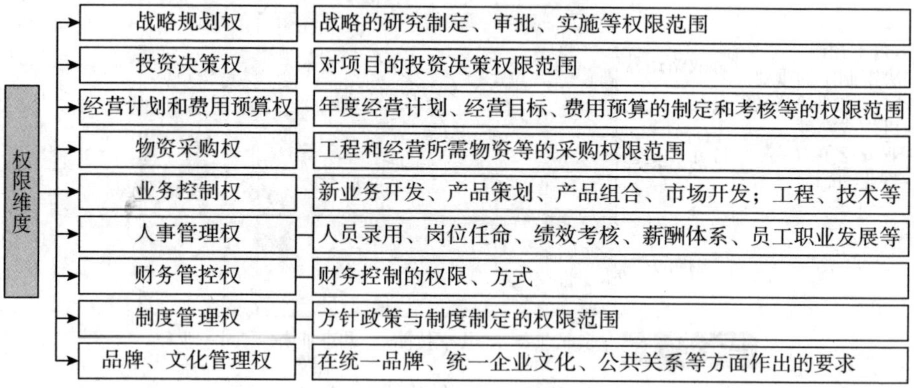

图 4-4 集团管控的九个权限维度

对于不同的集团管控模式，在这九个维度的侧重点各不相同。简单地说，对于财务管控模式，集团对子公司是“甩手大掌柜”，抓重大输入，抓重大输出，从前、中、后三个业务条线来说，就是前面抓战略、投资，后面抓战略绩效和审计，基本上完全放开；战略管控模式下，集团对子公司是“抓两头，放中间”，前面抓制度输出、战略、计划、预算等，后面抓绩效管理、稽核、审计，中间条线原则上放开，但进行基本的制度制约；在操作管控模式下，也是最集权的模式，集团对子公司的控制就是“一竿子捅到底”，前面的制度输出、战略、计划、预算，中间的运作与决策，后面的绩效管理、稽核、审计，纪检监察，统统都要抓都要管。所以，选择不同的管控模式，其实就是按照集团的战略规划，按照国企内部业务与管理协同程度，以及上级对下属公司的运营干预度，厘清权责界面。

在此，我们以宝钢的集团管控为例，来讲述集团公司如何才能做好管控模式。宝钢集团从 1978 年建厂至今，已经 40 多年，在这期间，其管控模式主要经历了三个发展阶段。

第一阶段，是操作管控模式。

宝钢最早名为宝山钢铁集团，由宝钢工程指挥部代表国家对宝山钢铁进行全面管理。在改革开放初期二十年间，宝钢作为钢铁产业的龙头企业，母公司对于下属子公司一直是采取“集中管理、统一经营、一贯负责、关键管理权力聚焦在母公司”的管理原则，也就是典型的操作管控模式。这种管控模式可以使各个子公司充分利用宝钢的资源优势，加强宝钢自身的水平，使得宝钢规模迅速扩大。但 1998 年后，宝钢和上海冶金及上海梅山两个集团联合重组之后，操作管控的模式已经不适合这么庞大的集团公司，总部心有余而力不足，于是，宝钢的管控模式自然过渡到了战略管控模式。

第二阶段，是战略管控模式。

重组后的宝钢由原宝钢集团 46 家子公司、上钢集团原有的 13

家子公司和梅山集团原有的28家子公司组成，拥有固定资产1344亿元，平均年产钢能力2000万吨，是我国当时生产规模最大、品种规格最全的大型钢铁联合集团。这个时候，还采用操作管控模式显然已经不符合集团发展的需求，因此，宝钢经过深入研究，决定采用战略管控模式，即母公司对所属子公司部分放权，“抓两头放中间”。同时，宝钢还做了调整结构、淘汰落后单位、减少冗员等一系列整改，实现了老企业扭亏解困，使得重组后的宝钢集团无论从产量还是经营业绩都有了大幅提升。

第三阶段，是战略管控与财务管控并行模式。

2003年后，随着宝钢集团不断壮大，子公司从数量和规模上都迅速增长，原有的单一管控模式已经不符合宝钢集团发展的需求。此时，宝钢的战略规划已经从之前的“以钢铁业为主，包含实业、贸易、金融多元化一体的大型企业集团”转变成“‘一业特强、适度相关多元化’的国际一流企业集团”。所谓“一业特强、适度相关多元化”指的是宝钢围绕钢铁主业为核心，在做强核心产业的同时，适度开展贸易、金融、技术工程、物流、煤化工等相关多元产业。同时，宝钢还将与核心主业相关性过低的产业板块逐渐分离出去。介于多元化产业和钢铁主业之间存在着差异，为激活多元产业的发展动力，宝钢集团采取了战略管控与财务管控并行模式，即对于钢铁主业板块下属的子公司，实施战略管控模式；而对于多元化产业板块下的子公司，实施财务管控模式。

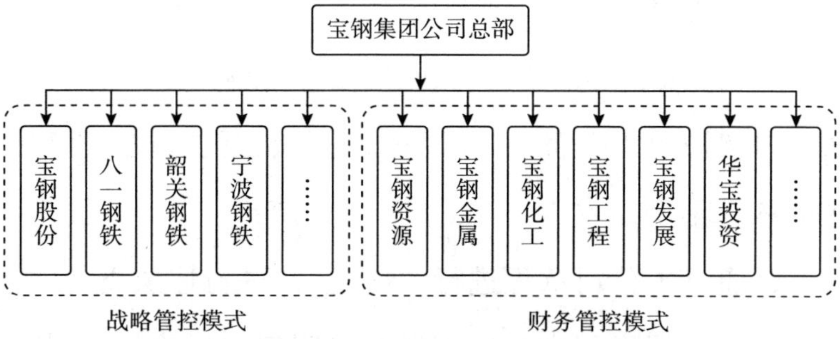

图 4-5 宝钢混合型管控模式

宝钢钢铁产业区域化管理和非钢多元化产业实施专业化管理，是宝钢集团产业板块设置的最大亮点，解决了集团公司管理过于集中、管理对象多而繁杂的问题。为了加强钢铁产业区域化管理，提高经营效率和质量，近年来，宝钢集团经过认真反思，把原集中管理的购销业务下放到各产业子公司，形成各子公司较为完整的销、供、产一体化经营模式。非钢产业通过专业化整合后成立了 6 大子公司，简化了集团对子公司的管理，从业务上、管理对象上实现精简、高效。

按照国务院国资委的部署，2005 年 10 月，作为首轮试点单位，宝钢集团率先构建了外部董事占多数的董事会，董事会共有 11 名董事，其中 7 名为外部董事，4 名为非外部董事。在规范董事会运作的前提下，宝钢集团建立了具有宝钢特色的“一六三”公司治理模式：“一”是指一个治理核心，即宝钢将治理核心董事会定位为战略决策型董事会；“六”是指六方制衡，即董事会与其他五位公司治理相关方（国务院国资委、经理层、党组织、监事会、职工）各承担自身的责任，协同运作，高效制衡；“三”是指董事长、党委书记和总经理三个职位要边界清晰，明确各自的权责利[①]。

从法律架构的角度而言，母公司对子公司的管控主要可以通过五种途径来实现。

第一，通过子公司章程进行“预埋”，进行层层委托。也就是说，子公司在公司章程中规定把经营控制权委托给母公司董事会，然后由母公司董事会再委托给母公司管理层，进而实现对子公司的管控。

第二，通过股东大会途径。主要是母公司控制子公司的股东大会，通过股东大会，对子公司的经营决策实施影响。但有一种情况例外，即子公司非全资子公司、母公司持股低于三分之二时，由于子公司股东大会的特殊决议需要三分之二股东行使议决权，因而母公司就不一定能够完全实施其影响。但是这并不是说股权数少就一定不能获得足够的表决权和经营控制权，完全可以通过金字塔式安排、交叉持股与转投资等方式解决表决权问题。

第三，通过董事会途径。这里又有两种情况：一是通过子公司董事会形式，母公司可通过控制子公司董事会来施加影响；二是通过母公司董事会形式。各国法律规定不一，但一般要求子公司经营中的一些重大决策问题，如接受或转让重要财产、借入巨额资金等，需要经母公司董事会决议，这样可以实施部分影响。

第四，通过母公司对子公司业绩的考核与指导。母公司可通过

① 郭婧:《宝钢集团母子公司管控模式研究》，硕士论文，2015 年 4 月。

对子公司例行的业绩考核、有关重要事项的审查和对子公司某些工作的指导，对子公司的决策产生影响。

第五，通过派遣董事等高层管理人员影响决策。

① 派遣董事。母公司向子公司派遣部分特别是超过半数以上的董事，可对子公司董事会作出的决策给予重大影响，将母公司的意志贯彻到子公司的决策中去。

② 派遣代表董事。董事会只进行重大经营业务决策，而日常执行业务一般由代表董事决定，因此代表董事权力很大，母公司通过向子公司派遣代表董事，可控制一般业务的决定权。

③ 派遣监察董事或审计员。监察董事和审计员通过履行监察、审计职责，对子公司经营决策有相当影响。母公司可通过派遣监察董事或审计员对子公司决策产生影响[①]。

二、健全法人治理结构

2017 年 4 月 24 日，为改进国有企业法人治理结构，完善国有企业现代企业制度，国务院办公厅印发了《国务院办公厅关于进

① 集团管控三分法，百度百科。

一步完善国有企业法人治理结构的指导意见》。文中提到，到 2020 年，党组织在国有企业法人治理结构中的法定地位更加牢固，充分发挥公司章程在企业治理中的基础作用，国有独资、全资公司全面建立外部董事占多数的董事会，国有控股企业实行外部董事派出制度，完成外派监事会改革；充分发挥企业家作用，造就一大批政治坚定、善于经营、充满活力的董事长和职业经理人，培育一支德才兼备、业务精通、勇于担当的董事、监事队伍；党风廉政建设主体责任和监督责任全面落实，企业民主监督和管理明显改善；遵循市场经济规律和企业发展规律，使国有企业成为依法自主经营、自负盈亏、自担风险、自我约束、自我发展的市场主体。

我们不应当否认在完善法人治理结构上曾经所作的尝试和努力，包括国家层面政策，各部委的文件，都在试图通过简政放权，激发微观经济的活力，提高国有企业的管理效率和效益。但是，鉴于国有资本的一股独大，“大股东说了算”，“一竿子插到底”还是在所难免。

而新一轮国企改革，主要实现路径在国企混改上。国企混改的主要方式就是引进战投、股权激励和员工持股。所有以上这些方式的最终结果是非公经济参与到国有企业中来，成为国企的股东。这和国有独资的国有企业不同，非公经济作为企业的利害关系人，不是简单地做做完善法人治理结构的表面文章，做也好，不做也好，反正最终负责人是国资股东，尽管国资股东在事实上也是缺位的。

因此，混改后的混合所有制企业，非公经济股东对公司治理会提出新的诉求，会带来公司治理的实质性改变，也会给国有企业的管理和运营带来新的挑战。

法人治理结构是现代企业制度中最重要的组织架构。狭义的法人治理结构主要是指公司内部股东、董事、监事及经理层之间的关系，广义的法人治理结构还包括与利益相关者（如员工、客户和社会公众等）之间的关系。公司作为法人，也就是作为由法律赋予了人格的团体人、实体人，需要有相适应的组织体制和管理机构，使之具有决策能力、管理能力，行使权利，承担责任，从而使公司法人能有效地活动起来，因而法人治理结构是公司制度的核心。

法人治理结构，按照《公司法》的规定由四个部分组成：股东会或者股东大会，由公司股东组成，所体现的是所有者对公司的最终所有权，是公司的最高权力机构；董事会，由公司股东大会选举产生，对公司的发展目标和重大经营活动作出决策，维护出资人的权益，是公司的决策机构；监事会，是公司的监督机构，对公司的财务和董事、经营者的行为发挥监督作用；经理，由董事会聘任，是经营者、执行者，是公司的执行机构。股东会的内容我们会在第五章中详细解读，因此，在本节，我们重点强调的是在新一轮国企混改中，董事会、监事会以及经理层的相关改革制度及内容。

法人治理结构是一套成熟的理论体系，我们在这里并不关注理论体系本身的相关内容，比如董事会要如何设置，监事会规则等等，我们更侧重于讲述在此次国企改革中，在法人治理结构中纳入了非公经济和管理团队之后，原有的国有股东、非国有股东、管理团队之间要如何通过董事会、监事会、经理层的设置来达到一种“共赢”的平衡点。

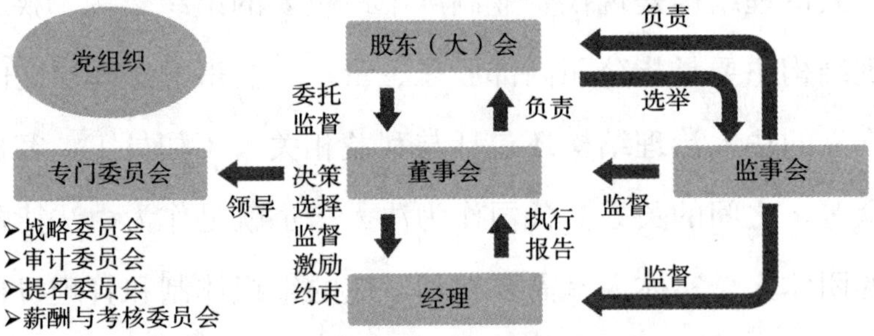

图 4-6　法人治理结构

1. 董事会中心主义

在传统的“股东会中心主义”治理模式中，公司决策体现的是“资本多数原则”，话语权掌握在公司大股东手里。而“董事会中心主义”治理模式与“股东会中心主义”治理模式的不同就在于公司控制权的实质拥有者是由职业经理人构成的公司管理层，而非大股东。公司控制权的配置重心从股东向管理层转移，职业经理人逐渐成为公司价值创造的主角。而在此次国企混改提出的国资监管机构要由“管资产”向“管资本”转变，将所有权与运营权分开，其实就是“董事会中心主义”的体现。

董事会中心主义是指以董事会为公司权力中心的公司治理模式。其要义在于，让董事会成为公司治理结构的核心，弱化股东（大）会的职能，强化董事会的职能和董事会的独立性，以期从根本上解决控股股东滥用控制权、公司独立性缺失与少数股东权益难以得到保障的问题[①]。董事会中心治理模式的特征是：董事会享有广泛负责所有经营管理决策的权力，股东权力限制在对主要决策的表决权和对董事的任免，董事与股东的权力分配不能通过合同约定加以改变，董事会的权力主要受董事会信赖义务的约束[②]。

在国有企业混合所有制改革中，民营企业家时常担心，在国家绝对控股或相对控股、党管干部的体制下，混合后一旦发生纠纷，法规往往抵不住文件，政策的稳定性堪忧[③]。实践中，此类担心时有发生，尤其是在王老吉混合所有制改革一案中具有充分体现。

王老吉药业股份有限公司是一家隶属于广州市国资委的地方国企，大股东为国有控股公司广州白云山医药集团股份有限公司。2004 年王老吉药业以向第三方定向增资方式，吸收民营企业香港同兴药业有限公司入股，改革成为混合所有制企业，主要生产绿盒装“王老吉”凉茶、广东凉茶颗粒、保济系列等。白云山医药和同兴公司双方各占 48.0465% 的股份，剩余 3.907% 的股份为职工股。经营后期，由于红罐王老吉与加多宝之争，多少对绿盒王老吉产生一些不良影响。而同兴药业的董事长王健仪也是加多宝的名誉董事长。2013 年，白云山公司与同兴药业矛盾激化，同兴药业意图解散公司，因此，白云山公司擅自停止财务总经理的职务，在王老吉公

① 叶敏、周俊海：“从股东会中心主义到董事会中心主义——现代公司法人治理结构的发展与变化”，载《商业经济与管理》2008 年第 1 期。

② *See* Larry E. Ribstein: *Why Corporations*, Berkeley Bus. L. J., 197 (2004).

③ 中共南京市委统战部课题组：“发展混合所有制经济的探索实践及对策建议”，载《新社会阶层》2015 年第 4 期。

司单方设立“行政班子暨党政联席会议”和“应急维稳管理委员会”负责公司生产经营。2014 年，白云山公司又在王老吉公司成立“临时管理委员会”，取代董事会和行政班子。2014 年王老吉公司首次出现亏损，其中上亿元成本费来历不明[①]。

本案中，白云山公司不经董事会的决议单方设立“行政班子”和“应急维稳管理委员会”、擅自停止财务总经理职务的行为，是国有股东对控制权的滥用，侵犯公司独立性和少数股东的合法权益。无论是国有股东还是非国有股东，当任何一方都不愿意放弃控股地位或滥用控制权时，就不可能实现不同所有制资本的真正融合。只有董事会中心主义治理模式才能够实现股东权与董事权的分立，有效遏制控制权或控股权的滥用，维护公司独立性和公平保障少数股东的权益。

企业重大事项的决策权、经理层成员的选聘权、职工工资的分配管理权等重要权力，通常被认为是现代企业制度下董事会的主要职能，而在央企董事会中，这些重要权力却往往收归上级管理部门。在深化改革背景下，为改变这一现状，把企业管理权力更多地交还给企业，按照《关于进一步完善国有企业法人治理结构的指导意见》的安排，董事会建设方面 3 项试点将在宝武集团、国家开发投资公司和中广核集团开展，市场化选聘经营管理者和职业经理人制度试点将在国家开发投资公司、中国通号等中央企业的二级企业开展。

① 同兴药业有限公司与广州王老吉药业股份有限公司申请强制清算纠纷上诉案，广东省高级人民法院（2015）粤高法民二清（预）终字第 1 号民事裁定书。

围绕董事会建设，改革力度将进一步加大，不仅试点央企数量增加，董事会职权也会进一步下放。

中石化销售公司也是较早进行混改的企业之一。通过混改，中石化销售公司在治理层面的激励与监督机制得到完善。此次混改引资的投资者中包括了各个相关领域的龙头企业，例如零售业龙头厚朴资产和资本运营的佼佼者复星集团，他们在管理经验上具有较大的优势，他们有能力也有动力去帮助中石化销售公司完善公司的实际管理和治理。这就能够对原有的国有股东产生影响，一是能够起到监督作用，防止监督缺位，二也能避免激励作用在大股东身上被弱化。

2015 年 12 月底中石化销售公司召开的混改引资后第一次董事会有着非常重要的意义。本次出席的董事与常规不同，并不是直接由上级委派，而是根据混改后的持股比例，邀请了民营资本参与。出席的 11 位董事中，原本体制中的高管仅有 4 位，3 位来自外部投资者，3 位独立董事，还有 1 位是职工代表。这一组成代表了中石化销售公司为进一步改善管理系统和治理机制提供了有利的条件，改革后合理分配的董事席位，有助于民营资本发挥监督管理的职能，有利于建立更加有效的员工考核系统，有利于用更透明的方式管理人力资源。

2014 年开始，国资委已经在中国节能、中国建材、国药集团、新兴际华 4 户企业启动落实董事会职权试点，2017 年将进一步完善原有试点，扩大试点范围，再选择 3 ~ 5 户企业进行试点，同时指导推动各地开展这项试点。同时，2015年国资委指导宝钢、中国节能、国药集团由企业董事会选聘了5名副总经理，指导新兴际华董事会选聘了总经理，实行聘任制和契约化管理。2017年市场化选聘经营管理者试点将在各级履行出资人职责机构直接监管的国有独资、控股的一级企业进行，国资委和各省市将分别选择3～5户企业进行试点。

但是，董事会中心主义不是嘴上功夫，是要实实在在通过制度落实到实际操作中去。如果只是形式上的董事会中心主义，董事会实际上形同虚设，董事会治理失灵，也会对企业的发展产生不利影响。

2014年，中兴通讯一位高管去美国时在机场被扣下来检查，美方在与该高管同行的秘书的电脑里发现了涉及"规避方案"的两份文件。美方指控中兴通讯串谋非法出口，阻挠司法以及向联邦调查人员作出虚假陈述，据此判决中兴通讯支付约8.9亿美元的刑事和民事罚金。禁止美国企业向中兴通讯销售元器件。

2018年6月12日，中兴通讯发布公告称，已与美国商务部工业安全局（BIS）达成《替代的和解协议》，包括中兴通讯将支付14亿美元民事罚款；BIS将签发为期十年的新拒绝令；中兴通讯需更换公司和其子公司深圳市中兴康讯电子有限公司的全部董事会成员；与负有责任的管理层或高级职员解除合同等。其中最值得注意的是，美方要求中兴通讯更换全部董事会成员。这说明，至少美方认为，中兴通讯董事会在这一事件过程中负有不可推卸的责任。而作为同时在A股和H股上市的企业，中兴通讯按照要求建立了规范的公司治理体系，也设立了形式上完备的董事会。公司第七届董事会共有14人，董事长和总裁由不同的人担任，有2名执行董事，5名独立非执行董事，也设置了审计等专业委员会，制定了公司治理各项规则等。按照这种标准，中兴通讯的公司治理应该是规范有效的。

在美方看来，中兴通讯的董事会关于此次事件有明显失职，董事会成员违背了忠实义务和勤勉义务，具有不可推卸的责任。

一是董事会角色缺失，形同隐身。董事会应该处于公司治理的中心地位，但是在这一事件发生的过程中，我们几乎没看到公司董事会的身影。从中兴通讯董事会会议召开的次数、会议需要表决的内容来看，中兴通讯2017年只召开了13次董事会工作会议，而且和具体经营有关的表决内容不多。这就说明了公司经营权并不在董事会手中。按照公司章程规定，设立新公司以及继续开展同伊朗的贸易，应该都要通过董事会决议才行。但是我们没有看到董事会有关的决议。这样的董事会，并不是真正意义上的董事会中心主义。

二是董事会的监督功能缺失。董事会的作用之一就是决策与监督，而董事会没有能够阻止事件的发生，可能的原因是该事件从一开始就绕过了董事会，高管层面决定了就开始执行。但是，至少在执行过程中董事会没有进行有效的监督，未能发现此违规事件的发生。

三是董事会成员没有能够履行忠实和勤勉的义务。董事会成员中的执行董事都是公司高管，非执行董事来自公司股东，其对于与伊朗的业务均应该知情，为什么没有阻止？更重要的是，本应该处于相对客观地位的独立董事，在这一过程中几乎没有声音。这就涉及我国独立董事如何有效发挥作用的问题。我国公司的独立董事更多起到的是咨询、建议而非对公司的经营方案进行投票决策的作用。提出的建议如果管理层不采纳，那也听之任之[①]。

因此，另外要注意的就是，在董事会建设的过程中，还需要强化独立董事的作用。独立董事代表中小股东，比如在混合所有制改革中引入的民营企业，对公司行使独立决策权和监督权；而要使独立董事能有效行使决策权和监督权，必须首先提高独立董事的比例。根据北京师范大学公司治理与企业发展研究中心发布的《中国上市公司中小投资者权益指数报告2015》，在1008家国有控股上市公司中，独立董事比例达到2/3的公司仅有3家，占比0.30%；达到1/2但不足2/3的公司有32家，占比3.17%；1/3以上但不足1/2的公司有964家，占比95.64%；达不到规定比例1/3的公司有9家，占比0.89%。全部国有控股上市公司独立董事在董事会成员数量中的占比为36.36%，整体比例偏低，难以起到否决大股东或实际控制人涉嫌侵害中小股东提案、中立维护公司利益的作用。

2. 充分发挥监事会作用

2003年国资委成立以来，国资监管形成了“管人，管事，管资产”的体制，按照这种运营模式，国资监管机构既是国有资产的

① 吴国鼎：“中兴通讯董事会治理反思”，载《董事会》，2019年9月刊。

出资人，代表国有股东，同时，又是企业国有资产的监管者，具有双重角色。前者是企业性质，行为准则是利润最大化，往往采取逐利行为，而后者又是政府行政监督行为，追求的是合法合规不出风险。这本身就是既做裁判员，又做运动员。比如，在煤炭价格上涨时，山西搞煤炭重组兼并，国企全面接管民营煤炭企业。国企凭借与民企不平等的政策资源、土地资源、金融资源以及其他资源优势，与民争利。而这也是此次国企混改的重点，就是要解决国资监管机构既做裁判员又做运动员的现状，要求国资监管机构将所有权与经营权分开，从“管资产”向“管资本”转变。而这个转变，一方面，是要将经营权下放给企业，赋予企业董事会更多的权利；另一方面，则是要充分有效地发挥监事会的职能，防范经营风险，防止国有资产流失，保障国有资产的保值增值。

之前，企业监事会往往受控于大股东，职权配置缺少实质性内容，缺乏必要的激励与约束，一直存在整体失效、形同虚设等问题[①]。而监管正是政府最为擅长的环节，国有股拥有政府支持，不易受控于非国有股或管理层。必要时，在发现控股股东、董事、高管侵害公司权益后，还可以借助行政手段，有力打击被监督者。同时，政府对于国有资产流失的顾虑赋予其足够的激励履行监督权。因此，在国有股参与管理权受限的情况下，国有股东控制监事会恰能解决上述问题。

新加坡的国资运营平台淡马锡在解决国资监管和国资运营矛盾

① 李建伟：《公司法学》，中国人民大学出版社 2014 年版，第 306 页。

方面有非常好的借鉴之处。淡马锡法人治理结构致力于突出董事会与专业投资委员会的决策能力与自主领导权，强调治理结构的精简与决策效率，通过独立的董事会制度将政府干涉降到最低。用审计委员会代替监事会，成员全部由独立董事组成，除了审查内控等内容，还会考核外部审计的范畴、结果及独立性。这种扁平化结构，可以使各个环节充分发挥应有的职能①。

淡马锡成立于1974年，新加坡财政部持有其100%的股权。淡马锡在新加坡国民经济中具有重要地位，它直接掌控的新加坡企业20家，间接控制企业2000余家，几乎涵盖了新加坡通信、金融、航空、科技、地产等主要行业。而在新加坡10家规模最大的企业中，淡马锡涉足7家。正因如此，新加坡的经济模式被称作是"国家资本主义"，即通过国家控制的私人企业来进行投资，主导以私营企业为主的资本市场。

淡马锡法人治理结构的两大亮点，一是所有权与经营权的分离，二是多元化监管体系。

所有权与经营权的分离，在淡马锡主要体现在两个层次。首先是淡马锡股东对淡马锡层面。淡马锡虽全资隶属于新加坡财政部，但二者具有明确的职责划分。新加坡财政部作为政府机构，担当的是政策制定者和市场监管者的角色；淡马锡作为一家私人公司，以盈利为目的进行投资，持续追求股东的最大回报。淡马锡独立于政府部门，完全按照商业化模式运作。新加坡财政部并不干预淡马锡

① 王中杰:《国企改革与公司治理的8大问题》，"搜狐经济"2016年10月23日。

的日常运营，只有在涉及淡马锡关联公司的股份并购、出售等重大事项时才会参与进来。在淡马锡董事会现任的10名董事中，执行董事只有2名，8名非执行董事均来自国际国内知名企业的独立董事和来自政府部门的股东董事。淡马锡董事会人员的任免由董事会任命委员会提名，但最终必须经总统同意，基本上隔断了政府滥用职权干预微观运营。为避免政府不当地干预企业的具体经营管理，董事会和总裁一经任命即拥有自主经营决策权，与此同时，作为淡马锡股东代表机构的董事会，必须实行内外制衡的人员结构，其中多数董事为外部独立董事，少数由财政部的官员代表政府委任，但不在企业拿薪酬。这种制度设计使得政府既可以直接监督淡马锡的重大经营决策，确保国有资产经营安全；又无法完全干预淡马锡的内部经营管理。这也就是我们此次国企改革重点强调的所有权和经营权“两权分立”。这种模式促使淡马锡遵循市场规律进行最有效地决策。

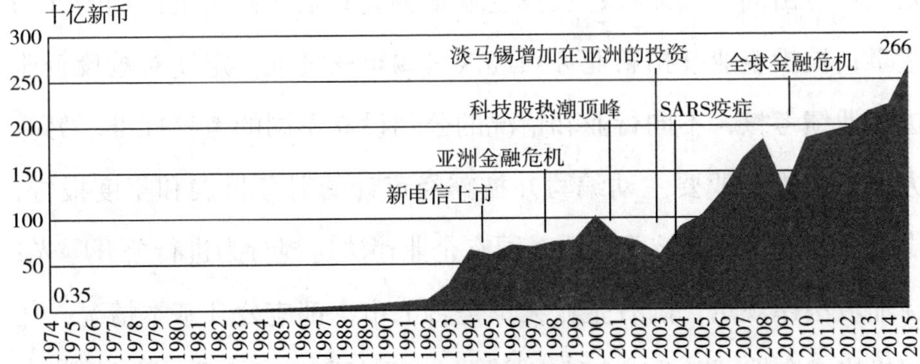

图 4-7　淡马锡投资组合市值

其次是淡马锡对投资企业层面。淡马锡对投资企业也是保持所有权和经营权“两权分立”的态度，无论是参股还是控股，均不干预企业的日常运营，而是通过盈利要求、考核财务指标等方式对企业进行监管。若企业无法达到设定的标准和要求，淡马锡就会通过减持股份等市场化的方式进行处理。

第二个亮点就是多元化的监管体系。监管体系也分两个层面，首先是股东对淡马锡的监管。一方面，政府委派官员进入淡马锡董事会，影响和监督公司的重大决策；定期审核淡马锡的财务报告，监督公司的财务及运营状况；不定期派遣专员到淡马锡或其子公司了解情况。另一方面，董事会负责对公司管理层进行监督和约束，董事会内设执行委员会、审计委员会和管理人才培养与薪酬委员会，由董事会成员分别领导，各司其职。公司不另设监事会。

其次是淡马锡对投资企业的监管。一方面，被投企业的董事长、首席执行官任命须报请淡马锡批准，任期不得超过 6 年，且两者原则上不可由同一人兼任；被投企业董事会必须保留一定比例的外部董事；被投企业开拓新业务须经淡马锡审核批准；定期对被投企业进行业绩考核，不同行业和情况的公司设立不同的考核标准。另一方面，被投企业要主动编写并披露经审计的财务报表和年度报告，供公众监督；政府鼓励媒体对国有企业违法违规行为进行公开曝光；新加坡法律规定，国有企业无论是否上市，都应公开基本情况，任何机构或个人可以低成本地在注册局查阅任何一家企业的资料。

正是所有权与经营权分离与多元化的监管方式两大亮点，使淡马锡以及旗下企业的运作和管理尽可能地保持稳健和透明，避免这一庞大的国有资产体系失去控制，滋生腐败。

因此，加强国有股对监事会的控制就是为了实现国有股东对企业的有效监督，这必须依靠有效的组织手段、适当的管理方法和专业的监督能力。

第一，由国有资产监督管理机构派出监事，确保监事的独立性。企业内部监事会缺乏独立性是我国国企公司治理中普遍存在的问题，提高国企监事会的有效性必须从体制上增强监事会的独立性。由于内部监事很可能受制于各方股东、实际控制人，难以独立行使职权，所以应当由国有资产监督管理机构向国有企业派出监事，并由派出机构支付监事的薪酬。

第二，建立信息沟通协调机制，明确监事会在合力监督中的作用。随着国企改革中公司内部治理机制的完善，除监事会外，党的领导、由外部董事组成的审计委员会等多种力量均对国有企业行使监督职能[①]。从公司治理的内部机构来看，各机构采取的一些监督手段可能会有重叠，比如审计，各机构根据自己的需求要求企业相关部门提供不同的信息，极有可能使得企业相关部门为了提供相同的信息而付出重复的劳动。所以，应当建立有效的信息沟通协调机制，如信息共享平台，以避免浪费监管资源。通过明确监事会等监督部门的职责范围，实现有的放矢的错位监督。

第三，选用专业人才，加强监事会队伍的专业化建设。履行监

① 高明华："公司治理与国企发展混合所有制"，载《天津社会科学》2015年第5期。

事职责不仅需要掌握企业管理、财务、审计等专业知识，更需要熟悉企业情况、市场经济和产业政策、具备丰富的阅历和工作经验。国有资产监督管理机构在选任监事和监事会主席时，往往过于注重行政级别、资格经历和企业工作经验等非专业因素，并且，在相对封闭的内部人事圈内选任监事通常难以发挥好中选优、优胜劣汰的竞争机制[①]。鉴于此，应当坚持监事会监督机制创新的市场化取向，施行组织配置与市场配置相结合，面向社会选聘优秀人才，加强监事会队伍的专业化建设，从而确保所选任的监事能够有效发挥监督国有企业运营状况和重大决策的职能。

3. 积极推行职业经理人制度

在国企混合所有制改革中，对于专业能力与市场化选择的职业经理人相当、曾经任职于原企业管理层的非国有股东，可以继续任命其担任管理层职务，并要求该非国有股企业家不得在其他企业兼职。此类企业家十分熟悉原有企业状况和相关市场情况，加之持有该公司一定股份，因此能够在重组后的混合所有制企业中充分发挥企业治理效能[②]。

在《中共中央国务院关于深化国有企业改革的指导意见》中提出："推行职业经理人制度，实行内部培养和外部引进相结合，畅通

① 刘震伟："创新监督体制与机制 增强国企监事会工作有效性"，载《上海市经济管理干部学院学报》2011 年第 5 期。

② 晓甘主编：《国民共进：宋志平谈混合所有制》，企业管理出版社 2014 年版，第 110 页。

现有经营管理者与职业经理人身份转换通道，董事会按市场化方式选聘和管理职业经理人，合理增加市场化选聘比例，加快建立退出机制。推行企业经理层成员任期制和契约化管理，明确责任、权利、义务，严格任期管理和目标考核”以及“对市场化选聘的职业经理人实行市场化薪酬分配机制，可以采取多种方式探索完善中长期激励机制。”

根据《中共中央国务院关于深化国有企业改革的指导意见》要求，我国现行的职业经理人制度，应该包括由职业经理人培养、评价、选聘、任用、薪酬、考核、激励、约束、退出和流动，以及价值观念、职业道德和诚信规范等方面的各种制度与实施机制组成的有机整体。

2017 年 3 月 24 日，由中国大连高级经理学院、中国宝武钢铁集团联合主办的“尚湖论道・国有企业职业经理人制度研讨会”在宝武（常熟）领导力发展中心举行。来自国务院国资委、中央企业、地方国资委、地方国企的 60 余位代表，就关于推行国有企业职业经理人制度这一国企改革重要议题纷纷发表了自己的观点。

比如，在推行职业经理人制度较早的中国建材集团，就是通过并购民营企业实现混合所有制改革并取得巨大成功。其经验之一在于将被收购企业 30% 的股权留给原企业的企业家，并将这些企业家转变为混合所有制企业的职业经理人。

2002 年以来，中国建筑材料集团有限公司先后吸纳了上千家民营企业。作为整合者的中国建材集团给民企准备了颇具吸引力的

“三盘牛肉”：第一盘，公平合理定价，即按照国际通行的定价原则作资产评估，这是整个国企混改过程中的核心；第二盘，为民营企业保留 30% 的股权，这就把中国建材这一国有企业的利益与各民营企业所有者的利益结合起来，形成利益共同体；第三盘，把民营企业家聘为职业经理人，让他们继续在其热爱且擅长的职位中发挥重要作用①。上述“三盘牛肉”分别解决了企业关系、产权制度和职业经理人这三个关于产权关系的核心问题，值得后续的混合所有制改革予以关注和借鉴。

在此次会议上，中国建材提出推行职业经理人制度应该采取“三个一”策略：一个渠道，即招选结合的市场选人渠道；一个平台，即企业管理团队向职业经理人转化的平台；一个机制，即现有人员向职业经理人转化的培养机制，不断扩大选人视野，积极优化选人方式。

国家开发投资公司的梅村提出了“1+6”制度框架。在子公司推行职业经理人制度是国有资本投资公司改革试点中的一项重要改革内容。公司在推行授权改革、股权董事改革、大监督体系改革的基础上，按照党组织领导、董事会选择、市场化选聘、契约化管理的方式，建立“一个指导意见、两个合同、两个合约、两个办法”组成的职业经理人 1+6 制度框架，将经理层选聘和管理权利交给子公司董事会。职业经理人制度的推行，有效地激发了企业的人才活力。

① 李予阳：“中国建材与千家民企的混合实践”，载《经济日报》2014 年 5 月 15 日，第 13 版。

新兴际华集团的李俊玲提出了“两书两办法”，来实现契约化管理。就是公司通过《岗位聘用合同书》实现了“身份市场化”，通过《年度经营业绩考核责任书》《业绩考核办法》《薪酬管理办法》实现了“管理契约化”。“两书两办法”的实施落实了契约化管理，保证了选聘效果。

目前，我国的公司治理制度正处于由“行政型治理”向“经济型治理”的过渡过程中，呈现出“外部治理内部化、内部治理外部化”的特征，典型表现为当前中国公司治理中存在的“内部人控制”问题，即经营者滥用职权、公司监督失控。这一问题虽然出现在企业内部，但究其根源却是发生在企业的外部，即外部治理者懈怠履行治理职责以及外部治理功能缺失①。对此，任命符合职业经理人资格的非国有股企业家担任混合所有制企业的管理层职务，有助于重建公司委托代理机制、改善企业外部治理结构、加强企业运营管理监督，从而为解决公司治理中的“内部人控制”等问题提供有效路径。

原企业家任职管理层，有助于国企吸收民营企业灵活高效的治理机制。根据企业委托代理机制理论，公司制企业中存在两类代理冲突：第一类是大股东与小股东之间的代理冲突；第二类是股东与管理层之间的代理冲突。任命符合职业经理人资格的非国有股企业家担任管理层职务，是将公司中小股东与管理层两者的身份有机结合起来。一方面，这种结合可以有效解决经理层激励不足的问题，

① 陶世隆：“管理层收购、企业家职能与公司治理”，载《管理世界》2014年第7期。

即化解第二类代理冲突；另一方面，在国有股偏大的混合所有制企业中，处于弱势地位的非国有股股东可以通过任职管理层来制衡国有股股东，从而解决第一类代理冲突。可能有观点认为，这样的制度设计将使小股东拥有的权利远远大于其所负有的义务和可能承担的风险与责任。但事实上，任职管理层的小股东不仅负有股东义务，还承担着管理层对公司的忠实义务和勤勉义务；不仅可能承担损失股本的风险，还可能承担由于决策失误、滥用管理权而对公司负有的损害赔偿责任。其权利与义务仍然是相适应的。因此，原企业家任职管理层的制度设计，是妥善化解两类代理冲突、吸收民企灵活高效治理机制的有效途径。

三、华润集团：6S 管控体系

1. 多元化经营带来的挑战

华润的前身是于 1938 年在香港成立的“联和行”。1948 年联和行改组更名为华润公司。1952 年隶属关系由中共中央办公厅转为中央贸易部（现为商务部）。1983 年改组成立华润（集团）有限公司。

1999 年 12 月，与外经贸部脱钩，列为中央管理。2003 年归属国务院国资委直接监管，被列为国有重点骨干企业。

1954 年华润公司成为中国各进出口公司在香港总代理。在这一时期，华润的主要任务是组织对港出口，为内地进口重要物资，保证香港市场供应，贸易额曾占全国外贸总额的三分之一。1983 年华润集团成立后，因应外贸体制改革的形势，企业逐渐从综合性贸易公司转型为以实业为核心的多元化控股企业集团。

2000 年以来，经过两次“再造华润”，华润奠定了目前的业务格局和经营规模，涵盖大消费、大健康、城市建设与运营、能源服务、科技与金融五大业务领域，下设 7 大战略业务单元、19 家一级利润中心，实体企业约 2000 家，在职员工 42 万人。直属企业中有 7 家在港上市，其中华润置地位列香港恒生指数成份股。

华润作为这样一家高速成长的超大型央企，结合国内和公司的实际，创造了有中国特色的 6S 管控体系。

20 世纪 90 年代中期开始，华润集团的多元化经营带来了一系列的挑战。当时的华润集团层次结构庞杂、财务管理分散、投资担保决策权失控、同类业务分散经营、核心业务不稳定。例如很多子公司都经营房地产和酒店业务，相同加工企业不断在各个子公司重复出现，上游下游的产品分属不同子公司经营等等。集团难以有效地把握和指导各业务板块的战略方向和执行，缺乏统一的管理和评价各业务板块业绩的体系，缺乏及时、准确地获取各业务板块和业务单元业绩完成情况的平台。这些挑战推动了华润管控模式的转型。

华润的6S管理体系就是在这种情况下逐步建立的。

6S管理体系实际上是华润集团基于其组织背景而设计和实施的一种管理控制系统。6S管理体系强调战略导向。这一体系以战略为起点，涵盖战略制定、战略实施和战略检讨等整个战略管理过程。一方面，业务战略体系负责构建和确定战略目标，全面预算体系负责落实和分解战略目标，管理报告体系和内部审计体系负责分析和监控战略实施，业绩评价体系和经理人考核体系则负责引导和推进战略实施。另一方面，战略还要细化到关键成功因素，再进一步追溯到关键业绩评价指标。因而，驱动关键业绩的评价指标紧扣战略导向，评价结果则检讨战略执行，同时决定整个战略业务单元的奖惩，通过有效奖惩推动战略实施，促进战略目标的实现，从而使6S成为真正的管理控制系统。

华润实施6S的系统化构想是，以专业化管理为基本出发点，突破财务会计上的股权架构。首先是把集团及属下所有业务及资产分成多个利润中心，并逐一编制号码；每个利润中心推行全面预算管理，将经营目标层层分解，落实到每个责任人每个月的经营上；根据不同利润中心的业务性质和经营现现状，建立切实可行的业务评价体系，按照评价结果确定奖惩；对利润中心经营及预算执行情况进行审计，确保管理信息的真实性；最后对利润中心负责人进行每年一次的考核，并兑现奖惩，拉开薪酬档次，同时通过实行利润中心的负责人考核上岗制，逐步建立起选拔管理人员的科学程序。

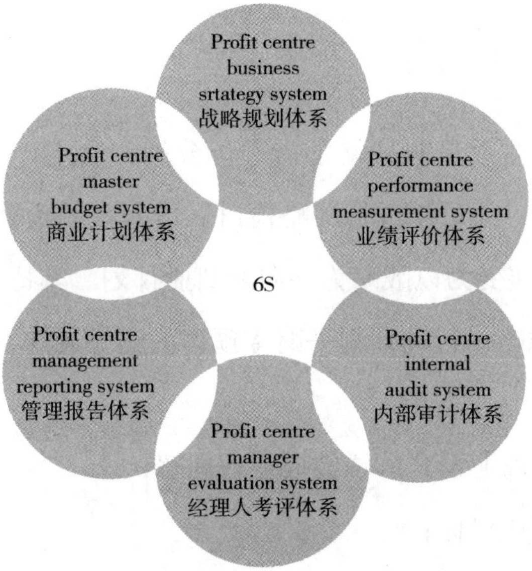

图 4-8　华润 6S 管理体系

2.6S 管控体系的具体内容

（1）战略规划体系

战略规划体系是 6S 管理体系的起点，该体系确定业务单元的发展方向、中长期战略目标和重大战略举措。主要包括九个模块：

业务战略：战略业务单元（SBU）/ 利润中心业务战略；

职能战略：协同机制，SBU/ 职能矩阵式组织架构和权限，6S 管理体系改进，人才战略规划，企业文化战略，财务战略，风险管理机制，IT 战略。

（2）商业计划体系

商业计划体系是对战略举措进行分解，制定行动计划和预算，落实战略举措，并每年进行战略检讨。华润集团预算管理系统从以往的财务预算演变为以战略为导向的商业计划。其特征如下：

① 按照战略—行动计划—财务预算的顺序制定，与战略规划有机衔接；

② 强调对商业模式的详细描述和理解；

③ 强调行业对标；

④ 与相邻层级商业计划的衔接；

⑤ 业务与职能的衔接；

⑥ 是公司上下对全年计划的系统思考，达成一致的过程。

（3）管理报告体系

管理报告体系是对战略执行过程和结果展开多维度分析的内部报告。内容包括市场和竞争对手的变化、业务单元经营情况，以及商业计划中战略举措和全面预算的执行情况，是检讨战略执行和重大决策的重要依据。管理报告与财务报告的区别是：财务报告是以现金为线索，以资产负债表为基础，以资本市场为参考的历史性的报告体系。管理报告是以商业行动为线索，以损益表为基础，以环境、竞争对手为参考，具有前瞻性的报告体系。管理报告服务于以下需求：

① 决策取舍的综合结果，带来的得失；

② 权责的具体划分；

③ 行动效果的时间匹配性；

④ 分清可控因素与不可控因素；

⑤ 对未来预测的前期要素假设；

⑥ 通过财务数据分析掌握数字背后的业务、运营情况。

（4）战略审计体系

战略审计体系是对战略执行的方向、行动计划与战略的一致性、战略执行结果的真实性等进行审计，为业绩评价、经理人考核与任免提供依据。战略审计通过对战略的推进实施、预算完成、管理报告的真实性、可靠性进行审核、检查、评价和监督，为业绩考核和经理人评价提供依据，促进利润中心改善营运效率和效益，协助集团进行有效的战略管理。

（5）战略评价体系

战略评价体系是对战略执行过程和结果的评价。

① 战略评价体系以三年为一个周期，第一期战略评价体系应与五年战略规划同步展开；

② 在五年战略规划实施的第三年，各 SBU、一级利润中心必须全面战略检讨，并根据战略检讨结果制定第二期的三年战略评价；

③ 根据以上安排，各 SBU、一级利润中心，在启动新一期战略

评价体系建设工作时，应尽量配合集团五年战略周期的节奏，统一起点和终点。

（6）经理人评价体系

经理人评价体系是依据战略评价结果对经理人进行考核奖惩。经理人评价体系由战略评价、发展评价和晋升评价组成。华润经理人评价是依据具有华润特色的标准，多维度、多形式、持续地对经理人做出业绩评估、适任性判断和价值评价，以及提出职业发展建议等，为使用好、激励好、发展好经理人提供依据。

正是在6S体系运行基础上，华润才能够逐步将原先较为庞杂的业务及资产重组为分销、地产、科技及策略性投资4大类，逐渐演变为现在的由25个一级利润中心、108个利润点组成的、主营业务相对突出的实业型控股集团的管理架构，从而走上了从多元化经营转向有限度相关联多元化战略下的专业化发展道路。

从一个业务繁杂的多元化外贸集团到一个母子公司管控模式清晰的集团控股企业，华润在中国出色地演绎了GE模式的中国变种。

2018年华润集团实现营收6995亿港元，经营利润943亿港元，创历史最高水平。面对2019年的形势、挑战与机遇，傅育宁董事长要求，要探索国有资本投资公司试点，深化改革创新，激发公司活力；坚持供给侧结构性改革，转型升级，推进高质量发展；以好产品、好渠道、好技术为抓手，积极参与“一带一路”建设，努力把华润打造成具有全球竞争力的世界一流企业。在这些成绩的背后，也可以看出华润集团近年来推行 6S 母子公司管控体系的不懈努力，也让我们看到了中国式的集团管控之道。

四、地方投融资平台：从管资产到管资本

1. 明确自身功能定位

地方投融资平台作为过去二十年地方政府的核心融资渠道之一，为地方经济的发展特别是城镇化建设拉动作出了一定的贡献。然而宏观经济进入新常态以来，特别是 2014 年新《预算法》颁布后，地方政府信用和平台融资开始脱钩。没了政府的背书，债务却没有丝毫减负，即便是靠银行政策性输血，也只能是杯水车薪。那么干脆取消投融资平台行不行？答案是否定的。投融资平台主打的基建行业回报低、周期长，民营资本一直望而却步，即使是 PPP 流行的当下，现阶段基建投资、区域发展的主角还是政府，而资金缺口成为影响地方经济拉升效应的重要掣肘，从这一点来看，投融资平台仍扮演着不可或缺的角色。

然而旧模式下的投融资平台难以为继已是既成事实，保持经济

增长及防止债务过高出现系统性风险是制定地方融资政策的两大关注点。尽管现阶段在稳增长压力下国家放松对地方投融资平台发债限制，但是规范地方债务融资和剥离融资平台公司地方债务融资的根本目的没有改变。未来，投融资平台新增债务将不纳入地方债务，属于纯信用债，在失去政府背书及财政隐性担保的情况下，平台公司如何“造血”，如何加强自身可持续经营能力和盈利能力成为其生存发展的关键。

想要“造血”还债，第一步就是盘活平台公司的资产。我国的投融资平台公司经过十几年的发展，积累了大量国有资产，2016 年，我国国有资产总额为 131.7 万亿，这其中各类平台公司就占了 74.8 万亿。而且这些资产涉及行业面广，产业链杂，梳理和协同均不易。面对如此庞大复杂的资产规模，集团化运作、市场化经营、资本化运作是关键盘活手段，而各地国有资本投资和运营公司也就应运而生。

一般来讲，地方投融资平台想要成功转型国有资本投资运营平台公司，首先要明确自身的几个新的功能定位。

① 政府项目的投融资平台：改变政府项目只入不出的运作模式，把城市基础设施建设和产业发展项目当作“产品”来经营；顺畅投融资渠道，通过设立股份公司、发行企业债券、土地信托开发等形式吸引社会资本参与政府项目；在政策上争取税费优惠、资产注入、财政支持；

② 不良资产的处置平台：不良资产的剥离可借鉴金融资产管理

公司的经验，赋予具有金融从业经验的企业处置不良资产职能；对不良资产较多的情况可成立专门的资产管理公司；外聘具有较强实力的资产管理公司；

③ 股权资产的管理平台：不参与企业直接营运，通过股权持有，实现参控股公司间资源的整合、业务的协同；

④ 退出企业的缓冲平台：将一般竞争性领域且不属于做大做强的企业列入退出企业名单，统一划转至缓冲平台，该平台根据市场情况选择恰当时机和股权受让对象，按规范的退出程序出售国有股权。

2. 山东某地方投融资平台转型案例

准确定位之后的国有资本投资运营平台公司可以通过组建新公司或对现有公司重组改造产生，其主要任务是执行政府和相关部门制定的政策目标，但与以往执行政策目标时过度通过行政命令不同的是，新型平台公司更多采取市场化方式进行操作，而且严格按照现代企业制度进行运营，如搭建合理的组织架构和完善的内控体系。这里讲一个地方投融资平台战略转型的案例。

山东省某市属国企长时间来管理分散、规模实力不强、业务市场化竞争力弱、内部管理粗放，无论是国有资产保值增值还是对该市经济、产业发展的带动效应都没有充分发挥，整合空间和发展潜力明显。因此市国资委决定改组现有的各类国资平台，实现向国有资本投资运营平台公司的转型。此次转型的意义有四点：

第一，从开发建设层面来看，制约该市开发建设最大的难点在于资金缺口，在地方政府债务限额管理的背景下，建立新型国有资本投资运营平台公司，通过市场化手段多渠道筹划资金，对该市重点项目提供支持；

第二，从产业集聚层面来看，宏观经济增速放缓，实体企业投资扩张诉求不强，招商引资压力大，通过组建新型投资平台，可以充分发挥“以资引商”和“以资促产”作用，实现产融协同，推动现代产业体系打造；

第三，从机制创新层面看，公司化、市场化、专业化的国有资产运营管理平台，不仅对自身在金融创新和内部管理市场化方面提出要求，而且可以推动该市在政企管理模式上进行创新；

第四，从国资保值增值层面看，通过搭建国有资本投资运营平台公司，对市属国有资产进行统筹，加强优质资产整合和不良资产清理，借助市场化运作手段，实现国有资产保值增值。

本次国资平台转型主要通过调整产业布局，并结合行业价值链、业务相关性、管理的便利性、股权及归属变更难度、资本运作需求五个方面的因素，将各类平台下属国企所经营的业务划分为市政、地产、商业运营、金融投资四大板块，并确立各板块的业务定位和业务范围。

市政板块业务定位：以城市基础设施及公建配套建设的建设、运营、管养为主要业务，辅助管理城市公共事业管理业务；

地产板块业务定位：以土地一/二级开发、房地产开发价值链上的土地开发、物业管理、工程咨询为业务发展方向；

商业运营板块业务定位：城市商业运营服务为主要业务方向，整合城市资源拓展业务；

金融投资板块业务定位：以金融服务和股权投资为主要业务方向，为政府招商引资和企业服务提供支撑。

由于涉及产业繁多复杂，最终市国资委决定建立A、B两大国有资本投资运营平台公司来承载四大板块业务：A平台公司以城市基础设施及公建配套的建设、运营、管养为主要业务，同时围绕土地一/二级开发、房地产开发价值链进行业务布局；B平台公司则围绕公用事业、城市特许经营要素资源进行业务布局，同时以金融服务和股权投资为业务发展方向，为政府招商引资和企业服务提供支撑。双平台协同布局与运作，不但提高国企整合的效率，还可以加强两大平台的专业化运营。

基于国资监管机构对国有独资企业的治理结构改进要求、平台公司资产重组及业务发展需要，平台公司组建完成后需要建立完善的公司治理结构。国资监管机构行使股东权力，平台公司总部建立涵盖二会一层的规范化法人治理结构，实现权力机构、监督机构、经营决策机构各司其职、各负其责。结合新建平台公司的现实条件，平台公司作为集团总部采用直线职能组织最为适宜，集团总部前期设置三部一办，后期逐步演变为六大总部部门；同时，设立三大非常务的专业管理委员会（战略与投资委员会、审计委员会、提名与薪酬委员会）作为董事会决策的重要支持机构。组织架构与部门设置如图 4–9 所示。

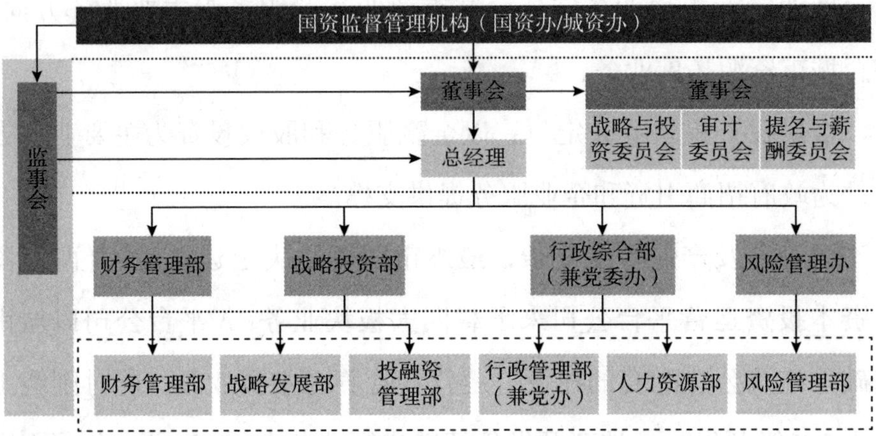

图 4-9　组织架构图

通过此次国资平台的战略转型，该市原本资源分散且重复的国有企业们被“捏成了一个拳头”，实现了地产开发与运营主体、工程咨询、工程建设等主体公司的业务联动。在两大投资运营平台的市场化推动下，各所属企业纷纷激发起经营创收的能力，围绕城市特许经营要素进行业务拓展布局，建立起了企业排他性的资源竞争优势，如市政板块，作为以往“高负债、低盈利”的“重灾区”，在重组整合后，通过与上市公司合作，进入发展潜力大、毛利率比较高的园林业务：一方面通过园林建设加快该市的生态建设，居民生活质量的改善性；另一方依靠园林施工业务和景观规划设计等毛利率较高的环节获得稳定的收入来源。尤其值得一提的是新组建的金融板块，初始阶段主要布局小额贷款业务和担保业务，并挂靠平台公司总部进行业务培育，由分管副总进行直接管理，未来则根据业务发展的需要形成新业务公司，逐步推进财务与融资顾问、融资租赁、股权投资等业务，并择机收购金融牌照，整合各类金融资源，服务集团成员单位，建立集团资本运作平台，为未来从产业资本向金融资本转变打下基础。

五、某国有科技公司：并购后的组织管控关系

上海某国有科技公司自2007年成立以来获得了快速发展，目前业务主要包括智慧税务、智慧城市、国防科技。在目前的发展中，已经形成以信息物理系统、大数据、信息安全三大核心技术为支撑，融合“互联网+”的发展模式，面向嵌入式测试和装备保障、税控业务、智慧城市等领域，打造新型产业生态圈，最终发展成为领先的智能服务构建者。

该公司目前具有以下五大优势：技术人才优势，在嵌入式系统等领域具有雄厚实力，并拥有专业研发团队；机制灵活优势，作为竞争性国有企业，市场化机制灵活，能够快速适应多变的市场环境，满足客户需求；品牌资质优势，公司获得了很多的资质及荣誉，拥

有国家级高新技术认定企业等的行业地位，公司行业资质齐全，具有较强的市场竞争优势；业务整体优势，依托三大核心技术，在相关领域提供具体产品，可为行业提供智能、可控、高效、安全的整体方案；市场服务优势，公司在全国主要业务区域设立分子公司和服务机构，服务网点覆盖面广而全，能够快速响应，满足客户迫切需求。

在业务的快速发展过程中，公司以控股方式收购了一家智慧城市建设公司，在收购完成后，被收购企业面临如何融入集团公司的问题。虽然智慧城市公司发展相对比较成熟，但智慧城市公司需要根据集团战略进行调整，并要根据新的战略拟定计划、预算，并要接受集团的考核；还要对财务、人力按集团统一要求进行管理，实行战略规划型控制。

同时，为了更好保证收购后员工的稳定性和促进员工工作的积极性，公司提出对员工实施股权激励。考虑到公司管理体系，智慧城市公司首先拟定股权激励方案，报集团审批，集团报国资委备案，无异议后，由智慧城市公司进行实施。

项目组通过管控措施及股权激励，实现了对并购企业的高度整合。

1. 管控模式诊断

首先，西姆股权激励研究院为其做了管控模式的诊断。

（1）从整体来看，战略意识淡薄

管理层战略意识不强，导致对集团长远发展的重要意义认识不够深刻；集团战略的短期化现象比较明显，部分集团高层更换较为频繁；战略资源与战略能力不对称，行政力量代替了市场力量，命令代替了契约，成员企业之间无法实现资源的集约化优势，资源要素不能根据集团总体战略自由地在成员企业之间流动与分配；战略实施缺乏有效管控的保障机制和协调解决机制。

（2）从体系来看，集团管控没有形成一个清晰框架

集团总部管理层对集团管控的主观认识不够深入，导致集团总部没有形成制度化、体系化、程序化的科学管控体系，对下属单位的管控主要依靠传统习惯和经验主义。突出表现在各管理层次责任不清，总部管理幅度较大，影响了运营效率和各层级积极性的充分发挥；保障组织高效运行的责权利配套机制不健全，将对集团的快速发展形成制约；支持公司业务及管理所必需的信息技术和手段相对落后；集团制度执行力较差，不习惯按流程管理；全面风险管理体系尚未建立等。

（3）从横向来看，集团公司对子公司的管理缺乏平衡

集团子公司业务涉及不同行业和领域，且战略地位、发展背景、发展状况差别比较明显，规模差异也比较大，配置资源的能力不一。在外部市场变化比较大，而下属企业各自资源能力也相差比较大的

情况下，集团资源分配与控制力度的把握上就难以在不同的下属企业之间平衡。另外，对于下属企业的考核上也比较难以达成平衡。如何合理设计针对不同企业的考核目标，并且被下属企业与集团共同认可，这往往成为集团化管理中主要难题。

2. 管控模式设计思路及建议

其次，就是对其进行战略管控的调整建议。我们建议公司借此次收购的机会，不仅仅是调整被收购企业一家的管控问题，而是应该由上及下地对整个集团的管控模式做出调整。

（1）管控模式设计思路

集团坚持既要实现对子公司的管控，又要做好协同与服务的理念。在管控层面，集团总部好比一个“巨人”的中枢神经，发挥战略管控功能，成为强有力的指挥部，必要时给“巨人”以实战战术指导；站在战略全局的高度，围绕集团战略目标发挥总部的战略协同功能，审议和策划与之相应的各所属子公司的发展规划和目标。在整合层面，当好所属子公司的后勤部，发挥整合协同功能，要对各项资源进行优化配置，给予所属公司最适合的服务。解决带全局性的课题和基层中需要总部层面解决的难题，要充分利用总部的优势，整合集团的一切资源，统筹运用。

（2）管控模式选择与实现方式

根据实际情况，我们认为该集团最适合的管控模式应是视企业特性，灵活采用操作管控、战略管控和财务管控三种管控模式，实行分类管控。

① 对信息物理系统、大数据、信息安全三大核心主业相关子公司实行操作管控模式；

② 对核心主业相关周边产品的子公司实行战略管控模式；

③ 对非相关业务的子公司和参股公司实行财务管控模式。

同时，按照现代企业制度要求，依照《公司法》和公司章程规定，集团的管控内容通过派出子公司（控股和参股）法人治理结构的合法有效运作来实现。

（3）子公司管控重点

① 明确业务战略，突出主业，强化核心竞争力。通过集团管理体系的导入，打造母公司核心能力，以母公司为主体，重点强化企业“专、特、精”的优势和能力，进而稳固核心竞争力。

② 加强资源共享，提高子公司之间的认同感。加强“资源共享”原则，总部对下属企业提供共享服务，尽可能减少各专业公司的工作。特别对于集中采购、后勤供应、法律支持等，实现其主要业务功能。同时，加强集团的品牌、文化建设，提高认同感，进而发展集团战略。

③ 优化流程，强化考核，提升集团效应。规范的工作程序，保证各种制度标准的实现和工作的有效进行。在集团公司的管控随着集团规模的不断扩展而日益复杂时，假如没有优化的工作流程体系，集团公司将难以避免效率的损失和风险的产生，有效的管控也难以实现。

④ 合理推行全面预算管理制。利用预算对集团内部各部门、各单位的各种财务及非财务资源进行分配、考核、控制，以便有效得组织和协调企业的生产经营活动，完成既定的经营目标。其实质是企业资源的第二次优化配置。

⑤ 牢固树立人力资源是第一资源的观念。尤其对于科技型公司，必须构建以能力、素质为核心的人力资源战略。在人员规划与配置、员工培训、绩效管理等方面做出改进，加快培育企业经营管理者内部人才市场和内部人才选拔机制；同时通过引进“外部智囊”提高在重大投资项目中的专业化决策水平。

3. 并购子公司的公司治理问题

在并购后，集团面临如何保证投资者（股东）的投资回报，即协调股东与企业的利益关系的问题。咨询项目组建议，依据集团公司 80% 的出资比例，在 7 人董事会中首先由集团派驻 4 名董事，且派驻相应的监事，并依据公司章程修改董事会、监事会议事规则，进一步修改完善战略委员会、提名委员会、薪酬委员会、审计委员会议事规则，并由集团安排相关主导人员。配合集团对智慧城市企业的管控模式，战略委员会研究和拟定公司中、长期发展战略和发展规划，对其他影响公司发展的重大事项进行研究并提出建议；提名委员会主要负责对公司董事、经理人员的资质和录用标准、遴选程序提出建议；薪酬委员会评估经理绩效，制定和监督经理薪酬计划，制定员工退休金、利润分享等收益计划。鉴于财务是集团公司必管事项，审计委员会将审核外部独立审计公司的业务能力和要价，参与选定合格的审计公司，审计前与独立审计公司就审计的范围和程序协商讨论；复查研究审计结果并提出建议；监督、审查公司内部的财务活动，以便董事会能准确掌握公司的财务情况。

为了保障党对并购后公司的领导，在董事长、董事会成员、总经理等的选派上也以党的领导与业务领导合而为一为原则。

项目组通过配合管控模式进行治理层的建设，既明确对公司管控的抓手，又突出治理和党的建设的抓手，特别是母公司更多地关注董事会的作用，通过对董事会制度安排能力的建设、决策能力的建设以及远见能力的建设，对子公司未来价值进行管理，看重的是未来子公司的价值体现，而非短期的利益效果，避免为了治理而治理。

第五章

国企改革中的股权配置

此次国企改革的顶层设计文件《关于深化国有企业改革的指导意见》（中发〔2015〕22号）中明确表示，国企分类监管是改革的基础，完善现代企业制度是改革的方向，完善国有资产管理体制是改革的体制保障，发展混合所有制经济是改革的重要途径，强化监督防止国有资产流失则是改革的重要保证。

积极发展混合所有制经济长期以来一直是国家所提倡的改革方向，也是十八大国企改革的重中之重。在以往的改革中，所主张的国有企业混合所有制改革的目标是股份制，但这种操作往往出现两种结果：一是国企之间参股，公司制只要求2个以上的股东，没有要求所有制性质的不同，于是，公司制改革的结果是换汤不换药，还是纯国有公司；二是虽然公司制度的主要形式是有限、多元的，但是我们往往倾向国有控股，因为我们在政治上，强调得更多的是国有经济的控制力。但是，如果国企通过控制小股东来控制企业，通过控制企业来控制行业，通过控制行业来控制市场，那么这样的控制力就会使多元化徒有其表，名存实亡。

而此次国企改革则是在先前股权改革的基础上继续深入，一方面以国有资本撬动民资规模，参与到产业升级或者资源整合中，实现国家意图；另一方引入民资，在董事会和职业经理人制度中体现民资出资人地位，推动国企治理水平及管理水平提升。通过这种方式加大国有垄断行业混合所有制改造的力度，以股权资本化、资本证券化为手段，实现国资民资的双向融合，真正使股权和资本走向市场化。

本轮混合所有制改革将以“实现三个允许、坚持三个鼓励”为中心。“三个允许”是指允许更多国有经济和其他所有制经济发展成为混合所有制经济；允许国有资本投资项目引入非国有资本参股；允许混合所有制经济实现企业员工持股，形成资本所有者和劳动者利益的共同体。“三个鼓励”是指鼓励发展混合所有制；鼓励非公有制企业参与国企改革；鼓励发展非公有制资本控股的混合所有制企业。

在混合所有制实现形式上，根据各省国有企业的情况和特点，陆续制定了不同的改革方案，核心可归纳为改制重组、引入战略投资者、引入或设立股权投资基金、资本证券化、员工持股五种思路。在国有企业不同的发展阶段，混合所有制这五种实现形式常常配合使用，适合不同的企业。

在这一章中，我们将重点讲述在国企混改中股权配置的具体落地问题，主要分为两部分，第一部分，是国企混改中的差异化股权设计，第二部分，是员工持股及股权激励的具体操作。

一、差异化股权结构设计

1. 国企混改的个性化需求

国企改革核心文件 22 号文《中共中央国务院关于深化国有企业改革的指导意见》中提出，要分类推进国有企业改革，完善现代企业制度，完善国有资产管理体制，发展混合所有制经济，强化监督防止国有资产流失。其中尤其强调，新一轮的国企改革不强调搞一刀切、全覆盖，而是一企一策，成熟一个推进一个。

一企一策，就是要避免过去的运动式改革，要求改革的指导思想、改革的方法措施必须符合企业的客观实际。比如，在企业的股权顶层设计方面，可以考虑差异化的股权设计。

差异化股权制度是相对于同股同权的股权制度而言的。同股同权，是指同一类型的股份应当享有一样的权利。我国《公司法》第一百二十六条规定：股份的发行，实行公平、公正的原则，同种类的每一股份应当具有同等权利。这是同股同权的法律依据，也是“同股同权同利”的由来。但是，“同股同权”虽然体现了“公开、公平、公正”的市场经济的基本法律原则要求，但它从根本上侵害了“契约自由”的法律精神。

首先，在公司这个组织中，股东之间的关系显然属于民事主体范畴，特别是混改之后，非国有经济组织成为被混改企业股东。非国有经济组织的股东更强调的是在自愿基础上的平等互利的法律关系。因此，任何强加在这个主体之上的法律规定或者制度安排，严格地说是不符合这个基本原理的，也无疑剥夺了合同法关于作为平等民事主体的股东之间依法订立合法契约的权利。

其次，公司中股东这一重要的参与主体，对权利要求的个性化设置，也是各方意志的合法表示，更是股东之间博弈、妥协的结果。法律依法保护这一结果，是它应尽的责任，也是法律制度存在的最大功能。例如，国资机构组织更强调在让利的同时如何通过股权制度安排来实现对国有企业的控制，或者在控制权做出让渡的同时如何防止国有资产流失。非国有经济组织更强调发挥其机制的作用，达到混改的目的，使企业能迅速适应日益竞争的市场环境。

第三，国内资本市场对差异化股权的排斥，导致很多优质的企业和资产奔赴国外资本市场，包括差异化股权制度修改后的香港证券市场，例如，阿里、京东、小米、海底捞等。这本不是企业股东们追求的，这样的局面相信也不是主管部门或者监管机构愿意看到的。

值得庆幸的是，差异化股权的制度安排仅限于股份有限公司，当然包括我国主板的上市公司，而非上市的有限责任公司，包括刚出台的科创板上市公司，该制度设计已经有了它的法律和制度生存空间。国企改革过程中，越来越多的企业开始尝试通过优先股、有限合伙、黄金股和双重架构等差异化股权制度设计，从而达到一企一策，使混改迅速落地实施。

2. 有关差异化股权制度设计的法律依据

严格地说，我国1994年颁布的公司法，并没有为差异化股权设定留下空间。其中第41条规定："股东会会议由股东按照出资比例行使表决权。"到了2006年公司法修正后，就为差异化股权留下了设计空间。其中，2006年修正后的公司法第43条规定，"股东会会议由股东按照出资比例行使表决权；但是，公司章程另有规定的除外。"2018年修正后的公司法第42条也有相同的规定。因此，对于有限公司的表决权，《公司法》是以"按照出资比例"行使为原则，但同时也认可股东通过协商一致形成的公司章程的特别约定。所以，对于有限公司，股东可以通过章程的约定自主决定表决权的行使。比如，我们给一家港股上市公司下面的子公司设计的差异化股权规则是分红倒挂，即管理层出资20%，但前三年分红比例是40%，企业创始股东（老板）愿意额外拿出20%激励管理层团队。我们这一制度设计的背后逻辑是，充分调动管理层积极性和能动性，让他们在尽可能短的时间内，快速实现新公司的盈利，避免走"一年亏损、二年平衡、三年盈余"的传统老路。

除了表决权之外，在收益权方面，现行的公司法规定也是为差异化股权留下了很大的空间。

《公司法》第 34 条规定："股东按照实缴的出资比例分取红利；公司新增资本时，股东有权优先按照实缴的出资比例认缴出资。但是，全体股东约定不按照出资比例分取红利或者不按照出资比例优先认缴出资的除外。"可见，《公司法》对于有限公司股权收益权以"按实缴出资比例"分配为原则，全体股东约定不按出资比例分配作为补充和例外，也是受法律保护的。

《中华人民共和国合伙企业法》第二条规定，"有限合伙企业由普通合伙人和有限合伙人组成，普通合伙人对合伙企业债务承担无限连带责任，有限合伙人以其认缴的出资额为限对合伙企业债务承担责任。"在有限合伙这个企业里面，普通合伙人和有限合伙人出资相同，收益相同，但管理权限不同，当然承担的责任也不同。

综上，对于有限公司，包括非上市的国有企业，都可以通过章程约定对股东表决权作出特别的约定，还可以通过全体股东约定对收益权分配作出特别约定。纵观公司法的相关条文，值得注意的是，对于表决权的特别规定必须通过章程约定，而收益权分配的约定则并没有这样的限制。但本质而言，公司股东达成的一致，其效力构成对股东行为的约束。

前已述及，与有限公司不同，股份公司的表决权只能按照一股一权进行分配，不允许章程或全体股东对此作出特别的规定或约定，表现在现行《公司法》第 103 条规定，"股东出席股东大会会议，所持每一股份有一表决权。"

有限合伙企业则按照合伙企业法规定。

国有企业，特别是国有公司，就其形式，当然属于公司法调整范畴，只不过它的股东的性质有所不同。新一轮国企改革，无论是并购重组，还是引进战投，或是国企混改等其他形式，其本质都是通过国家持有的股权的释放，达到改革所实现的目的。但在释放股权过程中，不同类型的国资、国企本身对混改的要求不同，其诉求也不一样。这里仅从国有控股要求和防止国有资产流失角度来设计差异化股权制度。

3. 从保障国有控股的角度进行差异化股权设计

（1）AB股机制的运用

在 AB 股的股权架构下，公司可以发行拥有不同投票权的普通股，一般称 A 类、B 类，即 AB 股。AB 股的核心，就是同股不同权。简单理解，就是把投票权和分红权分离。比如，A 类股票 1 股有 1 票投票权，1 票分红权；B 类股票 1 股可以有 N 票投票权，但依然是 1 票分红权。通过 AB 股这种股权差异化的设计，其本意是可以确保创始人对企业的控制权。

AB 股模式在资本市场并不鲜见，采取这类架构的主要是科技类公司。2000 年美国总共有 482 家公司采用双重投票结构，互联网泡沫破裂后，2002 年下降到 362 家。采用 AB 股模式的科技公司包括美国的 Google、Facebook、Groupon 和 Zynga，以及中国概念股人人公司、百度公司、优酷公司和土豆公司。

对于科技类公司，之所以要采取AB股模式，主要为了保证公司的控制权。由于科技类公司在前期往往需要大量的资金来维持运营，而多次融资带来的直接后果就是创始人股份被稀释，逐渐丧失公司的控制权。但是在AB股的模式下，创始人就可以持有拥有多票投票权的B股，这样即使股份被稀释，也可以保证自己的控制权不丧失。

比如京东就是采取了AB股的架构，使得公司在不断地融资稀释股权的过程中，刘强东依然牢牢地把握住了公司的控制权。京东的AB股制度是这样设计的：

①普通股分为A类（Class A common stock）和B类（Class B common stock）两类，刘强东持B类，每1股拥有20票投票权；其他投资人持A类，每1股拥有1票投票权。

②A类上市交易，B类不上市交易。

③A类在任何时候均不可以转换为B类；B类可随时自由转换为A类。

④B类转让给非联属人士（联署即直系或其控制的实体）时，则自动转换成为A类。

⑤当刘强东不再担任京东董事兼CEO或其他特定情况时，其持所有B类将自动立即转换为等量的A类。

⑥A类及B类就所有呈交股东投票的事项一并投票。普通决议，出席的简单多数通过，特殊决议，出席的2/3通过。

根据2018年年报，刘强东持股15.4%，放大20倍后，刘强东的投票权达到78%。根据目前的设置，即使刘强东的持股被稀释到9.09%，他依然持有超过67%的表决权。刘强东也就是通过这种AB股的制度，牢牢掌握了京东的控制权。

在国企改革过程中，很多国企担心的就是，如果民营资本占多数，国资丧失了控制权怎么办？所以，我们完全可以运用AB股原理，把国资的股权设定为B股，出让分红权，增强投票权，让国资在企业中承担刘强东的角色。其他股东作为A股，按照持股比例行使表决权。这样即使在混改过程中国资股份被不断稀释，其表决权仍然可以掌握在国资手里。

（2）有限合伙企业的运用

有限合伙企业也是国有企业常用的增强控制权的手段之一。

有限合伙企业由普通合伙人和有限合伙人组成，其中普通合伙人就是我们常说的GP，负责有限合伙企业的具体运营，对企业承担无限连带责任；有限合伙人是我们常说的LP，主要以认缴的出资额为限对合伙企业承担有限连带责任。在有限合伙企业中，普通合伙人（GP）作为有限合伙企业的事务执行人，掌握合伙企业的全部决策权，有限合伙人（LP）只享受企业的利润分配权，但对合伙企业并无决策权。这样，有限合伙企业就可以通过决策权与收益权的分离，实现普通合伙人"以小博大"，用小额股份来控制合伙企业的决策权。

比如，企业A持有某企业30%的股权，企业B持有某企业40%的股权，另外，还有一个有限合伙企业作为员工持股平台持有30%的股份，A占股1%，为GP。那么，就相当于企业A只用30.3%的出资，就控制了60%的表决权。

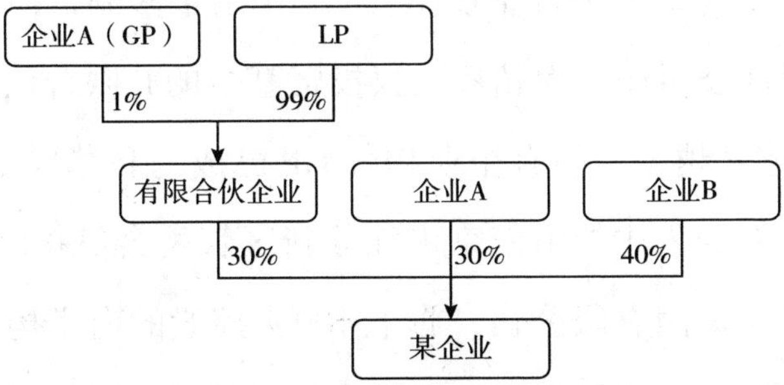

图5-1　员工持股平台股权架构

通过以上示例，我们可以将国有出资企业（国资委）设定为企业A，除了是企业的股东之外，还担任有限合伙企业里面的GP，拥有更大比例的控制权。但是，《合伙企业法》第三条规定，“国有独资公司、国有企业、上市公司以及公益性的事业单位、社会团体不得成为普通合伙人”。那么，国企改革中是不是就没有办法采用有限合伙企业作为差异化股权设计的手段了呢？

关于有限合伙这样的企业形式在国企改革中的运用，更多地应该采取实质重于形式的理念。合伙企业法的此条规定，主要是出于普通合伙人需要对有限合伙企业承担无限连带责任的考虑，而国有独资公司、国有企业、上市公司以及公益性的事业单位、社会团体这些企业或者相关主体不能够也不适宜在企业经营中承担无限责任。但在实务中，作为员工持股平台的有限合伙企业只作为持股平台，并不参与企业经营，无需承担企业经营风险，国有企业出于增强控制权的考虑，作为有限合伙企业的GP，并不违背法律精神要求的。

虽然法律规定对国有企业担任GP作出了限制，但在实际操作中，国有投资公司在作为私募股权投资基金的有限合伙企业中担任GP的情况越来越多，国有企业担任GP已成为私募股权基金中GP的重要组成部分。比如由南京市江北新区管委会100%持股的南京扬子国资投资集团有限公司，旗下100%控股的南京扬子江投资基金管理有限公司，就作为多个有限合伙企业的GP，承担投资任务。而根据新一轮国企改革中从“管资产”到“管资本”的要求，我们相信，国有企业担任有限合伙企业的GP将不再成为一个实质性的障碍。

这也好比国企干部不能经商办企业，这是来自《国有企业领导人员廉洁从业若干规定》第五条的明确规定。国有企业领导人员不得“个人从事营利性经营活动和有偿中介活动，或者在本企业的同类经营企业、关联企业和与本企业有业务关系的企业投资入股”。国有企业领导人员应当遵守此规定。但是，国企改革中的许多做法是，让国企核心高管成立有限公司，作为股权激励员工持股有限合伙平台的普通合伙人。其本意也是该公司已经不再是规定当中的经商办企业。所以，这些内容必须从立法本意去思考和理解，而不要犯教条主义的错误。例如，由国家发改委主导的东航物流的混改，就是采取以上方式。

自 2017 年 6 月东方航空物流有限公司混改方案公布以来，社会都以“民航第一样本”“标杆意义”“东航物流混改涅槃”“样本年考”“新路子”等字眼来定位东航物流的本次混改。东航物流混改采取“三步走”的方案：第一步，先是通过股权转让的方式，将东航物流从原来的母公司东航股份中“分拆”出来，成为东航集团下属三级全资子公司，也成为独立的拟上市主体公司；第二步，引入非国有资本，国有资本则降到 45% 的持股比例，增资扩股的同时，搭建员工持股平台；第三步，改制上市。

东航物流所实施的员工持股计划针对的是中高级管理人员和核心业务骨干，共 125 名员工分享股份，占目前东航物流 8000 多员工数量的 1.57%，属于典型的核心层持股的设计。东航物流总共拿出 10% 作为员工持股平台的份额，其中预留出了 2% 的股份给接下来加入的员工，相对于一般企业可达到 20%，乃至 30% 的员工持股比例而言，仍然相对偏低。但我们需要注意到的是，以往国企的员工激励机制一般都在 5% 或者 6% 左右，10% 的员工持股已经是一种突破，显示出了未来国企混合制改革鼓励并加大员工激励。

东航物流就是通过天津睿远企业管理合伙企业（有限合伙）搭建的员工持股平台，员工间接持有公司股份。我国现行有效的《合伙企业法》考虑到有限合伙企业中的有限合伙人不参加合伙事务的执行，同时对合伙企业的债务仅以其出资额为限承担有限责任，因此对有限合伙企业的人数作出限制，规定有限合伙企业原则上由二个以上五十个以下的合伙人设立。当员工人数超过五十人时，东航物流采用的变通方案就是同时设立了四个二级持股平台作为天津睿远的合伙人，打破了有限合伙人数的限制，以实现多人间接持股的目的。这也是很多公司在选择用有限合伙企业的方式搭建员工持股平台时常用的变通方案。

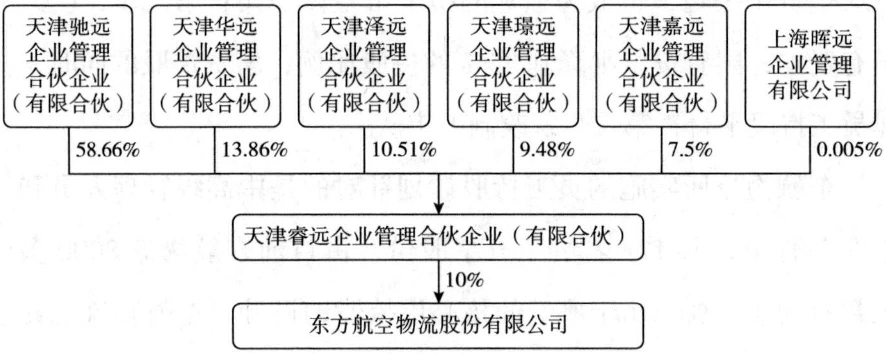

图 5-2　东航物流股权架构

上海晖远企业管理有限公司就是东航物流以总经理李九鹏为代表的核心高管成立的有限公司，该公司的股东组成均为东航物流的核心高管。而由这个核心高管出资设立的有限公司则担任睿远合伙企业的 GP，即普通合伙人。你会发现东航物流的一级员工持股平台以及二级员工持股平台的有限合伙企业都有一个共同的合伙人，这家公司的法定代表人正是东航物流总经理李九鹏，晖远公司正是员工持股平台中的 GP，且是唯一的 GP，如此一来，东航物流的核心管理层就掌握了持股平台的决策权。

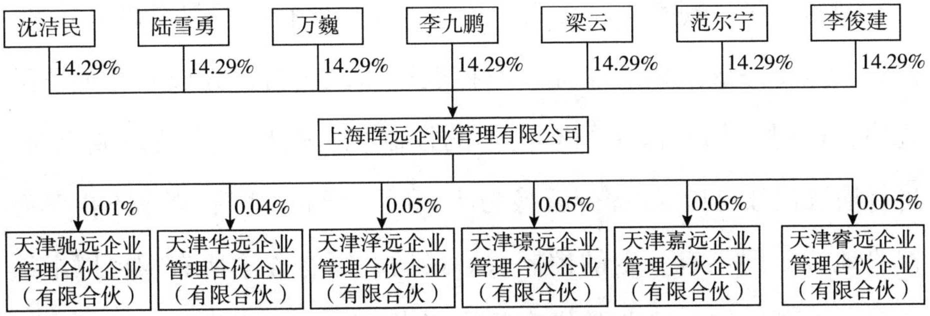

图 5-3　上海晖远企业管理有限公司股权架构

4. 从防止国有资产流失的角度进行差异化股权设计

（1）优先股的设计

随着国企混改中非国有经济，特别是民企的入股国企，当然也有国企入股民企或者共同设立合资企业，民营企业主导企业的管理和运营成为一种比较常见的形式。引进民企过程中，作为混改目的之一就是充分发挥民营经济的体制和机制的活力，民营资本也将由其主导管理和运营的作为参与的一项基本条件之一。但当民营资本主导企业管理和运营时，如何保证国有资产不被流失，或者保值增值，就需要在机制设置上进行差异化的股权设计。其中优先权是一种常见的也是被中共中央《关于深化国企改革指导意见》所支持的，“允许将部分国有资本转化为优先股，在少数特定领域探索建立国家特殊管理股制度。”

所谓优先股，指的是优先于普通股享有收益权，但参与管理权受限制的股份。现实中，引入优先股的实施路径，一般有以下几种。首先，对于一般的国有企业，对控股股东是实行优先股对普通股的置换，此时，仍然保留国有资本的控制权。然后，当条件成熟时，将普通股高于 34% 的部分置换为优先股，此时，国有资本不再享有控股地位，但仍有一定的控制权。最后，国有资本所有权可以继续持有，也可以转让。此类优先股应当设计成可累积优先股，同时对此设置回售条款，以避免企业经营风险所致的国有资本流失。

此外，对于有重大战略意义的新兴产业，企业设立初期，国有资本应当予以扶持，致其相对成熟以后再行退出。这类企业不适合由国有资本控股，但仍需要国有资本掌握一定的控制权，所以国有资本在持有优先股的同时，仍应有 34% 以上的普通股。这类普通股可以设计为可转换的优先股，至企业发展成熟时，将其转换成普通股并置于二级市场出售，以实现企业收益最大化。同时应增设回售条款，当企业经营不善亏损严重时，国有资本可以通过回售途径退出，以避免企业经营风险而导致的国有资本流失。

国有股转成优先股可以大幅提升国有企业的公司治理水平，在当前是国企改革的最好路径之一。国有股转化优先股无非是经营权与所有权的再分配，不涉及国有资产转让流失，而是通过改革提高国有资产的效率，防止一些流于形式的改革并避免贱卖国有资产的行为。且国企改革不宜急于快速私有化，避免成为少数人瓜分国有资产的盛宴。简单、快速私有化并不是国企改革的唯一道路，否则狂欢之后很可能是一地鸡毛。

在四川省政府办公厅印发的《关于进一步完善国有企业法人治理结构的实施意见》中，就呈现出两大亮点：一是管资本，即出资人机构要以管资本为主转变工作职能、改进工作方式；二是按照国家统一部署，适时制定国有资本优先股管理办法。为此，《意见》在明确出资人职责，转变监管方式；建设规范董事会，落实董事会职权；落实经营自主权，激发经理层活力等方面提出了一系列要求。《意见》提出，按照国家统一部署，适时制定国有资本优先股管理办法。这也是四川省首次在国有企业股权结构方面提出的改革措施。

（2）黄金股的设计

黄金股（Golden share）制度本质上是一种特别的股权安排机制，其赋予国家或者政府超过普通股东的特权，其制度来源是私人公司在公众化过程中的特别股的设置。

黄金股最初出现在历史舞台，是在英国 20 世纪 80 年代的国有企业改革中，为了对公共企业进行私有化改革，英国政府出售了其在电信公司 50% 的股权给民间投资者，让电信公司私有化，最终只保留了 1% 的股份，这一股就是黄金股。黄金股只是名义上的一股，票面价值为 1 英镑，并无实际经济价值，也不参与利润分配，但是这一股却有“一票否决权”，即政府可以在关于国计民生、国家安全和黄金股股东权益的保护等重大方向性问题上行使一票否决。黄金股显然打破了“同股同权”“一股一权”的传统观念，黄金股虽然股少（通常为一股），但是意义和价值重大，因而成为了普通股股东眼中的“黄金股”。

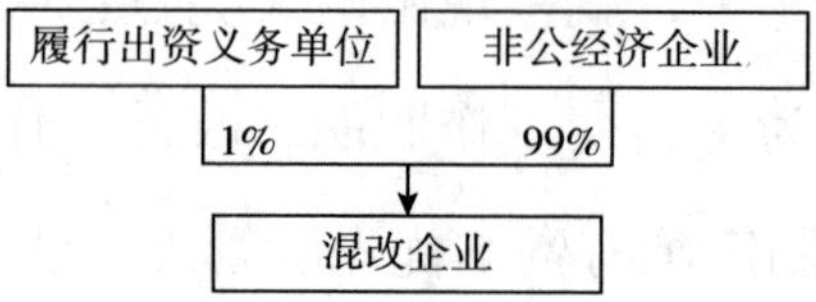

图 5-4 黄金股示意图

公司股东最常见的三种权利是知情权、收益权和表决权，普通股与优先股以及黄金股在这三种权利上的不同之处如下（见表 5-1）。

表 5-1 三类股东与三大权利的对应关系

	知情权	收益权	表决权
普通股	有	有	有（事前表决权）
优先股	有	有	无
黄金股	有	无	有（事后表决权）

江西萍乡钢铁有限责任公司是江西省属国有独资企业。由于萍钢底子薄、负债重、资产结构不尽合理，与其他大型钢铁企业相比，存在较大的差距，在竞争中处于劣势地位。为从机制和体制上寻求今后发展的动力源泉，积极主动地应对钢铁企业新一轮竞争，实现萍钢长期稳定持续快速发展，2002 年江西省政府决定对萍钢全面进行改制。

萍钢转让有四个特点：第一，规模大。萍钢为大型国有企业，占地 6000 亩，总资产 28.77 亿元，总负债 20.78 亿元，净资产 7.98 亿元。第二，员工多。2002 年萍钢员工约 1.3 万人，其中钢铁业在职职工 7512 人，非钢铁业在职职工 2164 人，退养职工 2955 人，下岗离岗职工 825 人。第三，负担重。萍钢是典型的企业办社会的例子，改制以前企业内部开设了学校、医院、幼儿园、招待所、居民委员会、公安分局等。第四，影响面广。萍钢作为萍乡市的一家最大的国有企业，职工 1.3 万余人，分布于该市各县区，萍钢改制涉及千家万户，关系全市的稳定。

经过公开招标谈判，2003 年 8 月 2 日通过了改制方案，由深圳市飞尚实业发展有限公司、安徽省芜湖恒鑫铜业集团有限公司等作为受让方，以 6.5 亿元的转让价受让萍钢，高出评估价 1.67 亿元，资产增值率为 34.5%。转让协议中，对萍钢公司职工的安置及其他重点事项做了特别规定。

江西省政府在转让协议中还规定了一条，即“一股保障”。方案规定，江西省政府将在改制后的新企业总股本中设立“国有金股”，数量为一股。而这一股“国有金股”是在改制后的萍钢公司总股本中具有特殊身份和特别权力的国有股股份，持有者为江西省国有资产管理办公室，由其代表政府行使权力。作为特别股东，不干预企业生产经营，不干预经营决策，不参与分红，不承担企业生产经营中发生的一切民事责任，但是，如果新企业股东或董事会违背转让条款，或侵犯职工合法权益，“国有金股”可行使一票否决权。该“国有金股”将在企业履行既定改制方案后退出，期限定为企业改制后 3 至 5 年。

从萍钢改制的方案中可以看到，其“黄金股”的设置是通过与战略投资者签署协议的形式，这是东欧采取较多的模式，这种模式更能吸引投资者，萍钢通过转让协议中的“一股保障”来约束改制后企业有可能发生的违约行为。对于投资者来说，转让协议清楚地约定了合同双方的权利与义务，投资者能够清楚了解政府黄金股特权的具体范围，而且萍钢的案例中国有金股规定了明确的期限，消除了黄金股长期存在的障碍，时间段的规定也能够保证完成其历史使命。对于企业和政府而言，维护了社会的稳定和经济发展，同时国有股又退出得很彻底，明确表明国有股不干预企业经营决策，不参与企业分红，杜绝了有可能发生的政府权力扩大化的问题。在国有企业转化为民营企业后，企业大量裁员和精简人员的例子层出不穷，职工的利益得不到保障，发生很多的集体上访甚至暴力的群体行为，而萍钢通过协议的方式，通过“一股保障”的特殊约定保证了职工合法权益不受侵犯，体现了当地政府的亲民政策和人本精神。

综上所述，国有企业改革过程中，国资一般会全部或部分转让给民资，最终国资可能是彻底地退出企业，但是，一旦退出后，政府一方面会担心企业完全民营化之后发生损害国计民生等公众利益的现象，无法“撒手不管”“一卖了之”；另一方面又要让改制后的企业充分发挥经营自主权，不然改制的意义何在。黄金股制度正是作为国企股权改制的特殊方式出现，政府在股权机构中只占有一股（也可以是占股34%的防守型股权架构）的份额，而这一股则赋予政府一票否决权的黄金权利，如此一来，黄金股被用在公众利益相关的重大事项上，又不分红，不表决，不影响改制后民营企业的自主经营权，可谓“一举两得”。而国资以“一股”掌全局，相较于国资自己运营来说，这种管理方式成本代价更低、效果更长久。

二、员工持股及股权激励

1. 政策方面的三大突破

2019 年 4 月 19 日，国务院下发《改革国有资本授权经营体制方案》，作为国企改革配套文件之一，在员工持股及股权激励方面，有了较大范围的突破，对推动国有经济布局结构调整，打造充满生机活力的现代国有企业，将会有积极而又深远的意义。

在员工持股及股权激励方面，《方案》是这样规定的："授权国有资本投资、运营公司董事会审批子企业股权激励方案，支持所出资企业依法合规采用股票期权、股票增值权、限制性股票、分红权、员工持股以及其他方式开展股权激励，股权激励预期收益作为投资性收入，不与其薪酬总水平挂钩。支持国有创业投资企业、创业投资管理企业等新产业、新业态、新商业模式类企业的核心团队持股和跟投。"

在《方案》发布之前，国企员工持股及股权激励的主要依据是《关于上市公司实施员工持股计划试点的指导意见》（证监会公告〔2014〕33 号）和《关于国有控股混合所有制企业开展员工持股试点的意见》（国资发改革〔2016〕133 号），和以上两个文件相比，《方案》对国有企业的股权激励的制度改革，至少在以下 3 个方面有了比较大的突破。

一是持股模式上的突破。在持股模式上，133 号文规定，“坚持增量引入，利益绑定。主要采取增资扩股、出资新设方式开展员工持股，并保证国有资本处于控股地位。”可见，该文件规定的持股模式通过以增资或者出资而获得的实股为主。4 号文第九条规定，“企业可以采取股权出售、股权奖励、股权期权等一种或多种方式对激励对象实施股权激励，”同时还规定了分红激励方式。与 133 号文相比，4 号文规定的持股模式相对较多。《改革国有资本授权经营体制方案》中对于股权激励的模式，比较上述两个文件，更加宽松和灵活。“股票期权、股票增值权、限制性股票、分红权、员工持股以及其他方式”，都是可以实施和应用的。特别是比较 133 号文的规定，该方案中的激励模式显得异常多样化。

二是激励收益的性质突破。虽然过去的相关文件并没有否认企业实施股权激励的收益不是投资性收益，但现实中，这部分收益都和工资总额挂钩，股权激励收益，纳入工资总额范畴，从而使类似股权激励这样的长期激励就失去了它的意义。《改革国有资本授权经营体制方案》的出台，特别是“股权激励预期收益作为投资性收入，不与其薪酬总水平挂钩”的规定，无疑给国有企业的高管们带来重大利好。企业可以通过对管理层实施股权激励，充分发挥管理层的积极性和能动性，将企业做大做强，在增量和效益的基础上，实现分红收入，真正做到责权利相统一。

三是跟投制度的突破。所谓的跟投制度，其激励的重点对象是公司的中高层管理干部，把他们的利益和风险与所在企业绑定，使之共享公司发展成就，共担企业的责任和风险，增强其主人翁精神和对事业的获得感。《改革国有资本授权经营体制方案》提出“支持国有创业投资企业、创业投资管理企业等新产业、新业态、新商业模式类企业的核心团队持股和跟投”。也就是说，对于那些新产业、新业态和新商业模式的创业类企业，该方案是积极倡导跟投制度设计的。

2. 员工持股是国企改革的必经之路

员工持股是通过允许企业的优秀员工参与持有企业股权而促进企业整体活力提升业绩的一种股权激励机制，员工持股的形式可以是自然人直接持股，也可以通过员工持股平台来实现，而员工持股平台通常可以是有限公司、有限合伙企业等，但穿透到持股平台最顶层，员工持股的本质仍然是自然人股权，因此，在国企混改中，属于非国有资产种类。国企改革的目标是在股权多元化的基础上建立起独立的公司法人治理结构，而员工持股就是实现股权多元化、股权结构优化的重要一环，往往在国企混改引资扩股后，能形成国资、民资及员工持股的相互利益制衡的局面。

本轮国企改革中，“探索实行混合所有制企业员工持股”作为重要内容被明确写入《关于深化国有企业改革的指导意见》中，曾经在国企股份制改革中实行过的员工持股政策重新回到历史舞台，被作为有利于转变政府职能、实现国有资产保值增值、理顺企业内部关系、增强企业经营活力的重要改革方针而贯彻实施，混改是国企国资改革的突破口，而员工持股就是混改的突破口。但是，之前的员工持股计划由于诸多因素实施效果并不理想，对员工持股的重要意义不仅认识不足，同时缺乏法律规范与正确指引，持股制度吸引力不足，操作不规范，过分追求平均化导致激励效果不明显。

混合所有制企业的员工持股做好了，就能优化股权结构，改善公司治理，提高企业效率，员工持股做不好，就容易存在利益输送，造成国有资产流失。因此，在混合所有制改革的背景下，员工持股不再只是一个简单政策问题，而要在具体的改革实践中研究并解决员工持股的法律法规、持股主体范围、持股比例确定、持股资金来源及股权退出等诸多现实问题，应该有选择、有限制、有步骤地实施，并严格、规范的操作。

员工持股在国企改革，特别是国企混改当中，是应当首推的一项改革措施，也是至关重要的一项改革措施，更是一项长期有效的改革措施。

（1）员工持股是国企混改应当首推的改革措施

截至目前，国有企业改革任务取得了明显进展，深化国有企业改革工作将进入快车道。国有资本投资运营公司、重点领域混合所有制改革、混合所有制员工持股等改革试点工作也在陆续开展。

对于企业而言，最关注的自然是混合所有制改革，这是和企业发展最为密切相关的问题。国企混改的方式有很多，根据企业发展需要，可以通过股改上市、增资扩股、产权转让、合资新设、出资入股、股权收购等多种方式，积极引入其他国有资本或各类非国有资本，实施公司制、股份制改革。但需要注意的是，不是所有的企业都能够股改上市，不是所有的企业都能引进资金，或者有非国有企业出资入股，也就是说，不是所有的企业都能够采取以上方式实施混改的。

对于央企，或者垄断性强的国企，或者效益比较好的国企，只要政策支持，国企混改是非常容易推动的，比如东航物流，比如中国联通。再比如中石化、中石油、中国移动这类国企，只要愿意启动混改，引入民营资本易如反掌，相信民营资本一定会趋之若鹜。

为什么？因为这类国企效益好，竞争力强，再加上民营资本的一点助力，想不赚钱都难。

而现实当中，我们大多数国有企业都不是这类明星企业，2015年的时候，全国一共有12.5万家国有企业，但其中4.6万家都处于亏损状态，还有一大批仅为微利。企业经营管理混乱，内部人控制、利益输送、国有资产流失等问题突出；竞争力差，效益低下，技术落后，设备陈旧，冗员众多现象普遍。对于这些企业，要启动国企混改，吸引民营资本注入，难上加难。比如最近一直在提“东北振兴”，但是，让民营企业去东北投资国有企业，他们肯去吗？2018年，西姆研究院受东北某地级市政府的邀请，去作了一次国企改革讲座，特意和大家探讨过这个问题："投资不过山海关"是投资圈在东北经济相关问题上较为常见的一种说法，尽管这一说法有种地域歧视之嫌，但这是东北国有企业在进行国企改革时必须面对并且解决的一大问题。这个问题解决不了，国企改革又如何推进呢？

所以，在那次国企改革讲座中，笔者郑重地向他们建议，你们的国企改革，必须以员工持股制度为先头兵。这是你们能做好国企混改的重要手段，也可能是唯一手段。

（2）员工持股是国企混改至关重要的改革措施

改制上市，需要企业具备上市条件；引入民营资本，需要民营企业家的积极参与；股权转让、合资新设、出资入股、股权收购等，都离不开民营资本对于该国企的投资兴趣，这是一个市场化的经济行为，是商务谈判的过程，无法通过行政命令达成一致。

民营资本参与国有企业，主要是通过混合所有制改革，促进国企的机制转换和效率提高，从而达到企业效益提升。所以，民营资本更偏向于选择基础较好，盈利能力较强的国有企业。但是，对于一些老牌国有企业，底子比较好，只是由于管理混乱，或者近几年没有跟上经济发展的大势，或者业务纷杂，被部分质量差的板块拖累，导致连续亏损，不受民营资本的欢迎，难道就没有办法来实施混改措施了吗？

当然不是！正如笔者给东北国企提出的建议，国企混改一定要以员工持股为先头兵。国企改革中的员工持股，首先满足的是国企员工的持股愿望。

国企员工与民营企业员工不同。民营企业员工流动性非常强，在做员工持股的时候，只有企业盈利非常好，员工才有持股意愿。但国企员工不同。国企员工对于企业有着非常强的身份认同感，他们当中有些人甚至从祖父辈开始就工作在这个企业，可谓“献了青春献终身，献了终身献儿孙”。他们大都对企业有非常深厚的感情，本能地认为自己就是企业的一分子。因此，推行员工持股，让他们成为企业真正的主人，是符合他们感情需要的，满足了他们盼望与企业休戚与共的心愿，也是企业领导者责无旁贷的事情。

其次，在国企改革中推行员工持股，是要让员工对企业的未来充满希望，充分调动员工的主观能动性，要让他们真正为共同的利益而奋斗。

在现在大多数国企中，“干好干坏一个样，干与不干一个样”的文化依然盛行。而主要的原因，就是员工的利益与企业的利益脱节，员工没有真正把自己当作企业的主人。所以就“当一天和尚撞一天钟”，反正，干得好也是拿这些工资，混日子还是拿这些工资。三十多年前，郭士纳在 IBM 推行员工持股的时候就说过，我给大家发股份，不是为了用分红的方式给你们发奖金，而是希望你们每个人，都能够像股东一样去思考、去行动。我们讲国企员工要有主人翁精神，而主人翁精神体现在哪儿？就应该体现在员工持股上。

再次，国企改革中的员工持股，并非只有直接购买股份这一种选择。我们在规划员工持股方案时，需要根据企业的实际情况，设计符合企业要求的灵活方案。通过实股和虚拟股相结合的方式，平衡企业的客观实际和员工的切身利益。实股，包括限制性股份和期权，利益更直接，效果更明显，保障更可靠；虚拟股本质上属于劳动绩效的一种，在现金流相对充裕的条件下，激励更直接，实惠更明显。不同的组合有不同的优劣，适合不同行业、不同阶段的各类企业。

最后，是员工最关心，也是最敏感的股份价格问题。《关于国有控股混合所有制企业开展员工持股试点的意见》中规定，员工持股价格应按照有关规定，对试点企业进行财务审计和资产评估。员工入股价格不得低于经核准或备案的每股净资产评估值。我们认为，“每股净资产评估值”的规定，显然是不能满足当下商业模式的多样性的企业形态。换句话说，一概以净资产价格来衡量所有类型的企业的股份价值显然也有不尽合理的地方。诚然，这样的规定，对于传统制造业也许适用性比较好些。因此，在实际操作过程中，依然要根据企业的情况做出做合理的判定。

另外常见的员工持股价格确定方式就是和外部投资者同价进入，或者按照《企业国有资产交易监督管理办法》规定，股权转让或者增资扩股应当在依法设立的产权交易机构中公开进行。看起来这样的规定和程序有一定的合理性，但仔细研究，却存在一定的局限性和可操作性不强的地方。在做国企混改的时候，我们需要将企业进行合理的科学的评估，而不是简单的唯一的按照净资产价格一刀切。合理的员工持股方案是防止国有资产流失真正的有效的手段。

股份价格应该内外有别。外部投资者，一般通过财务投资的方式获得回报，且在一定的期限内退出，并不会伴随企业长期成长。而员工不同，国企的员工基本上是要为企业奉献一生的，他们为企业创造价值，更创造企业的未来。员工和企业之间的关系，不是赤裸裸的金钱（投资）关系，而是牵涉自身感受和未来命运的深度融合关系，是真正的命运共同体。因此，员工获得股份的价格，不应该简单按照外部投资者的逻辑来比较和定价。

比如，在《上市公司股权激励管理办法》中就规定，上市公司可以授予高管限制性股票，该股票的授予价格不能低于前一交易日均价的50%。这个高达五折的折扣，其实就是对于员工在公司工作贡献的一种认同。这种方式，非常值得非上市公司的国有企业借鉴。

综上，如何做好员工持股，是国企改革至关重要的改革措施。而实施员工持股的过程中，如何突破现有的一些政策和规定的框架约束，如何最大程度地激发企业与员工的活力，还需要我们在实践中不断探索。

（3）员工持股是国企混改长期有效的改革措施

我们常说，国有企业是属于国家的，国家是属于人民的。但从法律角度来看，这个说法非常模糊。从《公司法》的规定来看，企业就是属于股东的。而从国有企业的股权结构来看，股份要么是国资委的，要么是国有资本运营公司的，并没有一个“全体人民”的存在。

国有企业是属于全体人民的，这个说法可能带有更多的时代色彩。但无论从市场经济的角度，还是从社会意义的角度，国有企业都应该是属于国企员工的。毕竟，是他们充当了一颗颗螺丝钉，充当了一块块钢板，充当了一根根电路，才推动了企业的顺利运行。如果他们认为国企是国家的，是人民的，不管经营好坏，自己的工资和福利待遇依然是少不了的，经营好了，和自己也没啥关系，工作懈怠，思想消极，意识淡漠，那么，企业还谈什么发展呢？

因此，无论国企改革有多少种方式，员工持股都应该是国企发展的重中之重，是国企发展的百年大计。

首先，员工持股是混合所有制改革的一种。国有资产在有些行业采取相对控股、参股甚至退出的方式，允许非公有制经济进入，允许原来企业的管理层或者员工持股，将是国有企业改革的重要模式。《指导意见》提出，员工持股主要采取增资扩股、出资新设等方式。因此，员工持股属于非公有经济的性质，有利于深化国有企业改革，调动各方面积极性，促进国有企业发展为混合所有制经济。

其次，员工持股能从根本上促进和改善公司治理。员工既是劳动者，了解企业的生产、销售和研发的全过程，是生产线上的一个环节和部分，也是现代化企业的一个重要的生产要素，同时拥有股东身份，参与混改后的国有企业的公司治理。员工持股制度使员工代表可进入公司董事会、监事会、管理层等公司治理的各方面，参与公司的重大经营决策，有利于更好的激励约束机制的建立。由于企业一线人员股东的参与，有利于企业做出更好的经营决策，也有利于国有企业监督机制的建立。

第三，员工持股有利于企业的长期发展。研究表明，实行员工持股的企业大部分经营绩效有所提高。迈赫（Mehran）等学者针对

2005 ~ 2010 年 150 家美国制造业企业研究发现：随着首席执行官（CEO）所持股份的增加，企业绩效也随之增加，两者呈正相关走势。CEO 持股有利于提高企业的绩效，表明股权激励的约束作用显著。据美国《财富》杂志公布的数据显示，全球 500 强中已有超过 85% 的企业实施了股权激励。无论是一些大型企业采用经济附加值 EVA 来衡量企业绩效，还是采用平衡计分卡衡量企业绩效，从净资产收益率或企业市值等指标看，员工持股的企业大都具有明显的业绩改善。员工股东也从不断的业绩增长中获得利益，反过来，也激励员工股东不断地、能动地努力工作，形成良性循环。

我们也可以从代理理论的分析视角为研究与解释处于特定治理环境中的企业股利分配行为提供了一个基本分析逻辑。

企业中的股东、债权人、经理人员等诸多利益相关者的目标并非完全一致，在追求自身利益最大化的过程中有可能会以牺牲另一方的利益为代价，表现在职业经理人方面，那就是短期行为。

一定程度上避免职业经理人的短期行为，那就是让经理人对企业的经营结果，包括企业的未来负责；职业经理人负责的同时，能够从中获利。因此，实施多分配少留存的股利政策，既有利于抑制经理人员随意支配自由现金流的代理成本，也有利于满足股东取得股利收益的愿望。这样，职业经理人和股东就不是过去的单一的劳资双方，而是双方利益趋于一致。

综上，员工持股是现代企业的一项重要制度，是国企改革中的一项重要措施和手段，对提高企业经营效率、激发员工的积极性和创造力、改善企业的治理规则和结构，避免经理人的短期行为和促进企业的长期发展等方面都有重要意义。但员工持股在实践中遇到的问题也相当的复杂，存在的障碍也较多。比如，现有的政策框架下，实施员工持股是否能突破试点企业的范围；员工持股的比例，特别是个人持股比例能否扩大到足以让经理人，特别是企业负责人有着切身的利益感受；授予员工股份的价格能否不再去和其他社会投资人去比较乃至竞争。为此，应对员工持股计划进行顶层设计，建立统一的协调机制和较为完善的制度和政策体系。

3. 十要素共生模型

关于员工持股及股权激励的具体操作方面，西姆股权激励研究院经过多年实践，结合此次国企改革的政策要求，总结了一套员工持股的十要素共生模型。

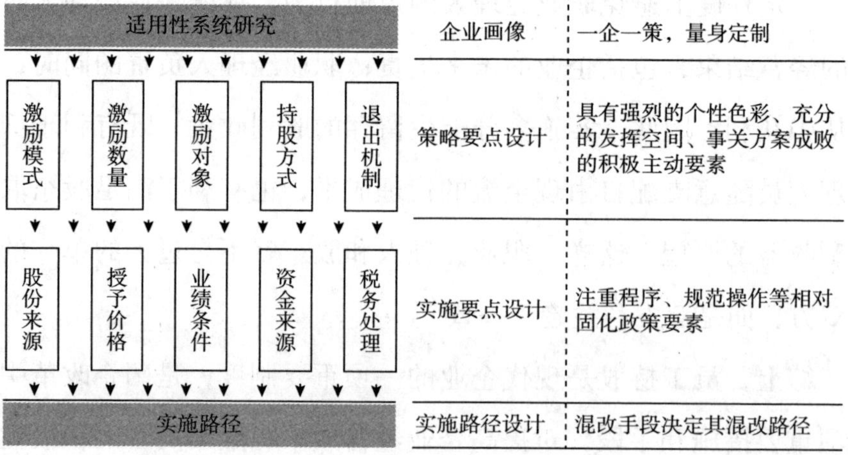

图 5-5　西姆十要素共生模型

在员工持股方案实际操作中，首先，我们要对企业进行具体的分析判断，一企一策，量身定制。其次，要根据企业的战略规划、组织架构等具体情况，对方案的策略要点进行设计，包括激励模式、激励数量、激励对象、持股方式和退出机制。第三，则是方案实施要点设计，包括股份来源、授予价格、业绩条件、资金来源、税务处理等等。最后，则是方案的具体实施路径。

在给企业画像时，我们可以从八个角度来观察企业，包括战略目标、商业模式、发展阶段、治理结构、组织架构、财务状况、企业文化和对标企业。其中，战略目标、商业模式、企业文化在第三章战略规划中已经详细讲过，治理结构、组织架构是第四章中的主要内容，财务状况是企业的基本财务信息，市场对标则是寻找市场中和自身类似的企业，看他们在其他几个方面和自己有什么样的异同。

图 5-6　企业画像

（1）策略要点：激励模式

国资发改革〔2016〕133 号文中并没有提到多样化股权激励模

式，主要以限制性股票为主，但在实际工作中，也常常根据企业基本面及激励效果预期，设置其他多样化的激励模式，归纳起来，常见的有如下几种。

① 限制性股票。限制性股票（restricted stock）指上市公司按照预先确定的条件授予激励对象一定数量的本公司股票，激励对象只有在工作年限或业绩目标符合股权激励计划规定条件的，才可出售限制性股票并从中获益。限制性股票的优点就在于可以设定业绩条件，比如净利润、净利润增长率、ROE、EBIT 等等，可以根据企业的情况选择适合的一个或几个指标，满足指标要求后，员工才能获得相应的股东权益。这就使得对激励对象有着较强的激励和约束作用，必须努力完成业绩目标才能获得股票。限制性股票也是上市公司最常用的股权激励模式。

② 股票期权。股票期权是指公司授予激励对象在未来一定期限内以预先确定的价格和条件购买公司一定数量股份的权利。股票期权对员工来说，最大的优点就在于授予时不需要出资，等到行权时才需要出资，对于支付能力有限的员工而言比较合适。对于企业而言，最大的优点是没有现金支出，也不需要股份支付，有利于企业降低激励成本。

③ 虚拟股票。虚拟股，顾名思义，授予员工的是一种虚拟的股票收益权，而非真实的股票。因此，员工可以享受虚拟股票带来的分红权，但没有投票权和表决权。虚拟股的优点就在于将表决权与分红权分离，不影响公司的股本结构，也不影响大股东的控股权，

员工可以获得分红，激励力度较大。但弱点在于需要现金分红来激励员工，兑现时现金支出压力会比较大。著名的华为公司，就是虚拟股运用的典范。

④ 实股。实股就是直接授予员工公司股份，一般适合新成立公司或者改制准备上市的企业。员工直接获得股权，参与公司运营的决策，享受公司的分红以及股份增值的收益，给予员工很强的归属感，是激励力度最强的模式之一。但在设定退出机制时需要仔细研究，避免意外情况出现。

⑤ 业绩股票。业绩股票是指在年初确定一个较为合理的业绩目标，如果激励对象到年末时达到预定的目标，则公司授予其一定数量的股票或提取一定的奖励基金购买公司股票。业绩股票的流通变现通常有时间和数量限制。激励对象在以后的若干年内经业绩考核通过后可以获准兑现规定比例的业绩股票，如果未能通过业绩考核或出现有损公司的行为、非正常离任等情况，则其未兑现部分的业绩股票将被取消。

⑥ 跟投制度。跟投制度一般用于总公司下新设立子公司或者项目时，允许员工投入一部分资金，将来根据投入按照比例分红。在子公司层面，跟投制度其实就类似于实股，一般由子公司的直接负责人参与，通过跟投制度将员工与子公司 / 项目进行绑定，激励员工完成业绩。在总公司层面，跟投制度有点类似于投资基金，高管出资成立基金，投向子公司，享受子公司的分红及股份增值收益。

（2）策略要点：持股数量

在国资发改革〔2016〕133号文中，第三条“企业员工入股”的第四点“持股比例要求”中规定，员工持股总量原则上不高于公司总股本的30%，单一员工持股比例原则上不高于公司总股本的1%。企业可采取适当方式预留部分股权，用于新引进人才。国有控股上市公司员工持股比例按证券监管有关规定确定。

高　　使用频率　　低 →

激励模式	限制性股票	股票期权	虚拟股票	实股	业绩股票	跟投制度
基本操作模式	激励对象若满足限制性条件，则将股票授予激励对象，否则收回或原价回购	上市公司授予激励对象在未来一定期限内以预先确定的价格和条件购买本公司一定数量股价的权力	当约定的兑现时间和条件满足时，激励对象可获得现金形式的虚拟股票在账面上的增值部分	直接授予员工股权。一般适合初创企业或者改制准备上市的企业	年初确定一个合理的年度业绩目标，激励对象在年末实现业绩目标，公司给予一定数量的股票	一般用于新设立的公司或者项目
权益	授予后，享有相应的股东权益	行权后，享有相应的股东权益；之前只有一个承诺	可在任期内参与公司的分红并享受股价升值收益	获得股权后，参与公司决策和分红	授予后，享有相应的股东权益；之前只有一个预期	根据投入按比例分红，或者约定
优点	通过授予时附加条件，对激励对象有较强的激励和约束作用	由于企业没有现金支出，有利于企业降低激励成本	虚拟股票的发放不影响公司的总资本和股本结构激励相对较大	激励比较直接，员工归属感强	业绩股票激励模式对激励对象有严格的业绩目标约束	利益直接，增加收入
缺点	业绩目标或股价目标的科学确定较困难	可能使激励对象过度冒险	兑现激励时现金支出压力很大	退出比较复杂	公司的业绩目标确定的科学性很难保证	利益输送，资源倾斜分配不均

图 5-7　常见的激励模式

这个30%和1%，就是我们在做方案时说的总量和个量。定总量，一方面要考虑按照企业的实际情况，确定释放给员工的总股份；另一方面，也要考虑到和国有股东及引进的民营股东之间的平衡关系。定个量，则是要根据每个员工的实际情况来确定。第一，要注重激励计划的公平性；第二，要考虑激励对象的职位和岗位价值；第三，要考虑激励对象的自身价值；第四，要考虑激励对象的业绩表现及历史贡献；第五，要考虑激励对象的工作年限；第六，考虑激励对象的接受程度。另外还需要注意的是，公司应注重完善自身的薪酬体系和绩效考核体系，以便于股权激励的实施和定量的确定。

但在实际操作中，企业规模不一样，行业特点不一样，发展阶段不一样，对于股权比例，包括总量和个量也不应该一样，这也是“一企一策”原则的具体体现。比如，对于那些新产业、新业态、新商业模式类企业，董事长或者总经理个人持股不超过1%，显然起不到激励的作用。我们于2019年6月在甘肃某研究院调研的时候，该院院长就明确指出，上面的这个关于1%最高比例个量分配，他本人没有兴趣，相信他的团队也不会认为会起到激励的作用。那么，我们如何在这个方面能有所突破呢，或者我们如何运用好这个政策规定呢？记得我们在给某市政设计院向上争取更多个量股份激励比例的时候，理由是这样阐述的：第一，《关于国有控股混合所有制企业开展员工持股试点的意见》的通知（国资发改革〔2016〕133号）中规定，“员工持股总量原则上不高于公司总股本的30%，单一员工持股比例原则上不高于公司总股本的1%。”该文件在总量和个量比例的前面用了一个“原则上”，“原则上”可以理解为既不提倡也不追究，最理想的状态就是基本符合这个比例规定就可以了。因此，适当突破这个规定，还是属于在“原则上”的。其次，自从该《试点意见》出台后，一系列的政策、会议精神，都是在提倡在国企改革上有所突破，有所创新。比如2018年9月18号的八部委的《混改九条》关于员工持股的新规定指出，混改试点企业数量可以不受（国资发改革〔2016〕133号）规定的数量限制。很多媒体对于《混改九条》出台用的更多的标题是《八部委发文为混改清障，给员工持股松绑已成舆论所趋》。第三，现实中的诸多案例，在总量和个量的突破上，已经为后来的改革者提供了范本。比如江苏高投在毅达资本股份比例的设置上，比如深圳市国资委对深圳市某建筑设计企业的个量批复上，都大大突破了（国资发改革〔2016〕133号）的限制。

（3）策略要点：激励对象

国企混改员工持股中，大多数员工都可以参与到员工持股中，但是，上级委派领导因为岗位职责的特殊性，是不能参与员工持股的，比如党委书记等。

在确定激励对象时，我们可以用一个简单的企业人才模型来做判断。这个企业人才模型就是从两个维度去判断，一个维度是人才的价值，从低价值到高价值，一个维度是人才的稀缺性，从普遍到唯一。我们最应该激励的，是高价值且稀缺的核心人才；其次需要激励的，是低价值但稀缺的独特人才，以及高价值但不稀缺的通用型人才；而最不应该参加激励的，是既不能为企业创造价值，又不稀缺的那类员工。

另外，我们也可以通过岗位价值评估模型来确定衡量人才的相对价值，通过定性指标的相对量化评估，评估要素需要和评估人员的经验判断相结合；岗位价值评估包括 5 个核心因素、10 个维度、225 个衡量等级。

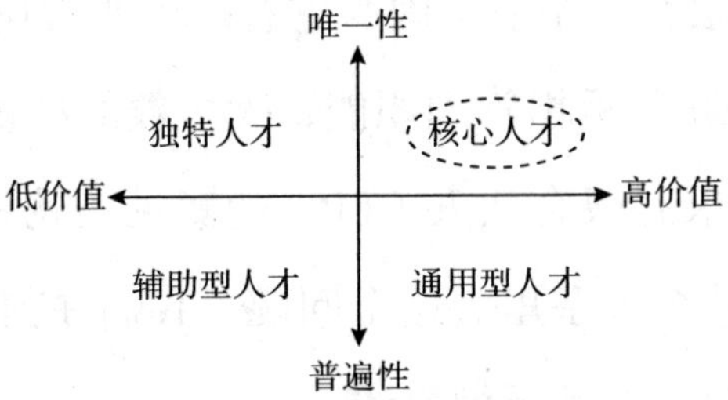

图 5-8　企业人才模型

表 5-2　岗位价值评估模型

因素序号	因素名称		权重	
			技能型	非技能型
一	影响	影响程度	20%	40%
		影响范围		
二	创新	创新要求	30%	10%
		创新难度		
三	管理	管理程度	10%	20%
		管理范围		
四	沟通	沟通对象	10%	15%
		沟通难度		
五	知识技能	知识广度	30%	15%
		知识技能水平		

（4）策略要点：持股方式

国资发改革〔2016〕133号文中，第三条“企业员工入股”第六点“持股方式”中提到，持股员工可以个人名义直接持股，也可通过公司制企业、合伙制企业、资产管理计划等持股平台持有股权。

一般只有少数核心员工，我们在做方案时会建议采用直接持股的方式，对于大多数情况，一般都采用间接持股。在间接持股里面，最常用的又是有限合伙企业。因为它有一个非常典型的优势，就是由普通合伙人（GP）承担管理职能，大多数的决议只需要GP同意即可，不需要征求有限合伙人（LP）的意见，就相当于所有LP的表决权只在GP一个人手里。这个问题，我们在前面差异化股权设计部分详细阐述过，在此不做赘述。

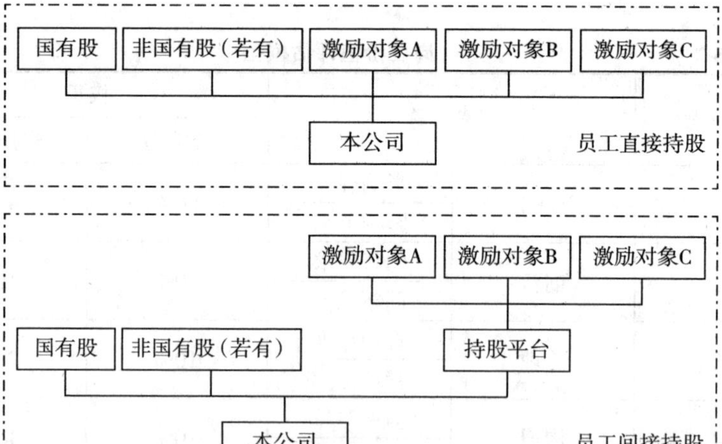

图5-9 直接持股与间接持股

（5）策略要点：退出机制

国企混改员工持股退出机制设计非常重要，对于国有资本保值增值下，如何对员工得到公允的股份退出回报需要慎重设计，同时对于国企员工而言，涉及到个人出资，在其退出时，员工利益也需要得到公正公平对待，因此，西姆对员工持股退出机制做系统充分设计，核心思路是：

① 周延设计各种退出情形，保障未来员工退股各种情形都有制度可依；

② 对于员工退股，（可以）退给“谁”的问题必须在退出保障和退出可能上说清楚，讲明白；

③ 退出节奏上，体现操作便利和员工管控要求，选择合适的退出时间和节奏。

上述三个要素都会影响退出价格，对于未溢价按净资产评估价格相对容易操作，对于有溢价的退出价格，非常必要做事前约定相关机制。

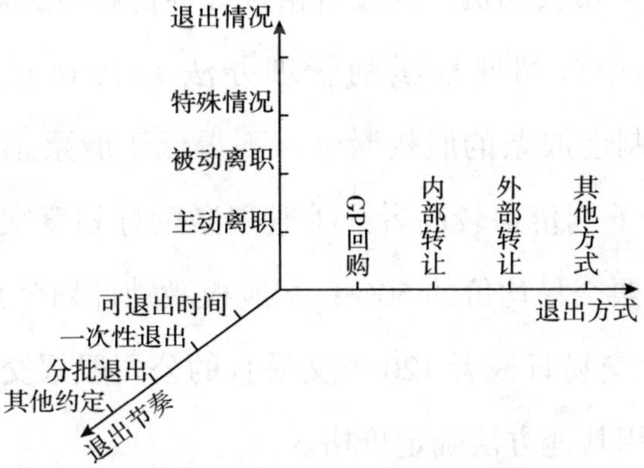

图 5-10　西姆股份退出机制三维模型

（6）实施要点：股份来源

国资发改革〔2016〕133号文第一条“试点原则”第二点“坚持增量引入，坚持增量引入，利益绑定”提到，主要采取增资扩股、出资新设方式开展员工持股，并保证国有资本处于控股地位。建立健全激励约束长效机制，符合条件的员工自愿入股。那么这也就基本确定了，在具体实施过程中，一般都采取增资扩股的形式。

（7）实施要点：授予价格

国资发改革〔2016〕133号文第三条“企业员工入股”第三点“入股价格”中提到，在员工入股前，应按照有关规定对试点企业进行财务审计和资产评估。员工入股价格不得低于经核准或备案的每股净资产评估值（涉及到应收账款、土地性质、行政性投资无效资产、其他等）。

国有控股上市公司员工入股价格按证券监管有关规定确定。

根据《上市公司股权激励管理办法》（2016证监会令第126号），对于限制性股票的股权激励，不得低于股票票面金额，且原则上不得低于下列价格较高者：①股权激励计划草案公布前1个交易日的公司股票交易均价的50%；②股权激励计划草案公布前20个交易日、60个交易日或者120个交易日的公司股票交易均价之一的50%。或者采用其他方法确定价格。

（8）实施要点：业绩条件

国资发改革〔2016〕133号文第一条“试点原则”第三点“坚持以岗定股，动态调整”中，要求“员工持股要体现爱岗敬业的导向，与岗位和业绩紧密挂钩”，因此单个混改主体员工持股“业绩条件”由混改企业与上级单位进行协商确定，一企一策。

另外要注意的是，不同的岗位应该设置不同的考核方式，不管是MBO，还是KPI，或是平衡计分卡，总之，要因岗定责，不能一刀切。针对不同层级的人，用符合他们层级和岗位的方法去考核他们。对于越高层的人，越要用目标管理，要追求结果，激发他们的主动性。对于中层和技术骨干，则要用动作管理，要标准化的完成业绩。

（9）实施要点：资金来源

国资发改革〔2016〕133号文第三条“企业员工入股”第二点“员工出资”中明确规定，员工入股应主要以货币出资，并按约定及时足额缴纳。按照国家有关法律法规，员工以科技成果出资入股的，应提供所有权属证明并依法评估作价，及时办理财产权转移手续。

实践中，员工持股的资金来源，以员工自筹资金方式最多。第一种方式是由员工全部出资；第二种方式是公司控股股东或者实际控制人为员工持股计划的参与者提供资金援助；第三种方式是设立资产管理计划，利用融资杠杆向第三方进行融资，比如江盐集团的员工持股计划；第四种方式是资金源于上市公司提取的奖励基金。

（10）实施要点：税务处理

对于个人所得税而言，如果是虚拟股等只有分红权的股票，就按照所得税缴纳即可。如果是实股，即股票期权、业绩股票（零对价取得）和限制性股票，则在国家税务总局2016年9月财税101号文中，特别对非上市公司的实股型股权激励计划中被激励员工的个人所得税处理做了较为清晰的规定。

4. 国有企业员工持股退出机制

1987年创办的娃哈哈集团，经历改制、合资等股权变动，成为一家全员持股的公司。但现在这个体现公平的全员持股制度却成为娃哈哈集团上市的最大阻碍。

按照公司法规定，除少数经中国人民银行批准的金融企业外，上市前持股股东不得超过200人，包括职工持股会在内的员工股东，否则一律不准上市。而根据网上流传的一份《杭州娃哈哈集团有限公司职工持股会股份回购协议》显示，乙方（股份回购方）是杭州娃哈哈集团有限公司职工持股会。乙方对此回购的每一股股份支付的全部对价共计3元，其中2元由乙方以特别分红回报的方式支付给甲方，1 元作为股份回购价。据华夏时报报道称，“目前，娃哈哈全部股东数量已经超过 15000 个”。

撇开娃哈哈当年的几乎全员持股给企业带来内生动力的提升且成就娃哈哈的快速发展不谈，撇开娃哈哈这样的股份给员工在工资奖金基础上带来的额外的福利导致留住员工的良好机制不谈，如今娃哈哈集团面临的上市困境显示，其当年在设计员工持股的退出机制上缺乏其周延性。

今天娃哈哈的员工如果拒绝退出娃哈哈的股份，哪怕只是企业中的一部分，或者娃哈哈在退股过程中不作“抽屉协议”，这些退股“钉子户”的行为一定成为娃哈哈上市的障碍之一。

由此看来，在新一轮国企改革过程中，特别是推行员工持股这一计划时，退出机制的设计，不仅仅关系到类似娃哈哈的国有企业将来是否能上市，更重要的还有其他各种因素。

（1）设计灵活的员工持股退出机制不仅有利员工，也有利公司

从 20 世纪经济学不断发展的理论和现代企业制度的要求来看，企业管理必须遵循通过生产要素的不断优化组合，来提高企业管理的效率和企业经营的效益。那种僵化的企业经营模式或者试图固化企业与劳动者关系的做法，只会导致企业经营效率的下降。

因此，在新一轮国企改革过程中，与其说去设计一个只进不退或者进易退难的员工持股制度，倒不如去设计一个科学的进退自由的员工持股制度更有利于调动员工的积极性和发挥员工的主动性。

首先，进退自由的员工持股制度设计，并不违背公司法规定或者其“维持资本不变”的原则。国企改革中的大部分或者绝大部分员工持股都不是直接持股，一般都是通过有限公司、有限合伙、资管计划或者信托持股等方式进行的间接持股。既然所谓的持股员工并不是标的公司的直接股东，而是通过持股平台间接持有公司的股份，因此在持股平台内部的进出，就不当然导致标的公司股东的变化，也就不导致标的公司资本的变化。娃哈哈的员工持股也是通过之前的持股会方式进行的，严格地说，退股不影响公司股东的变化，但进退机制，特别是进退条件和程序的缺失将导致娃哈哈或者类似企业退股具有潜在的风险。

其次，从调动员工积极性的角度去考量。我们知道，持股员工不仅仅具有劳动者或者管理者的身份，同时还具有股东身份。劳动者或者经营者之所以成为股东，是居于他们的身份，这也符合人力资本原理。所以，公司在授予其股份的时候，也是基于这样的逻辑思考。包括比如上市公司授予员工的限制性股票，甚至不低于股票市值的 50% 的价格，都是和员工身份有关。所以，这样的激励机制也要给员工有一个退出的通道，以增加他们所持股份的流动性，实现他们的财务自由。切勿给员工捆绑到死的感觉，这样反而挫伤其积极性，直接的结果是打击了他的参与性，以利益共享为目标的员工持股计划反而成了员工和公司之间纠纷的导火索。

第三，从公司利益角度出发。劳动者或者经营者的身份表明你是公司的员工，你在公司工作，这有别于并不实质参与企业经营管理性质的其他股东。但这样的身份具有一定的不确定性，也就是我们常说的“铁打的营盘流水的兵”。当初为了调动积极性而授予这些员工股份，而“员工”身份不存在了，公司丧失了对人力资本的所有，股份的及时收回，即员工股东身份的退出就显得理所当然了。否则，“人走股还在，股在还添乱。”

（2）设计员工股东的退出机制

我们说灵活的退出机制，不是指随意的退出机制，否则就失去了员工持股制度的科学性和严肃性。那么什么样的退出机制是我们考虑的范畴呢？一般情况下，我们会从下面三个维度去考量，即退出情形、退出方式和退出节奏。

① 退出情形。作为国有企业员工持股的政策依据，比较聚焦的文件有国资委印发的《关于国有控股混合所有制企业开展员工持股试点的意见》的通知（国资发改革〔2016〕133 号），该通知规定的退出情形比较简单：“持股员工因辞职、调离、退休、死亡或被解雇等原因离开本公司”等几种。实践当中，丧失员工身份的情形比较复杂。我们通常讲的退出情形，一般按照员工身份丧失的标准来分，包括主动性丧失股东身份、被动性丧失股东身份和特殊性丧失股东身份的三种情况。

主动性丧失股东身份的情形有：①持股员工在固定服务期届满后辞职的；②股员工因达到国家和公司规定的退休年龄退休而离职的；③持股员工因丧失劳动能力而离职的；④持股员工死亡、被宣告死亡或被宣告失踪的；⑤持股员工不能胜任所聘工作岗位，经公司董事会批准调离的或者解除劳动合同的；⑥其他非因持股员工过错而终止劳动合同的。

被定性丧失股东身份的情形有：①触犯法律的；②违反公司管理制度及规章解被除劳动合同的；③在固定服务期内主动辞职的；④其他失职或渎职造成严重损害公司利益的情形而被公司终止劳动合同的。

其他特殊性丧失股东身份的情形：①收受贿赂；②泄露公司商业秘密、知识产权相关的保密事项及关于员工持股计划的保密事项；③将被授予的期权抵押、担保或偿还债务的；④未经同意转让股权的；⑤违反与公司的竞业限制约定的；⑥采取提供虚假报表或文件、窃取他人商业秘密等违反法律的。⑦其他故意损害公司利益或声誉等严重违法、违纪行为。

针对以上不同的股东身份退出情形，应当结合公司实际，采取不同的退出方式和回购条件，将股份回转给公司或者将已持有的股份按回购价格回转给原转让方或其指定的第三方。

② 退出方式。在国企改革实务操作过程中，对于退出方式的设定，一般是持谨慎态度的。过去的司法实践表明，对于离职后是否属于享有员工持股的人员范围，有约定依约定，无约定一般不可以强制收回。比较新的一些政策性规定，比如沪府发〔2016〕48号文件——上海市人民政府关于批转市发展改革委等六部门制订的《张江国家自主创新示范区企业股权和分红激励办法》的通知规定，“禁

售期内，除不可抗力因素外，激励对象取得的股权，不得转让、捐赠。因个人原因离职或解除劳动合同的，激励对象因奖励取得的股权全部退回企业；激励对象其他方式取得的股权一般由企业回购；股票期权未行权部分自动失效。”类似这样的“一般由企业回购”或者“全部退回给企业”的规定比较原则或者缺乏可操作性，容易引起争议或者纠纷。所以，在实践当中，公司应当事先通过公司股权管理办法、公司章程的方式对于强制回购的退出作出相关规定或者约定的，以及在程序上符合法律、行政法规的情形，应属有效，公司办理相应的工商变更登记手续，员工应当予以配合。那么，员工持股的退出，接盘主体应当是谁呢？

第一，公司作为员工股份退出的接受主体。关于这一点，根据2018年《关于修改〈中华人民共和国公司法〉的决定》第四次修正案的第142条，“将股份用于员工持股计划或者股权激励”的，公司回购的期限做了较大幅度的修改。换句话说，公司法支持公司通过回购股份来实施员工持股或者股权激励，公司也可以成为股份持有者。

第二，大股东或者控股股东作为员工股份退出接受主体。这一点在民营企业当中不会成为障碍，但对于严格“防止国有资产流失”的国有企业，实施起来难度较大。特别是当企业的业绩走势不是太好的情况，管理层套利的嫌疑难以回避。

第三，管理层作为员工股份退出的接受主体。越来越多的混合所有制改革的企业，大多采取员工持股平台等间接持股方式，而这类间接持股方式中，有限合伙又被广泛采用。而在有限合伙企业里，类似国家发改委主导的东航物流的改革方案中，通过核心管理层成立有限责任公司来担任合伙企业的普通合伙人又是一个惯常的做法。于是，基于核心管理层的权利履行，适当的股份回购主体的义务担当也是合乎情理的。

第四，员工持股基金模式。面对深入开展的国企改革，员工持股越来越多地被采用，并成为混改标配动作。我们在某一国企改革中提出的员工持股基金模式，即由国有投资或者运营平台设立“国企改革员工持股基金”，既解决了国有资产流失的风险，也可以将用于未来激励的股权交其代持，方便了新人才的激励问题，还有一个好处就是赋予该代持平台的股权回购职能。

第五，持股员工之间的转让。这一行为，在不违反公司制度和股权激励管理办法的情况下，应当容许。但要注意持股对象之间的平衡。比如员工持股一般具有激励性质，和激励对象的职级、岗位价值或者贡献度成正相关关系。如果内部转让的结果使普通员工的股份比例超过公司总经理，这就不是这一制度设计所追求的结果。

③退出节奏。当退出情形出现，或者员工行为触发了退出条件，退出就成为必然。尽管这样，我们还应当主动设计退出的节奏，否则就容易产生随意退出情形。甚至应当把“持有”当做常规，“退出”作为例外来处理。

关于退出节奏的规定，很多政策文件都用了“禁售期”或者

“锁定期”加以限制。《关于国有控股混合所有制企业开展员工持股试点的意见》规定，“实施员工持股，应设定不少于36个月的锁定期。在公司公开发行股份前已持股的员工，不得在公司首次公开发行时转让股份，并应承诺自上市之日起不少于36个月的锁定期。锁定期满后，公司董事、高级管理人员每年可转让股份不得高于所持股份总数的25%。”类似《指导意见》这样简单化一，不足以解决实践中遇到的一些特殊问题的处置。

一般情形下，36个月的禁售期，不能不说是相对合理的，或者说对于一般性企业是相对合理的。但企业与企业之间存在千差万别，比如，所处行业不同，发展阶段不同，商业模式不同等，对于禁售期的规定，或者我们在设计退出节奏的时候，还是要考虑到这些因素的，这也符合“一企一策”的国企改革文件精神。

实践中，初创型企业，机制不健全，制度不完善，人员不熟悉，导致员工稳定性较差。对于这类企业，一定要设计一个36个月的锁定期，似乎不符合企业的实际情况，我们可以适当缩短其锁定期，比如24个月。而对于类似医药类企业，从研发到临床再到销售，产品周期长，客观上要求人才稳定，似乎36个月的锁定期难以支撑企业的长期发展，于是我们可以设定锁定期更长些，比如48个月，甚至72个月。

是一次性退出还是分期退出，这也是股权设计当初应当考虑的问题。这里我们不妨可以引进西方早已盛行的一种做法，即“股权绑定（vesting）”。就是将持股员工的股份与公司发展未来绑定，通过长期服务公司去赚取股权。就是说，股权按照持股员工在公司工作的年数，逐步兑现；或者你离开公司退出的股份，并不是你当初应当完成服务年限被授予的股份，而是你完成实际服务年限而得到的股份。道理很简单，公司是大家做出来的，当你到一个时间点停止为公司服务时，不应该继续享受其他股东接下来创造的价值。

当然，我们在设计退出节奏的时候，还要考虑公司融资节奏、并购或被并购的节奏和可能的上市节奏。总的来说，员工股份的退出节奏应当符合公司发展需要。

为便于操作，退出机制中应设立可操作的退出时间节点，比如持股协议何时生效，何时收回股权，何时支付股权转让款，何时办理工商变更登记时间，以及违反约定应承担的法律责任，以尽量避免员工股份退出过程中产生纠纷。

（3）退出价格的设计

严格地说，退出价格设计是退出机制的组成部分之一，但这里把其作为单独部分描述，主要是在实践中有其复杂性。

首先，持股价格是一个非常敏感的要素。2018 年 9 月 18 日，发改委等八部委联合下发《关于深化混合所有制改革试点若干政策的意见》（简称“混改九条”）。意见第一项就是关于“国有资产定价机制”：科学准确地对国有资产进行定价，是国有企业混合所有制改革的基础，是防止国有资产流失的重要手段。目前，国有非上市公司交易相关定价制度办法需进一步完善，有关部门要加快研究修订《国有资产评估管理办法》，严格规范国有资产评估程序、细化评估方式、强化监管和法律责任追究、强化违法失信联合惩戒，有效防止国有资产流失。对于按规定程序和方式评估交易的国有资产，建立免责容错机制，鼓励国有企业推动混合所有制改革。该意见表明，第一，目前的《国有资产评估管理办法》已经不适应新一轮国企改革的客观需求，特别是国有非上市公司；其次，为了寻求国企改革的发展路径和加快国企改革的步伐，建立免责容错机制实属必然。

其次，现有政策对国有资产的定价标准过于单一。比如，《中共中央、国务院关于深化国有企业改革的指导意见》（中发〔2015〕22号）规定的入股价格："在员工入股前，应按照有关规定对试点企业进行财务审计和资产评估。员工入股价格不得低于经核准或备案的每股净资产评估值。"意见规定的转让价格是这样的，员工股份"转让给国有股东的，转让价格不得高于上一年度经审计的每股净资产值"。这一规定也在一定程度上形成对国企改革的困扰。

可以负责任地说，这样简单地以"每股净资产评估值"来衡量和确定公司股份的价值，是极不合理的，实际当中也难以操作。

比较典型的是，对于那些传统行业，特别是传统制造行业，用每股净资产来衡量其股份的价值也许具有一定的合理性，但对于新产业、新业态、新商业模式类企业，用净资产来确定股份价值显然是不符合企业客观实际的。

第三，公司实际价值和账面价值之间的差异问题，这也是政治经济学当中价值和使用价值之间的辩证关系问题。撇开公司是采取净资产标准还是通过其他方法评估出的账面价值不谈，在国企改革过程中，该评估价值（价值）是否能够通过交换（流通）而反映出该企业的实际（使用价值）价值，这是一个突出的矛盾。多少年来，国企仓库里有很多存货，我们宁愿烂了，也不愿去及时处置。因为烂了还在账面上，反映该“资产”的存在；如果你处置了，就会因为形成“损益”而承担资产流失的风险和责任。同样的道理反映到今天的国企混改上，实际价值远远低于账面价值的国有企业，如何确定员工持股（包括引进战投）的进入价格或者退出价格，是我们需要直面的问题，更需要我们的理念有所突破，不能整天穿着“皇帝的新衣”。

第四，关于“退出情形”，我们应当遵循退出价值导向。即根据退出的原因和过错原则，去设定退出价格和严格执行退出价格的约定。比如，因为固定服务期限届满辞职的，其退出价格应以适当有利于该员工去设定；在服务期限内辞职的，甚至是因为违反法律、公司规章制度而被解除劳动合同的，则价格设定应当有利于公司的原则等。

回到操作层面，我们在设计员工持股退出价格机制上，应当把握以下几个方面。

① 原则上，现有政策有关“净资产价格”的规定要尽量遵循，不宜轻易去突破。该价格规定，原则上用于传统类企业，当然我们应该发挥评估机构的专业判断能力，而不是我们去想当然估计公司

的价值。

② 针对不同类型的公司，应该实事求是地运用科学合理的手段通过专业机构去确定公司的评估原则和方法，在员工持股方案当中预先约定其退出价格或者确定方法。

③ 要用动态的眼光去设计员工持股的退出价格。我们曾经遇到的一个案例。该公司是一个芯片制造企业，在 B 轮融资后实施员工持股计划。围绕退出价格，讨论相当的热烈。比如，完成 D 轮融资后的员工退出，应当采取哪个价格。开始很多人认为，当然是 D 轮价格了，毕竟有一个已经成交的公允价格。但有人提出如果 D 轮融资后公司发展态势走弱，用 D 轮融资的价格让员工退出，显然不尽合理。于是，我们又围绕如何界定公司走势是往上还是往下问题进行了广泛的讨论并进行了参数设定。最终达成的一致是，如果公司走势向上，则按照 D 轮融资价格大股东回购；如果公司走势往下，则大股东按照 D 轮之前的 C 轮融资价格回购。这样，大家认为相对合理，方案最终顺利通过。

④ 公司估值不是退出价格的唯一标准。在设定退出价格的时候，运用"净资产价值"或者其他估值方式固然常见，但不是唯一。除了这些方法之外，比如员工的授予价格或者加上资金成本也是一种方式，或者进入价格和净资产价值择一最高或者最低者等。

以上有关国企改革当中员工持股退出机制的一些粗浅认识，是我们在国企改革操作实务中的心得体会，旨在与有志于国企改革的读者进行交流，并希望和大家一起商榷。

三、宝武钢铁：多层次股权激励体系

近年来国家大力推进国有企业混合所有制改革，通过引入非公有资本，借力产权主体多元化，发挥非公有资本的“催化剂”作用，进而促进国有企业管理机制转变。然而从现实情况来看，部分改制后的国有企业并未摆脱发展困境，原有的管理机制并未产生实质性的改变，“引资本”的效果未达预期。

国企职工是国有企业的利益主体之一，当国企改革力图将国有企业改造成纯粹企业并推之于市场之中，必然要对职工原有的利益及其结构予以梳理和调整，而历来改革往往通过行政渠道自上而下地推行，较少将国企职工利益纳入改革框架，而正是由于缺少了职工的拥护与参与，部分改革往往最终以失败告终。

为最大程度地保证改革成功，应当夯实国企改革的群众基础，使国企职工成为国企改革的基本力量。实践中，中国宝武钢铁集团（以下简称“宝武集团”）从职工参与企业产权多元化入手，探索多层次股权激励机制，为当前国企改制提供了一个可借鉴的市场案例。

1. 宝武集团基本情况

中国宝武钢铁集团有限公司由原宝钢集团有限公司和武汉钢铁（集团）公司联合重组而成，于 2016 年 12 月 1 日揭牌成立，采取上海、武汉“双总部”模式。注册资本 527.9 亿元，资产规模 7395 亿元，产能规模 7000 万吨，位居中国第一、全球第二，是国有资本投资公司试点企业。2018 年，宝武集团继续保持行业领先地位，实现钢产量 6725 万吨，营业总收入 4386 亿元，利润总额 338 亿元，位列《财富》世界 500 强第 162 位。

中国宝武以“成为全球钢铁业引领者”为愿景，以“共建高质量钢铁生态圈”为使命，以“诚信、创新、协同、共享”为价值观，致力于通过改革和发展，构建在钢铁生产、绿色发展、智能制造、服务转型、效益优异等五方面的引领优势，打造以绿色精品智慧的钢铁制造业（成为中国第一、世界领先的精品钢铁制造服务商）为基础，新材料产业（打造宝武第二大制造类产业板块，致力于成为集研发、制造、加工服务于一体的综合材料供应商和解决方案提供商）、贸易物流业（提供开放的 B2B 交易平台和智慧物流服务平台，成为构筑高质量钢铁生态圈的重要一元）、工业服务业（为工业企业和城镇化绿色发展提供专业化解决方案及服务，成为工业服务业的引领者）、城市服务业（为集团新材料、产业金融等业务发展提供载体和服务，成为中国领先的产业园区综合开发、运营和配套服务商）、产业金融业（做供应链金融服务商；做产业协同价值的创造者；做钢铁行业转型升级的驱动者）等相关产业协同发展的格局。"一基五元"产业板块形成若干个千亿级营收、百亿级利润的支柱产业和一批百亿级营收、十亿级利润的优秀企业，2025年钢铁板块实现"亿吨宝武"，2035年集团公司实现"万亿营收"。

2. 实施股权激励的目的

（1）提高公司业绩

实行股权激励，可以让员工拥有本公司的股权，具备了分享公司利润的权利。公司的收益与损失，与员工自身的利益有了密切联系，会大大地提高员工的工作积极性、主动性以及竞争性，促进员工进行技术创新和管理创新，从而使得企业的经营业绩和核心竞争能力得到稳步提升。

（2）建立起企业利益共同体

实施股权激励，可以使企业员工成为公司的股东，这就使得企业的所有者与员工之间的利益趋于一致，使得员工的努力与企业的发展紧密相连，能够进一步减少因为利益冲突而造成互相之间的矛盾、对立，以及因此造成的对企业整体利益的损害。

（3）遏制经营者的短视行为

实施股权激励，公司会以其股票升值所产生的差价收益作为对经营者的一种奖励，让经营者的利益与公司的经营业绩联系到一起，更关注公司的长远发展，有效减少经营者注重短期财务表现的短视行为，为未来发展做长远规划和科学决策。

（4）降低企业的成本压力

实施股权激励，企业可以通过持股经营、奖励股份等手段来激励公司员工，使员工的工资、奖金等现金类的报酬大为减少，降低了企业的成本，减少企业现金流的压力。

（5）有效吸引优秀人才，留住核心员工

实施股权激励，是吸引和保留人才最有效的手段，让员工可以分享企业经营发展所带来的收益，大大提升员工工作的积极性以及对公司的认同感，对员工更具有吸引力。

3. 股权激励的影响因素

（1）方案设计

股权激励的方案设计是至关重要的，对股权激励的实施与效果都会产生显著的影响。合理的方案设计，会使得股权激励的顺利实施事半功倍。

（2）公司资本结构

资本结构对公司实施股权激励有着显著的影响。公司的资产负债率越高，经营风险也就会越大，在实施股权激励后，公司业绩的提升也就越明显。所以，在实施股权激励时要充分考虑到公司的风险状况。

（3）公司业绩

经营者持有公司股份，会使得经营者与股东拥有共同利益，形成经营者与股东的目标一致化，使得经营者尽心尽力的工作，促进提高公司业绩。而公司业绩的提高，也会反过来促进股权激励的实施。

（4）考核指标体系

公司股权激励的考核指标体系越完善，方案的实施也就会越顺利，这对于公司股权激励方案的健康发展至关重要，对于公司业绩的提升也至关重要。

4. 多层次股权激励机制

表 5-3　多层次股权激励体系

企业名称	企业类型	股权激励计划
宝钢股份	上市公司	限制性股票激励计划
宝信软件	上市公司	限制性股票激励计划
欧冶云商	非上市公司	“混改”员工持股

（1）宝钢股份

2006年12月，宝钢股份公告了《A股限制性股票激励计划（草案）》，成为第一家严格按照该办法设计激励方案的央企控股上市公司。但随后而来的金融危机，导致钢铁价格大幅度回落，行业业绩提升基本成为空想，同时资本市场及监管政策与方案刚刚推出时相比亦发生了较大变化，公司难以在原激励方案的基础上进行调整修改，不得不终止原方案。

2014年宝钢股份重启股权激励计划，以期助力公司顺利度过钢铁业寒冬。2014年5月，宝钢股份完成了限制性股票的授予工作，136名激励对象以每股1.91元的价格认购了公司4744.61万股限制性股票。激励对象占员工总量3.78万人的0.36%，且基本全部为上市公司管理层及公司二级单位负责人，并未包含中层及以下公司员工。当时的股权激励，约束作用更大，公司及子公司领导层以人均出资66万元的代价实现了与公司利益的深度绑定，彰显出公司领导层与公司共进退的发展信心。

2014年国有上市公司需要通过国资委及证监会的双重审批方可实施股权激励计划，因此该方案带有浓重的审批痕迹。方案设置多重参数和条件，加强了方案的约束性，提高了激励对象收益的兑现难度。

2015年公司未完成激励计划设置的业绩考核条件，激励对象获授限制性股票的三分之一由公司以原价回购，激励对象并未获得预期收益。2016年及2017年的业绩却实现了大幅度攀升，顺利完成了激励计划制定的业绩考核目标，公司市值得以稳步提高，资本市场也及时兑现了激励对象应获得的预期收益，实现了公司与激励对象的双赢，证实了实施股权激励这一决策的正确性。

2014 年股权激励计划的成功实施使集团管理层充分认识到了股权激励这一机制在提升公司治理、提高国企职工工作积极性的方面的有效作用，因此在激励计划最后一个考核年度即将结束之际，公司于 2017 年 11 月公布了第二期 A 股限制性股票计划，形成了对首期激励计划的有效衔接。与 2014 年相比，第二期激励计划明显扩大了激励范围，激励人数达到千人以上，同时简化了业绩考核指标设置。

表 5-4 业绩考核指标

激励计划	主要内容
首期	吨钢经营利润、EVA、利润总额、营业总收入、EOS
第二期	吨钢 EBITDA、EVA、利润总额、宝武协同效益

二期激励计划将向激励对象定向增发公司 17764.46 万股 A 股限制性股票，首次授予不超过 1080 名激励对象 16764.46 万股，授予价格为 3.99 元 / 股，同时拟预留 1000 万股授予后续符合激励条件的对象以及新任职核心员工。这一激励计划将以 2018 年至 2020 年为业绩考核期，并在 2019 年至 2021 年三年内匀速解锁。

（2）欧冶云商

根据 2016 年 8 月国务院国资委《关于国有控股混合所有制企业开展员工持股试点的意见》（国资发改革〔2016〕133 号）精神，国企员工持股必须获得试点资格方可实施。集团管理层迅速看清了改革形势，抓住时机申请试点资格，欧冶云商最终成为 10 家国资委中央企业首批员工持股试点之一，也是其中唯一一家具备新兴行业背景并处于战略孵化期的企业（平台型互联网企业）。

2017 年 2 月，宝钢股份六届十五次董事会审议批准了下属欧冶云商股份有限公司增资扩股引入外部投资者及核心员工持股的方案，即增资扩股规模不超过 102856.8 万股，引入不超过 8 家战略投资者以及核心员工持股平台，合计持股比例不超过 30%。欧冶云商增资扩股后总股本不超过 342856.8 万股，宝钢股份及其下属宝钢国际合计持股比例同比例稀释至不低于 35.7%。

欧冶云商选择了北京首钢基金有限公司、本钢集团有限公司、江苏沙钢集团有限公司、普洛斯投资（上海）有限公司、北京建信股权投资基金（有限合伙）和三井物产株式会社等国内外知名企业成为股东，为平台导入更多优质资源，平台的市场化属性显著提升，治理机制和决策机制得到进一步完善。

上海欧玑企业管理中心（有限合伙）作为欧冶云商员工持股平台，持有欧冶云商股权开放后 5% 股权。欧冶云商通过员工持股在混合所有制改革中同步建立了员工与企业风险共担、利益共享的长效的激励机制，为公司的快速发展注入内在的活力和动力。欧冶云商投后估值 34 亿元，6 级以上核心岗位的技术、业务管理人员 126 名（均为欧冶云商及其下属控股子公司的董事、高级管理人员、核心技术、业务骨干）共计支付购股款 1.7 亿元，认购欧冶云商新增注册资本 16666.67 万元，认购 5% 的公司股份。

欧冶云商员工通过两级有限合伙企业平台间接持有公司 5% 股权。一级持股平台为上海欧玑企业管理中心（有限合伙），二级持股平台为上海飘翔高举伯企业管理中心（有限合伙）、上海飘翔高举叔企业管理中心（有限合伙）、上海飘翔高举仲企业管理中心（有限合伙）。上述持股平台均由上海飘翔高举企业管理有限公司担任执行事务合伙人并承担无限责任，其他合伙人以出资额为限承担有限责任。

欧冶云商将员工持股额度分为11档，分别为9万元、11万元、16万元、19万元、23万元、27万元、30万元、34万元、43万元、47万元、55万元。员工持股额度总计为2273.157381万元，与上海欧玑企业管理中心（有限合伙）实缴出资相同，剩余14393.51万元认缴出资将分期缴付到位。

本轮股权开放及员工持股完成后，外部投资人合计持股23%，员工持股5%，宝武集团持股35.28%，宝钢股份和宝钢国际合计持股比例从51%降至36.72%。

欧冶云商的业绩整体向好，正在从战略投入期逐步到现在有希望实现单季盈利乃至全年盈利。数据上的体现是，2017年欧冶云商完成降本增效6043万元，2018年上半年完成降本增效3384万元。通过业务整合，压减下属子公司独立法人2个，子公司部门总数从46个调整为27个，优化率为41%。2018年比2017年的流量（GMV）增长了76%，人均流量增长了1.6倍。2017年，欧冶云商经营业绩实现持续快速增长，平台总交易量（GMV）达到6815万吨，行业名列前茅。

（3）宝信软件

宝信软件倚重传统钢铁产业，但近年来钢铁产业处于转型期，受宏观经济结构调整影响，包括钢铁行业在内的制造业整体景气度有较大下滑，信息化开发需求减少，软件开发及工程服务收入及毛利率逐年下降。

表 5-5　　宝信软件收入及毛利率变动　　单位：亿元

2014 年		2015 年		2016 年		2017 年	
收入	毛利率	收入	毛利率	收入	毛利率	收入	毛利率
31.37	26.51%	29.82	22.57%	28.86	23.70%	33.46	21.83%

为促进公司业务顺利转型，近年宝信软件不断加大对 IDC 等新型业务的投入，但公司面临激烈的行业竞争环境，面临内部人才持续流失的压力，公司未来发展依然面临较大的不确定性。在这样的背景下，宝信软件借鉴母公司宝钢股份的成功经验，于 2017 年 12 月推出了首期股权激励计划。

表 5-6　　股权激励计划业绩考核目标

解除限售期	业绩考核目标
第一个	2018 年度净资产收益率不低于 8%，且不低于同行业对标企业 75 分位值水平； 2018 年度较 2016 年度净利润增长率不低于 50%，且不低于同行业对标企业 75 分位值水平； 2018 年主营业务收入占营业收入的比重不低于 90%。
第二个	2019 年度净资产收益率不低于 9%，且不低于同行业对标企业 75 分位值水平； 2019 年度较 2016 年度净利润增长率不低于 80%，且不低于同行业对标企业 75 分位值水平； 2019 年主营业务收入占营业收入的比重不低于 90%。
第三个	2020 年度净资产收益率不低于 10%，且不低于同行业对标企业 75 分位值水平； 2020 年度较 2016 年度净利润增长率不低于 110%，且不低于同行业对标企业 75 分位值水平； 2020 年主营业务收入占营业收入的比重不低于 90%。

宝信软件2017年12月8日发布公告，拟向激励对象授予不超过780万股限制性A股股票，占总股本的1%（实际授予778万股），授予价格为8.6元/股，授予后该部分股票有2年限售期和3年除限售期。该计划涉及对象不超过350人，其中1/3为管理人员，2/3为技术骨干（实际授予333人，其中包括董事长在内的高管9人，二级公司领导、核心技术、业务、管理骨干324人，占公司总人数8.12%）。业绩考核目标为2018～2020年，三年净资产收益率不低于8%、9%、10%，净利润较2016年增速不低于50%、80%、110%，且ROE与利润增速均不低于同行业对标企业75分位水平，此外要求各年主营业务收入占总营收比例不低于90%。

四、江苏高投：国资投资基金股权激励模式

国资PE以市场化为主要依据的投资行为，参与到需要混改的国企项目中，在当下国企混改进程中具有非常重要的积极意义。国资PE是具有一定的政府战略意图背景，不完全是“唯利是图”，这有助于使混改（含有非公有资本成分在内）沿着正确的轨道发展。国资PE在资金支持、品牌建设、资源对接、项目来源等诸多方面，

也拥有不可比拟的优势。但是国有背景却带来了政府责任与投资机构强调市场化运作的矛盾，国企投资决策干涉制度与PE高效率决策之间运作、国有资产保值增值的业绩考核与风险投资J型收益曲线也存在矛盾。此外，在激励机制方面，市场化PE也让国资PE望尘莫及。诸如傅哲宽离职达晨创投，许小林加盟华盖资本等。越来越多的知名实力派投资人，用单飞的方式表达对国资背景的失望，而随之一个老生常谈的话题又浮出水面——国资PE如何通过股权激励模式留住实力派投资人。

1. 江苏高投的股权激励模式

江苏高科技投资集团有限公司是一家国内设立的省级专业化创业风险投资机构之一，是省委省政府着力打造的以股权和创业投资方式支持科技创新创业、助推战略性新兴产业发展的专业化平台。江苏高投致力于做政府战略布局的抓手，已经成为国内以产业金融、科技金融、文化金融为核心能力的现代金融投资集团。集团主营业务包括：以天使投资、创业投资和并购投资等业务为主的私募股权和创业投资；以投资于券商、银行、保险、小贷公司和担保公司等业务为代表的大金融领域战略投资运营业务；以专业化方式管理文化基金、战略新兴产业基金、现代服务业基金等为代表的政府资金专业化管理业务；以整合资源，运作江苏人才创投联盟、江苏人才创新创业路演中心和人才系列基金等平台的服务人才创新创业业务。

集团目前拥有200多人的股权和创业投资专业化团队，在国内重点区域设立了分支机构，并有股权投资领域的国家级博士后工作站；截至2017年底，累计组建了87只不同定位的股权投资基金，管理资本规模超过860亿元，累计投资支持了700多家创业企业，助推132家企业在境内外资本市场成功上市、借壳或并购重组。

江苏高投充分发挥了国资PE优势，规避了国企投资决策干涉制度与PE高效率决策之间运作、国有资产保值增值的业绩考核与风险投资J型收益曲线之间的矛盾。混合所有制的推行，尤其是员工持股，为江苏高投的转型打开了思路。作为江苏高投集团新的基金管理平台，毅达投资的股权结构中，江苏高投持股35%，江苏高投的部分管理人员持股甚至高达65%。

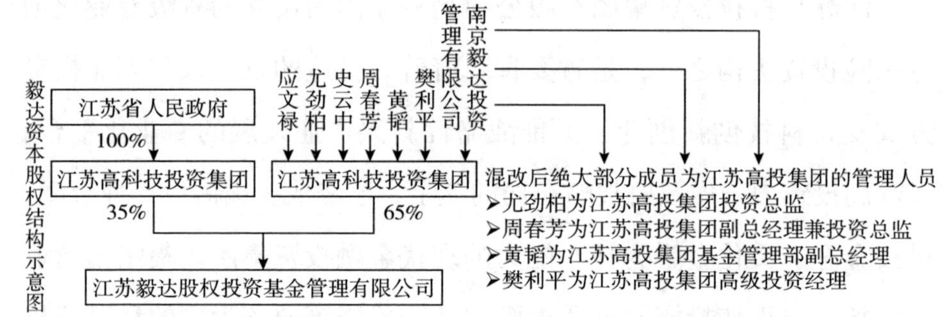

图5-11　基金管理平台毅达股权投资公司股权架构

江苏高投2014年2月成立了江苏毅达股权投资基金管理公司，注册资本600万元，法定代表人为江苏高投集团副总应文禄。在毅达投资的股权结构中，江苏高投持股35%，南京毅达资本管理企业（有限合伙）持股65%。其中南京毅达的合伙人为江苏高投的高管尤劲柏、史云中、周春芳、黄韬、樊利平和南京毅达投资管理有限公司。南京毅达投资管理有限公司的股东为黄韬和樊利平，注册资本为 8 万元，法定代表人也是应文禄。

上述持股结构是一种典型的方便利润分配的嵌套型持股结构：南京毅达投资管理有限公司为南京毅达资本管理企业（有限合伙）的 GP，南京毅达资本管理企业（有限合伙）又成为江苏毅达股权投资基金管理公司的股东。毅达投资将作为新的 GP，去市场上募集资金并成立相应的有限合伙企业。

而分析南京毅达资本管理企业的合伙人不难发现，绝大部分成员为江苏高投集团的管理人员。其中尤劲柏为江苏高投集团投资总监，周春芳为江苏高投集团副总经理兼投资总监，黄韬为江苏高投集团基金管理部副总经理，樊利平为江苏高投集团高级投资经理。

江苏高投集团董事长兼党委书记徐锦荣就曾对媒体表示："市场上像我们这样的管理者，年薪是 500 万 ~ 1000 万，但我们却只能拿 30 万 ~ 40 万，差距太大，这是对人的不尊重，是对有成效的经营者的价值不认可。"徐锦荣认为，这种薪酬制度是国有创投机构大佬们纷纷出走的根本原因。"如果国有体制下的创投管理机制长期不能市场化、国际化，可能国有创投就不存在了，投资管理机构主要靠人，人一走就什么都没了。"

按照 PE 业内普遍采用的利益分配原则，GP 管理公司在获得管理费之外，主要的利润来源是 Carry，即基金到期后，GP 管理公司获得基金管理收益 20% ~ 25% 的分成。由于 GP 管理公司本质上是一群人的集合，所以这部分 Carry 一般人由合伙人及较为资深的员工分享。这是 PE 基金最典型的激励方式，目的是为了使 GP 管理人和 LP 出资人利益保持一致。但由于国有 PE 中，基金管理公司主要是由国有股东持股，国有股东通过股东分红拿走了大部分管理费和 Carry，发到管理团队的奖金则极少，同时还要经过股东会的审批流程。而一旦管理团队参股到基金管理公司，情况则完全不同。管理团队不仅能够获得相应部分的基金管理收益（管理费和 Carry），还能通过跟投旗下基金或项目的方式获得超额收益。

2. 江苏高投的总结推广

从江苏高投混改中的员工持股结果看，有几点值得总结推广。

① 内部激励机制完善。尤劲柏、史云中等原江苏高投的一批业务骨干从“体制内”身份中“解放”出来，获得市场化收益激励的同时拥有一定股权。

② 内部治理结构完善。集团虽不控股但占主导地位，既解决了国有创投机构不能做有限合伙制基金的障碍，同时在需要三分之二以上持股权表决的重大事项上，集团具有一票否决权，保证了国有资本的控制力。

③ 营业收入快速增加。混改后，毅达资本资管规模三年增长了 10 倍（截至 2016 年）。

不过，尽管如此，像江苏高投这样由管理团队持有基金管理公司的大部分股权，是国有 PE 改制的十分大胆和少见的做法。一般国有创投为激励高管，高管仅占少数股权。例如，达晨创投于 2008 年成立的子公司达晨财智创业投资管理有限公司，达晨创投持股 55%，管理团队则分享剩余 45% 的股权。

五、某电子口岸公司：人才是重中之重

某电子口岸有限公司的混改及股权激励项目是西姆股权激励研究院于 2018 年四季度受邀主导参与的，在整个项目推进过程中，有亮点也有困难。在此作一回顾性的小结，是颇有借鉴意义的。

1. 企业股东纷杂，没有绝对控股股东

该电子口岸公司成立于 2007 年，是在市政府的全力支持下，经过完整的市场化运作，由 A 物产控股有限公司、B 物流中心有限公司、C 海关机关服务中心、中国电子口岸数据中心 D 中心、港务集团有限公司、E 技术服务有限公司、F 工程有限公司七家政府部门投资的国有股份制企业。

表 5-7　　该电子口岸混改前股权结构

序号	出资人	出资额（万元）	占比（%）	备注
1	A 物流中心有限公司	177	29.5	其中代持海关 12.5%
2	B 物流中心有限公司	102	17	非公资本（包含 48% 国有资本）
3	E 技术服务有限公司	90	15	国检局
4	港务集团	75	12.5	
5	中国电子口岸数据 D 中心	75	12.5	
6	F 工程有限公司	54	9	海事局
7	C 海关机构服务中心	27	4.5	海关实际持有 17%

该电子口岸公司承担了电子口岸的建设、维护和运营任务，构筑电子政务、电子商务、电子物流三位一体的跨部门、跨行业、跨地区的口岸公共信息平台，提供与口岸通关、物流贸易相关的信息化服务。多年经营过程中，运用现代信息技术，整合口岸资源，集聚商贸信息，再造通关流程，完善数字化、智慧型的综合服务功能，先后建设了“一个门户”“多个应用”“一个数据中心”，平台受众涵盖以港口业务为主的企业、政府单位，为该地区企业提供一站式服务，包括进出口业务咨询、政策咨询，大通关平台操作指南、故障受理，企业信息化整体解决方案等技术性外包服务。

该电子口岸公司以船舶、通关、危化品管理等软件系统开发服务、码头监控等硬件工程及运维、电子口岸平台及中国电子口岸会员服务运营等为主要收入来源，其中软件系统开发服务占较大比例。以整合口岸公共物流、打造通关一体化，完善物流商贸环节、打造智慧供应链，大数据分析管理及智慧安全云平台等重点项目为目标。

2. 股权激励的核心目的：留住人才

该电子口岸公司作为互联网企业，需要供应链的技术人才和业务专家，妥善处理政务服务与商务创新，保持全国领先、省内一流的地位，保持持续竞争能力，目前人才队伍全部来自于社会招聘，人员投入成本较大、流动性强。现有运作机制与资金、资源严重不匹配，人员投入成本巨大，市场资源缺乏，且股权分散、性质的定性模糊，影响了可持续发展进程。实施体制机制改革，可以有效缓解公司资金周转、留住核心人才、增强企业活力。

由政务类信息服务平台转型为互联网信息服务平台过程中，需要聚集大量科技类技术人才，通过股权激励使员工持有公司股权，符合国家创新驱动发展的战略要求。随着服务产品附加值的不断提升，竞争优势的愈发显著，经营情况的持续向好，将在合适的时机寻求融资以及上市机会，从而达到获得募集资金投资信息化项目建设、优化企业财务结构、提升品牌效应、股东和投资方实现资产增值的作用。

① 通过股权激励，推动国企混改，实现体制机制改革。加快完善法人治理和现代企业制度，推动企业建立规范董事会制度。推动企业深化劳动用工和收入分配制度改革，积极探索市场选聘职业经理人制度，建立与市场紧密接轨的考核和奖惩退出机制。

② 激发核心管理和技术（业务）骨干，有效提升核心团队凝聚力和核心竞争力。通过让经营者持有一部分股权，使资产所有权与

经营权部分合一，使核心骨干与企业结成利益共同体，刺激经营者创造优秀业绩，使核心骨干的长期利益与企业的长远发展紧密结合在一起，从而建立有效的激励和约束机制。

③ 稳定经营管理团队，确保公司经营目标的实现。通过持股的方式为经营管理团队提供事业平台，建立起契约收入与资本收益相结合的分配模式，进行长期利益绑定，保持优秀的人才优势，调动员工的工作积极性，留住核心人才，形成事业共同体、命运共同体，激发经营管理团队的创造热情，确保公司经营目标的实现。

3. 方案设计的重点内容

以员工持股的有限合伙企业参股。通过增资扩股使新股东占比40%。经稀释后国有股份合计占比 54.7%。

表 5-8 该电子口岸混改前股权结构

出资人	出资额（万元）	占比（%）	国有比例（%）	国有占比（%）	增资扩股后国有比例（%）
A 物流中心有限公司	177	29.5	100	29.5	17.7
B 物流中心有限公司	102	17	48	8.16	4.9
E 技术服务有限公司	90	15	100	15	9
港务集团	75	12.5	100	12.5	7.5
中国电子口岸数据 D 中心	75	12.5	100	12.5	7.5
F 工程有限公司	54	9	100	9	5.4
C 海关机构服务中心	27	4.5	100	4.5	2.7
合计	600	100	–	91.16	54.7

① 股权结构。增资扩股后，国有资产股份占公司总股本 54.70%，保留国有资本控股地位。第一期员工持股释放 13.39%，预留 26.61%。

② 持股对象。根据 133 号文，试点原则（三）坚持以岗定股，动态调整。结合市政府意见，本次持股针对管理、技术、业务岗经理级以上相关人员激励，采取自愿参与原则，目前参与人数为 16 人，并做了股份预留。

③ 股份来源。根据 133 号文，试点原则（二）坚持增量引入，利益绑定。结合市政府意见，通过增资扩股，由持股对象出资购买的方式获得股份。

④ 持股方式。根据 133 号文和市政府意见，公司员工组建持股平台，参与公开竞价摘牌的方式受让股份。

⑤ 持股价格。133 号文明确指出员工持股的入股价格规定。确定审计和评估基准日为 2018 年 10 月 31 日。最终，通过苏州产权交易所公开挂牌交易确定持股价格。

⑥ 持股数量。根据 133 号文，员工持股比例应结合企业规模、行业特点、企业发展阶段等因素确定。总量原则上不高于公司总股本的 30%。行业经验，知识密集型和科技密集型企业在发展阶段，企业资产价格不高，为了留住人才会设置较大的持股比例。结合市政府意见，本次员工持股总量设置为公司总股本的 40%，单一员工持股比例不高于 1%。

另外，建立清晰的股东会和董事会的管理架构，股东会权限适当转移至董事会，在保证股东会重大事项决策权的前提下通过董事会提升日常工作的决策效率；强化董事会的职能，建立高效的管理架构，降低公司的管理成本；根据现代企业管理模式，设置由7名成员组成的董事会（3名股东董事，由原股东推选；2名外部独立董事，为规范建立薪酬与考核委员会和审计委员会而设置；1名职工董事，由职工代表大会推选；1名持股员工董事，由持股员工推选）、3名成员组成的监事会（2名国有股东监事，由原股东推选；1名职工监事，由职工代表大会推选）。

六、某建筑设计总院：两突破、三步走

1. 原有方案存在的问题

南方某城市建筑设计研究总院有限公司始建于1982年，为该市直属的大型国家综合甲级设计院。建院二十六年来，伴随着该市的发展而不断成长，从一个只有几十人的设计室发展到拥有从业人员近2700人的大型综合设计院，其中中国工程院院士1人，全国工程勘察设计大师1人，教授级高级工程师8人，高级工程师236人，工程师343人，助理工程师563人。国家一级注册建筑师98人，国

家一级注册结构工程师 89 人，国家注册电气、公用设备、造价工程师 55 人，国家注册规划师 7 人。高级职称 245 人，中级职称 296 人，初级职称 473 人。技术力量雄厚。

该建筑设计研究总院有限公司下设第一、二、三分公司，城市环境设计研究所、建设监理公司、建筑工程咨询有限公司、物业管理有限公司及直属设计部所，驻外机构有重庆分公司、武汉分公司、北京分公司、合肥分院、成都分公司。主要从事各类民用及工业建筑设计、装饰工程设计、城市规划编制、施工图设计文件审查、建筑科学技术研究、建筑新材料新技术推广和应用以及建设工程监理、造价咨询等业务。企业拥有建筑行业（建筑工程）甲级、城乡规划编制甲级、市政行业（给水工程、排水工程）乙级、风景园林工程设计专项乙级、工程咨询（建筑）乙级、全国首批 40 家全过程工程咨询试点企业等资质，未来发展空间非常巨大。

2018 年初，西姆股权激励研究院通过公开招投标的方式承揽该建筑设计总院股权激励项目。通过委派专业咨询团队对该建筑设计总院（下称“A 总院”）进行了系统调研分析，咨询团队一致认为，A 总院高层选择这次股权激励是非常及时、非常必要的。A 总院业务是知识密集型工作，团队的内驱动力充分发挥是做好设计项目的必要条件，对于知识密集型工作者，股权激励较之短期绩效考核，更有效更持久。

A 总院原设计方案就是简单地分配了一下股份，由该市的国有投资控股有限公司持有 40% 的股份，引入战略投资人持有 30% 的股份，30%分给员工。但是员工持有的30%股份，都分给谁，每个人分多少，要不要给未来员工预留，全都没有考虑。对于A总院这样一个知识密集型企业，人才对于企业的价值非常巨大，如果分配不好，影响到员工的积极性，股权激励带来的负面效果也将十分巨大。

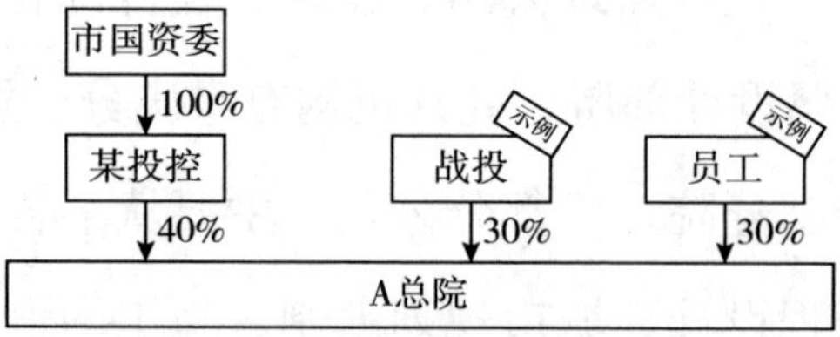

图 5-12 A 总院原混改设计方案

2. 三步走的混改路径

通过调研论证后，西姆股权激励研究院初步确定A总院的股权顶层架构维持4–3–3架构，即市国资委占比40%，战略投资者30%，员工持股30%。员工持股30%是本轮国企混改中的员工持股比例满额设置，但具体怎么分配，几易其稿，最终达成股权架构设计如下（图5–13）。

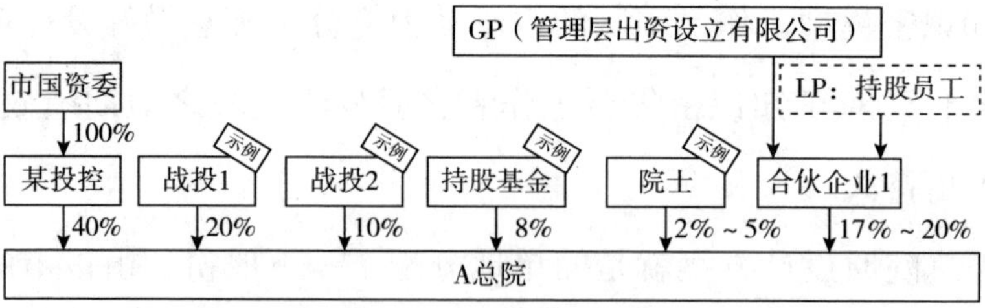

图 5-13 更新后的 A 总院混改设计方案

方案的具体路径分三步走。

第一步，引进战投。

在战投邀约前，企业必须明确战投所必须具备的基本条件及合作方式、制定战投邀约合作意向方案，并拟定细致的推介策略。一方面要考虑战投的资金和资源优势，另一方面，要采取多家竞争策略。企业要用开放的心态广泛的渠道发布信息，网罗意向战投。战投寻找渠道一般优先企业过往合作伙伴，这类战投与企业之间彼此非常熟悉，成功概率比较高。

另外，对战投要设定一定的筛选标准，比如行业地位、资金实力来源、过往成功案例、持股期限、双方合作的关键事项（经营计划、增值服务、管理模式、职工安置、入股比例、资产作价、投资锁定期、违约责任等）、未来合作框架思路等对战投进行评估，优选若干家战投机构进入候选名单。

最终，A 总院选择了在国企混改领域有丰富经验的两家大型金融机构作为战略投资者。

第二步，分期释放股权，用于激励未来人才。

在原方案里，A 总院计划一次性就把股份都分配给现有员工，并没有做出预留计划。我们在做股权方案设计时，不能只考虑当前静态的问题，也要动态地考虑公司未来发展的问题。A 总院在引进战投之后，也有走资本市场运作的想法，而这就需要引进投融资及资本运作方面专业的人才，以及随着公司的发展，对多元化人才的需求将愈加旺盛，这次 30% 已经是顶格分配，如果不做好预留，那未来加入公司的人才，又怎么去激励呢？

因此，在释放股权这里，我们做了如下安排。

① 核心人才要重点激励：根据国企混改系列文件中的“133 号文”要求，员工持股的总量不超过 30%，个量不超过 1%。但西姆股权激励研究院认为，A 总院核心灵魂人物，也就是中国工程院院士必须突破 1% 的持股限制。这无论对于其个人贡献的激励，还是对内部管理团队的榜样作用，都是非常有必要的，这也是西姆对《试点意见》在实践中灵活运用，是不拘泥于政策文件的“一企一策”的创新实践。

② 持股方式采用直接持股与间接持股相结合的方式：院士作为公司灵魂人物，适宜于自然人直接持股。其他员工通过有限合伙企业持股。有限合伙企业 GP 由管理层出资设立有限责任公司，承担无限责任；LP 为其他被激励员工，承担有限责任。

③ 为未来潜在人才预留股份：在员工持股的总量 30% 中，西姆根据 A 总院未来战略发展需要，建议并设计了分节奏、分步骤实行股权激励的方案，在 30% 中预留了 8%，作为未来员工股权激励池。

第三步，设计代持方式。

持股基金是西姆在本次股权激励方案实施中的又一个突破，既为 A 总院的员工持股设立持股基金章程，综合考虑排除不能持股情形以及考虑企业未来释放的便捷，同时兼顾国资部门的责任风险及其可复制等政策性要求，持股基金通过固定收益方式持有预留部分，未来再释放给新的激励团队就较为便利了。

通过设立持股基金，有以下四方面的重要意义：

第一，将首次实施的员工持股计划和后续实施的员工股权激励计划统筹起来考虑，为未来骨干员工预留部分股份，既有利于首次员工持股计划的顺利实施，又充分考虑了企业未来发展的需要，为企业后续发展提供了强大的驱动力，有利于企业混改和上市目标的达成。

第二，保证后续员工持股的价格可控，以提升公司业绩为目标实施后续的股权激励，充分发挥股权激励的作用，有利于增强员工的信心，提高股权的吸引力，为后续改革发展和业绩提升创造条件，有利于将企业做大做强，实现国有资产的保值增值。

第三，在未来5年内且不晚于A总院提交IPO申请时，将所持有的A总院8%的股份分批次转让给A总院的骨干员工。在实现国有资产保值增值的基础上，也解决了未来股份转让价格的公平性和操作便利性问题，有利于引进、保留企业发展需要的高端人才。

第四，在约定的时间内将所持有的股份转让给A总院的核心骨干，基金的收益事先约定，并由后续持股的骨干员工支付，基金的投资安全性高，投资收益得到保证，投资风险低，符合基金投资的要求。

3. 两突破，三步走

在A总院的混改方案中，总结下来是六个字：两突破、三步走。

第一个突破，是突破了员工股份一次性释放的限制。员工股份分期释放，解决了未来新加入人才的激励问题。

第二个突破，是国企混改员工持股基金的设立，并由该基金持有预留股份。计划在5年内且不晚于总院提交IPO申请时分批完成转让，每股转让价格为基金原始入股价格加上一定的资金成本与上一年度经审计的每股净资产值的较高者，解决了预留股份的持有和出资问题。

而上述整体方案落地实施，就是A总院此次混改的第一步。接下来的第二步，是根据公司的战略来设计符合公司要求的公司治理规则。第三步，是逐步通过股权分红来取代当前的分配机制，激发公司员工活力，争取5年内顺利实现IPO。

第六章

国企改革中的党建制度

2016年10月10日至11日，全国国有企业党的建设工作会议在京召开，习近平总书记出席会议并发表重要讲话，讲话涉及国企的地位、坚持党的领导与加强党的建设的必要性等等。此次会议分量十足，最重要的就是“一个特色”和“六个力量”。

一个特色，指的是中国特色现代国有企业制度，“特”就特在把党的领导融入公司治理各环节，把企业党组织内嵌到公司治理结构之中，明确和落实党组织在公司法人治理结构中的法定地位，做到组织落实、干部到位、职责明确、监督严格。

六个力量，指的是要通过加强和完善党对国有企业的领导、加强和改进国有企业党的建设，使国有企业成为党和国家最可信赖的依靠力量，成为坚决贯彻执行党中央决策部署的重要力量，成为贯彻新发展理念、全面深化改革的重要力量，成为实施“走出去”战略、“一带一路”建设等重大战略的重要力量，成为壮大综合国力、促进经济社会发展、保障和改善民生的重要力量，成为我们党赢得具有许多新的历史特点的伟大斗争胜利的重要力量。

因此，在国企改革中，党建制度是最基础，也是最重要的制度，是国企改革能否取得胜利的重要保障。

一、明确党组织法定地位

2015年8月24日中共中央和国务院发布的《关于深化国有企业改革的指导意见》(中发〔2015〕22号)中指出,“把加强党的领导和完善公司治理统一起来,将党建工作总体要求纳入国有企业章程,明确国有企业党组织在公司治理结构中的法定地位,创新国有企业党组织发挥政治核心作用的途径和方式。”

明确党组织在企业法人治理结构中的法定地位,就是要通过将党建工作总体要求纳入企业章程,明确党组织在企业决策、执行、监督各环节的权责和工作方式,使党组织成为企业法人治理结构的有机组成部分。要充分发挥党组织的领导核心和政治核心作用,领导企业思想政治工作,支持董事会、监事会、经理层依法履行职责,保证党和国家方针政策的贯彻执行。

明确党组织的法定地位,根据党管干部原则,就是要构建“三会一层+党委会”的矩阵式治理结构。党组织融入公司治理结构后,主要需要解决两个方面的问题:一是如何实现多元监督机制;二是如何确保党组织决策规则与公司机关决策规则之间的有效衔接。

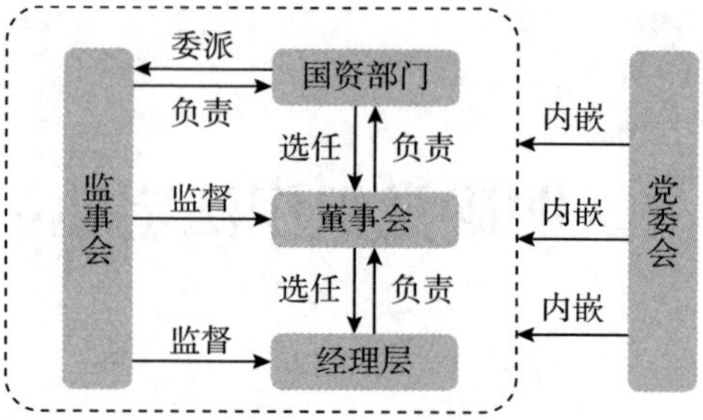

图 6-1 “三会一层 + 党委会”的矩阵式治理结构

1. 实现多元监督机制

2015 年 6 月 5 日，中共中央“深改组”发布《关于加强和改进企业国有资产监督防止国有资产流失的意见》，文件指出，国企监督体系中包括“内部监督、出资人监督和审计、纪检巡视监督以及社会监督”四大类型。

内部监督主要包括：股东（出资人）的监督权；法定监督机关监事会的监督权；董事会、董事及独立董事的监督权。在明确党组织在公司治理结构中的法定地位后，党组织显然也拥有监督权。

对于国有企业而言，长期以来，实行的是议行合一的党委领导机制，党委既是决策机关，又是执行机关，同时还是监督机关。决策、执行、监督三权分而不离，不少国有企业领导集人、财、物大权于一身，企业的生产经营、资金管理、干部人事、职工福利等都由“一把手”说了算，从而导致权力结构失衡，制约监督实效，最终结果是制度形同虚设，权力失控和滥用，滋生腐败。

因此，在明确了党组织的法定地位后，我们需要形成以党组织监督为核心，以纪检监察监督、监事会监督、审计监督及职工民主监督为抓手的多层次、多元化的监督体系，规范国企运行制度，提升国企运作效率。党组织逐步从决策和执行中脱身出来，重点完成监督功能。

加强国企监督机制建设主要包括以下五点。

（1）权责分明、协同联合

按照党中央规划，国有企业改革的总体方向是根据国有企业的特点和建立现代企业制度的要求，建立合理的产权结构和严格的法人治理结构，改变国有企业的单一产权结构，实现投资主体多元化，优化国有企业产权结构。并在此基础上，尽快建立起完整规范的法人治理结构，完善监督制衡机制，不断提高企业的治理效率。

首先，要切实发挥股东大会权能。股东大会的构成应当保质保量，既能体现股东意志，又能确保有效行使监督的权力。其次，要优化董事会结构。确保既要有内部董事，又要有一定数量的外部董事，以强化董事会的效能。外部董事主要由国有资产代表、法人持股机构代表和有关专家组成。建立独立董事制度，保证董事独立发挥作用。第三，要专业的职业经理人担任总经理职务。总经理是处在执行层的权力最高峰，握有直接经营管理权，在企业决策和经营管理中起关键作用，其职业道德和职业能力如何，关系到企业的兴衰成败。国有企业选聘总经理，要注意坚持党管干部的原则与董事会依法用人结合，坚持德才兼备，同时引入市场竞争机制，不断拓宽选人渠道。第四，是进一步强化监事会职能。

（2）党做核心，监督保障

要健全和落实国有企业党组织参与重大决策的制度，使企业党组织切实起到保证党的路线、方针、政策在企业的贯彻实施，防止、减少企业决策失误，避免国有资产流失的作用。在企业内部，特别要认真执行“集体领导、民主集中、个别酝酿、会议决定”的党委内部议事和决策的民主集中制度。凡属企业重大决策、重要干部任免、重要项目安排和大额资金的使用，都要集体研究决定，企业员工都要有相应的知情权、审议权，不准个人或少数人说了算。同时，还要制定出企业管理层向党组织报告个人重大事项的制度和定期召开企业领导人民主生活会的制度，通过以上种种党内监督措施的实施，使企业管理层随时置于党组织的有效监督和管理之中。

（3）增强内控，提高效率

建立企业内控机制，发挥企业自我调控机制的作用。当前，我国国有企业内部审计机构的设置多在企业内部，并直接对企业管理层负责。这一制度安排，往往导致内部审计人员独立性的丧失，使内部审计范围难以触及管理高层的决策，难以做出客观的职业判断。因此，必须改变内部审计机构向企业经营者负责的局面，今后可以通过向董事会下设审计委员会，来加强对企业管理层的监督。只有这样，内部审计的作用才能得到充分发挥，才能满足现代企业制度的要求。

（4）完善制度，严肃问责

完善企业经营业绩考核制度和决策失误追究制度，实行企业领导人员任期经济责任审计制度。通过经营业绩来约束经营者，可以使企业的监督方式变为经营者比较容易接受的考核形式，认真执行将对国有企业领导人员有很大的警示作用和约束作用。但目前看来，已建立的国有企业经营业绩考核制度有待完善，决策失误追究制度还有待建立，国有企业领导人员任期经济责任审计需要进一步贯彻落实。因此，必须加快这些方面的建设步伐，促进企业的持续健康发展。

（5）多元监督，沟通合力

目前，国有企业的监督主体较多，自成体系，因侧重点不同，各自为政，没有形成相互沟通、资源共享的机制，监督力量分散，形成不了有效监督。因此，有必要在国有企业内部建立各种监督资源协商、沟通的机制。比如在党委或监事会主持下（或成立企业监督委员会），定期召开各监督主体会议，互通情况，交流动向，对存在的问题形成综合监督报告，由党委或监事会向有关领导或部门反馈，限时整改，并将整改情况书面向党委或监事会报告，并通报各监督主体，形成监督闭环。

2. 确保党组织决策规则的有效衔接

根据公司法人治理的常规模式，任何公司治理机关均需在成员组成、资格、议事程序和规则、决策效力等方面进行详细的制度设计，以确保权力能够实现，功能能够发挥。我国《公司法》关于股东资格、董事资格、会议定足数、召集程序、表决规则、决议效力等方面均有框架性规定，同时还允许公司章程在此基础上设计更加详细实效的个性化规定，其目的是为了保障公司治理机关的正常运转和决策效力。比如，《公司法》第146条规定了董事、监事、高级管理人员任职消极条件，第147条和第148条规定了董事、监事、高级管理人员的忠实义务和勤勉义务，第22条规定了决议瑕疵及其法律救济制度。此外，还有其他法律法规和监管规定也围绕上述主题作出了相应的规定。

那么，明确国企党组织在公司法人治理中的法定地位时，也有必要设计党组织作为公司法人治理结构重要组成部分的配套规则。例如，成员资格条件、成员来源、组织方式、会议召集、决策方式、决策程序、决策效力瑕疵的救济等。否则，将导致国企党组织在公司治理中运转不畅，规范性不足，党组织参与公司治理缺乏完善的权力运行保障机制，并进而影响国企党组织的权威性和严肃性。

保利集团公司党委在2017年中央企业党建责任制考评中得到优秀等级评定，公司按照中央精神，一条一条研究落实，制定了《贯彻全国国有企业党建工作会议精神工作方案》，梳理出明确党组织法定地位、健全党建责任体系等八个方面30项重点任务，明确责任领导、责任部门、完成时限，切实把会议精神落到实处。修订了《公司章程》，把党组织的职责权限、机构设置、运行机制、基础保障写入公司章程，落实了党组织在公司法人治理结构中的法定地位；修改了《党委议事规则》，确定32项重大事项范围，按照党委会研究讨论作为董事会、经理层决策重大问题的前置程序，研究审议集团重大事项。坚持“双向进入、交叉任职”工作机制，落实党委书记、董事长“一肩挑”要求，出台《关于严明政治纪律发挥党委领导作用的若干规定》及《补充意见》等3项制度，严明政治纪律，有力强化党委领导作用。

随着国企党建工作的加强和完善，党组织的议事规则、议事程序、纪律规范和责任规则日渐完善，在党的现实生活中发挥着巨大的作用。但如果相关规则在其规范性、严谨性和可执行性方面，与法律法规和公司章程的规范性存在差距，势必对国企党组织有效嵌入法人治理产生消极影响。

2016年6月27日，深圳证券交易所上市公司一汽轿车（000800.SH）经2015年度股东大会，审议通过了公司《章程》修正案。在该公司《章程》中，增加了“第八章党建工作”相关内容，主要包括三节，分别规定了党组织的机构设置、公司党委职权和公司纪委职权以及职数等。其中特别引人注目的是《章程》第155条规定：“公司党委对董事会、经管会拟决策的重大问题进行讨论研究，提出意见和建议。”这表明，该公司已经初步将党的组织机构、党委和纪委工作职责等内容纳入公司章程，可以认为是落实“明确国企党组织在公司治理结构中的法定地位”的重要举措。考虑到该公司具有国企和上市公司双重身份，地位特殊，此次章程修改能够获得股东大会通过，能够在某种程度上说明，在章程中明确国企党组织在公司治理结构中的法定地位经受了公开市场检验，具有现实可行性。

二、完善党委会前置程序

2017年6月25日，经中国中铁股份有限公司2017年度股东大会审议，公司党委履行研究讨论企业重大经营管理事项前置程序要求写入《董事会议事规则》相关修正案作为股东大会特别决议，以出席股东93.88%的同意率高票审议通过。

中国中铁高度重视该项工作，周密部署，密切关注监管新政新规，持续关注舆情，有针对性地开展股东识别，积极了解股东表决意向，加强与中小股东特别是境内外机构投资者沟通，及时向国务院国资委党委党建工作责任制考核评价组汇报，并经制度评审会、党委常委会研究讨论，董事会研究审议后，提前45天发布公告，提交股东大会决策。

此次修订的《董事会议事规则》，完善细化了党委履行研究讨论企业重大经营管理事项的前置程序和衔接机制，进一步细化治理主体权责，理顺沟通衔接流程，是将党建工作融入公司治理工作落到实处的重要一步，对切实将党委“把方向、管大局、保落实”职能与董事会“定战略、决大事、控风险”职能有机结合，完善公司治理运行机制具有积极示范作用，为中央企业，特别是央企控股境内外上市公司践行习近平新时代中国特色社会主义思想和党的十九大精神，落实国资委党委 2018 年度重要工作部署发挥了积极表率作用。

同时，根据《国务院办公厅关于进一步完善国有企业法人治理结构的指导意见》精神，修订后的《董事会议事规则》将纪委书记列席董事会会议写入了议事规则，完善了“集体审议、独立表决、个人负责”的董事会决策机制。

1. 目前存在的主要问题

党委会前置程序是指国企对重大问题的决策，须经其党委先行研究讨论。但不少国企在履行党委会前置程序过程中出现了前置泛化、权限紊乱、责任模糊等问题。

一是前置泛化，将董事会、经理层所有决策、决定事项，无论问题大小全部预先经过党委会研究讨论，所谓“党委过一过，总是没有错”。结果造成党委“包办”董事会、经理层的决策，决策正确则“你好我好全都好”，决策失误则“党委跑不了”。造成这种局面的原因是对前置程序到底“置什么”不清楚。

二是权限紊乱，党委在履行前置程序时，对列入研究讨论的议题把握不准切入点，要么“眉毛胡须一把抓”，对议题的必要性、可行性、充分条件、必要条件等等全部研究讨论，将“前置”变成“代替”；要么“走走过场”，大致履行一下程序。造成这种现象的原因是对前置程序到底“怎么置”不清楚。

三是责任模糊，中央的要求是“重大经营管理事项必须经党组织研究讨论”，那么对前置议题的研究讨论，企业党委要不要决策或作出决定？换言之，对“行”还是“不行”是否要下结论？如果不作决定，前置程序就失去了必要性；如果应作决定，“决定”完全或部分正确与否的责任如何划分？由此容易造成推诿扯皮，“问责”难度大①。

2. 把方向，管大局，保落实

1996 年第十四届中央纪委第六次全会公报，对党员领导干部在政治纪律方面提出的四条要求的第二条纪律要求具体表述如下：认真贯彻民主集中制原则，凡属重大决策、重要干部任免、重要项目安排和大额度资金的使用，必须经集体讨论作出决定。

2005 年中共中央颁布的《建立健全教育、制度、监督并重的惩

① 李志铭：“强化国企决策党委会前置程序制度化安排”，载《国企》2019 年 4 月。

治和预防腐败体系实施纲要》（中发〔2005〕3号）第六款第十三条提出："加强对领导机关、领导干部特别是各级领导班子主要负责人的监督。要认真检查党的路线、方针、政策和决议的执行情况，监督民主集中制及领导班子议事规则落实情况，凡属重大决策、重要干部任免、重大项目安排和大额度资金的使用，必须由领导班子集体作出决定。"

2010年，中共中央办公厅、国务院办公厅颁布《关于进一步推进国有企业贯彻落实"三重一大"决策制度的意见》提出，为全面贯彻党的十七大和十七届四中全会精神，切实加强国有企业反腐倡廉建设，进一步促进国有企业领导人员廉洁从业，规范决策行为，提高决策水平，防范决策风险，保证国有企业科学发展，按照中央关于凡属重大决策、重要人事任免、重大项目安排和大额度资金运作（简称"三重一大"）事项必须由领导班子集体作出决定的要求，现就进一步推进国有企业贯彻落实"三重一大"决策制度提出相关意见。

据此文件要求，党委会在履行前置程序时主要就是三个方面：把方向、管大局、保落实。

把方向，就是在贯彻党和国家路线方针政策上要把好关，必须把握住企业不同阶段的主要矛盾，为企业的生存发展领航、导航、护航。保证企业正确的发展方向，必须做到"四个符合"：重大投资或拟上重要项目要符合国家创新、协调、绿色、开放、共享五大发展理念；业务发展要符合国企自身的发展战略指引；大额度资金的使用要符合法律法规的要求；重要干部任免要符合选人用人标准和流程，把好德才兼备关。

管大局，国有企业的大局就是努力实现国有资产的保值增值；努力实现职工利益最大化。党委管的是国有企业的“大局”而不是“全局”，不应干涉企业日常经营管理活动，更不能以党委会代替董事会、经理层的决策会议。在大局下议事，就是要充分认识不同时期的主要矛盾，明确工作目标，把握推进节奏，确保工作实效。

保落实，党组织的一个重要职责就是抓班子带队伍，职工队伍怎么带，关键看干部。所谓领导，是在一定条件下，指引和影响个人或组织，实现某种目标的行动过程。此外，还要及时回应职工的关切，有针对性地加强形势任务教育和思想情绪疏导，把团队凝聚起来。对于党委会前置程序，落实党对国企的领导不仅包含研究决定的过程，而且包括督办执行的过程，以确保研究决定的事项得以真正落实。

3. 党委会前置程序的具体流程

① 明确党委会前置讨论研究重大决策问题的主要内容。包括企业发展战略、中长期发展规划；企业生产经营方针；企业重大投融资、贷款担保、资产重组、产权变动、重大资产处置、资本运作等重大决策中的原则性方向性问题；企业重要改革方案的制定、修改；企业的合并、分立、变更、解散以及内部管理机构的设置和调整，下属企业的设立和撤销；企业的章程草案和章程修改方案；企业中

高层经营管理人员的选聘、考核、薪酬、管理和监督；提交职工代表大会讨论的涉及职工切身利益的重大问题；企业在安全生产、维护稳定等涉及企业政治责任和社会责任方面采取的重要措施；董事会认为应提请党委讨论的其他“三重一大”问题。国有企业党委可以在以上内容范围内，根据企业实际确定参与重大问题决策的具体内容。

② 董事会提交议案。董事长确定上会的议案后，将相关议案资料提交党委。

③ 党委会提出意见建议。党委书记审核确定上会的议案后，召开党委会进行讨论研究，提出意见和建议以会议纪要的形式及时向董事会反馈。

④ 董事会前沟通。进入董事会尤其是任董事长的党委成员，应在议案上会前就党委的有关意见和建议与董事会其他成员进行沟通。

⑤ 董事会上表决。在董事会决策时，董事会中的党委成员要充分表达党委意见和建议，按照党委意见和建议进行表决，并将董事会决策情况及时向党委报告。

从程序上看，国企党委会前置程序的过程是民主集中制，研究讨论的议题也包括其流程的合法合规性。在国企党委会前置程序中实行民主集中制，是防止“一言堂”，预防失察、失误的有效方法；对所议议题已完成的流程进行合法合规性审查，是避免权力寻租、利益输送的有效手段。如果议案应经而未经党委会前置讨论研究的，或拟作出的决策不符合党的路线方针政策、国家法律法规以及可能损害国家利益、社会公众利益和企业、职工的合法权益的，应联合董事会中的其他党委成员提出撤销或缓议该决策事项的意见，会后及时向党委报告，通过党委会形成明确意见向董事会反馈。如得不到纠正，要及时向上级党委报告。

综上所述，国企党委会前置程序是全面从严治党的新要求，是发挥国企党委领导作用的重要途径和保证。剖析国企党委在履行前置程序过程中存在的问题，探索解决这些问题的路径和方法，十分必要。

三、中国联通："二十五条"党建"硬措施"

伴随着联通混改工作实施，中国联通党组因地制宜研究制定了《关于在推进混合所有制改革中坚持党的领导加强党的建设的指导意见》，并以中国联通党组〔2017〕61号文件印发，明确25条具体措施，进一步把深入贯彻落实全面从严治党总体要求，贯彻落实习近平总书记系列重要讲话精神，以及党的十八届六中全会和全国国有企业党的建设工作会议精神，贯穿到混合所有制改革全过程。

（1）《意见》首先指出，中国联通的混改工作要旗帜鲜明坚持党的领导，牢牢把握混合所有制改革的政治方向

① 始终牢固树立“四个意识”，自觉在思想上政治上行动上同以习近平同志为核心的党中央保持高度一致。

② 始终坚定“四个自信”，认真贯彻落实党中央国务院关于国有企业混合所有制改革试点的决策部署，切实增强搞好混合所有制改革的信心和决心。

③ 始终坚持“两个一以贯之”，把建立党的组织、开展党的工作作为推进企业混合所有制改革的必要前提。

④ 始终坚持“围绕中心、服务大局”，确保企业改革发展稳定协调推进。

（2）《意见》强调，要强化体制机制保障，积极探索建立中国特色现代国有企业制度

① 在混合所有制改革落地实施中，特别是在创新型子公司的设立过程中，认真落实党建工作总体要求写入公司章程。各级各类子公司要坚持“双向进入、交叉任职”的领导体制，认真落实党组织书记与董事长由一人担任，实现党的领导与公司法人治理的有机统一。

② 完善重大问题决策机制，坚持党组织研究讨论是董事会、经理层决策重大问题的前置程序。

③ 坚持党管干部原则，管理人员的市场化改革与选聘要严格落实“对党忠诚、勇于创新、治企有方、兴企有为、清正廉洁”20字要求，保证党对企业干部人事工作的领导权和对重要干部的管理权。

④ 坚持“四同步、四对接”，确保改革进行到哪里、党的组织就建设到哪里、党的工作就开展到哪里。

（3）《意见》要求，要围绕混合所有制改革实际，不断加强和改进党的建设

① 建立健全从党委到支部一贯到底的党建责任体系，落实党建工作年度报告制度、述职评议考核、常态化督导等制度，同企业经营业绩考核、领导班子综合考评衔接起来。

毫不放松推进“两学一做”学习教育常态化制度化，认真落实“三会一课”等基本制度，始终保持党的先进性和纯洁性。

② 积极适应混合所有制改革后各级企业股权结构、运营模式和管理体制的变化，特别是在“瘦身健体”“机构精简”工作中，科学合理设置党的组织、建立党的工作机构、配备党务工作人员。

③ 紧跟“本地网全生产场景划小改革”等新情况新变化，创新党组织覆盖方式，积极把骨干培养成党员、把党员培养成骨干、把党员骨干培养成小CEO。

④ 坚持把最优秀的党员选拔到基层党组织书记特别是党支部书记岗位上，结合实际加强集中培训。

⑤ 从严从实抓好领导人员队伍建设，切实发挥“关键少数”的

"领头羊"作用。

围绕激励机制改革、队伍结构优化、员工岗位调整等涉及员工切身利益的问题，积极做好思想政治工作。

⑥ 高度重视企业文化建设，及时修正违背企业价值导向的流程、制度及各种行为。牢牢掌握意识形态工作的领导权，加强对混合所有制改革的正面宣传和舆论引导。

⑦ 认真落实党风廉政建设"两个责任"，严厉查处假借改革之名搞徇私舞弊、贪污受贿、假公济私、以权谋私、利益输送以及严重侵害员工群众利益等行为。

（4）《意见》强调，要充分发挥党的组织优势，为顺利推进混合所有制改革提供坚强有力的政治保障

① 充分发挥各级党委的政治核心作用，主动适应建立现代企业制度的新形势，保障混合所有制改革稳步推进。

② 充分发挥基层党支部的战斗堡垒作用，找准服务生产经营、凝聚党员员工的着力点，使党支部参与改革发展的功能进一步强起来。

③ 充分发挥党员领导人员的带头表率作用，勇于担当、敢于担责，敢啃硬骨头、敢于涉险滩。

④ 充分发挥广大党员的先锋模范作用，自觉在自身岗位上争先创优，在改革攻坚中勇挑重担。

⑤ 充分发挥党务工作队伍的服务、支撑和保障作用，形成齐心

协力抓党建的良好格局。

⑥ 充分发挥群团组织的桥梁和纽带作用，支持和推动员工群众参与到混合所有制改革中来，筑牢混合所有制改革的群众基础。

四、东北制药：党建引领，深化“混改”

2018 年，方大集团按照十九大精神，落实沈阳市委、市政府推动国企混改的工作安排，参与东北制药的混合所有制改革，将方大集团的“党建文化”有效输入东北制药。在参与和推进东北制药深化混改的过程中，方大集团“党建文化”充分发挥了引领和保障作用，企业混改在股权结构上“真混”，在体制机制上“真改”，让东北制药“混”出了增长动力，“改”出了发展活力。1 ~ 10 月份，东北制药实现销售收入同比增长 30% 以上；实现利润同比增长 70% 以上；上缴税金同比增长 45%，这其中与“党建文化”在混改中发挥思想先行、行动指导的作用是分不开的。

按照方大集团发展思路，发展党建工作要抓好“笔杆子”，也就是做好党的宣传思想工作，引导大家统一思想、形成合力，实施大兵团作战。东北制药党委将深化混改与深入开展“两学一做”紧密结合，组织全体党员重点学习习近平总书记在深入推进东北振兴座谈会上和民营企业座谈会上的重要讲话精神。东北制药党群组织合力，通过公司内刊、网站、微信、形势任务教育专刊和小册子多种载体宣传公司发生的深刻变化，引导全员树立正确的市场观、效益观、成本观、收入观、竞争观、利益观。基层党组织宣传思想工作覆盖班组和全体员工，基层工会开展职工大讲堂系列巡讲活动，3000余名员工参加。通过深入学习引导，使全体党员和广大员工深刻认识中央坚持“两个毫不动摇”和“推动国有企业混合所有制改革”的相关精神，深刻理解推动混改是中央要求，符合企业利益，更符合全体干部员工的根本利益，形成了树立新观念，适应新体制，展现新作为的浓厚氛围。

在党组织建设方面，夯实“头部”组织力量，发挥党领导的排头兵作用。不仅继续由东北制药董事长兼任党委书记，而且在原有两名党委副书记的基础上，又增设一名专职副书记，增强党委班子力量。公司党委下设2个分党委、7个党总支部、31个党支部，现有党员1600多名，基层单位党组织组建率100%。公司党委修订完善了公司《党建工作管理制度》《宣传工作管理制度》等各项工作制度，全面明确党建工作要求，并将党建工作纳入经济责任考核，有力推动基层党组织建设规范化。全体党员在深化混改、加速发展中当先锋、打头阵，带头转变观念，率先“哈下腰”干，争创一流业绩。

要确保混改取得成功，重中之重是将坚持党的领导与完善现代企业制度紧密结合。通过混改，东北制药市场主体地位完全明确下来，市场化的意识更加深入人心，老国企中各种不符合市场原则的传统做法，正在迅速清理。从集团董事局到公司董事会，从公司领导班子到各级管理干部，直到全体员工，层层落实责任，一级对一级负责的工作责任制正在加速形成。通过依法依规实施公司董事会、监事会换届改选，完全市场化选聘公司经营管理者，调整完善领导班子责任分工，开展全员全方位降本增效，实施对标赶超，建立赛马机制，强化制度管理等一系列举措，使企业迅速焕发了生机，并一步步把“三个有利”落到实处。

不断加强党的建设，还使东北制药混改彻底消除了“断带感”。混改以来，东北制药不断强化党的领导和党的建设，虽然企业治理体系和经营管理等方面实现了体制机制创新的重大突破，但以党建工作为引领，使新旧体制的转换高效而流畅，其中的重点是做好员工的工作。

党的宗旨是为人民服务，而“以员工为中心”，将“员工对美好生活的向往作为企业的奋斗目标”，也是方大党建文化的重要内容。混改后，东北制药全员定岗工资上涨了50%。混改让员工有了获得感，让大家都自觉理解、顺应、支持改革。与此同时，方大集团6项员工福利政策，包括医疗资助福利、重大节日福利、手机福利、工作餐福利和助学、养老福利全部在东北制药得到落实，不仅员工本人，员工的配偶、子女、父母也享受到相应的福利政策，全面增强了员工的归属感和自豪感。按照“发展为了员工，发展依靠员工，发展成果由员工共享”的理念，方大企业各项工作都有明确的考核激励办法，分阶段、分层次、分专业按照创造效益来分享效益。同时，企业在每年定下的利润目标完成后，将拿出一定比例与干部员工共享，另外公司还实施了管理层和核心骨干限制性股票激励计划。通过一系列有效措施，真正把员工切身利益与企业经营成果捆在一起。

当前，东北制药混合所有制下的全新体制机制和管理模式正在迅速形成，公司将坚持方大集团“党建为魂”的文化理念，为企业改革发展提供强大支撑。面向未来，公司将依托一批世界级产品、明星品牌产品和跨代创新产品，把东北制药打造成国际知名、国内一流的大型医药健康产业集团，努力为沈阳老工业基地振兴作出更大的贡献。

第七章

四梁八柱的综合实践

在提出国企混改“四梁八柱”理论模型后，西姆股权激励研究院咨询团队在全国范围内的地方国企展开了积极深入的调研工作，探究企业的真实需求，争取使“四梁八柱”混改模型接地气，可实操，好应用，能够真正为国企改革项目出谋划策。期间我们走访了上海、江苏、黑龙江、甘肃、四川、山西等多个省市，在这里，将我们的调研及研究心得与大家分享。

一、四川国企改革调研报告

1. 调研背景

2017 年是国企“混改元年”，体制改革成效初显，2017 年 1 ~ 12 月，我国国有企业利润总额 28985.9 亿元，同比增长 23.5%，创 2011 年来最大增幅。本轮国企改革就是要通过改革探索建立降本增效工作长效机制，推行精细化管理，进一步控制成本，并不断通过技术创新补技术短板，提高企业盈利能力，发挥国企对国民经济稳增长的支撑作用。

虽然经过债转股、债务剥离等一系列资产优化的动作，国企债务略有下降，但总量仍然非常巨大。2017 年末，我国企业债务余额占 GDP 为 175% 左右；居民债务占 GDP 比重为 49%，增速是全球最快；2018 年 1 ~ 3 月，国企的资产负债率有所下降，但也已经达到 59.5%，民企为 55.8%，国企债务还是明显大于民企。

本轮国企改革以“管资产转向管资本”为理念，以重组、混改为具体手段，配合以“三去一降一补”为核心的供给侧改革，解决经济发展中积累的结构性问题。其中，“稳增长”和“防风险”并重成为常态，而风险来源于实体经济凋敝、资金脱实向虚和杠杆加大等结构性矛盾。在如此严峻的形势下，光靠市场调节是远远不够的，必须依靠行政化去产能、国企兼并重组来扶正“企业盈利”这第一张多米诺骨牌，这是全盘改革的第一步。

2015 年 8 月 24 日国务院印发的《关于深化国有企业改革的指导意见》中首次提出“做强做优做大国有企业”，并在接下来的十九大将其发展为“推动国有资本做强做优做大”，使之衔接供给侧改革“破”“立”“降”的方针，配合“加快建设创新型国家”发展理念，配合国有资产管理体制和国有资本授权经营体制的改革，并适应国有资产监管机构职能从管资产向管资本转变。

国企改革也在由点及面迅速扩围。尤其是作为本轮国企改革重要突破口的混合所有制改革，力度加码、步伐加快的趋势明显。混改从1997年至今，历经20年时间，从一开始的侧重股权结构的调整，并以中小国企的所有权改革为核心，到现而今在垄断领域央企尝试市场化股权多元化的手段及债转股拓宽混改路径，取得了不少成绩。2016年国家公布了第一批混改的试点企业，以东航、联通为首的“吃螃蟹者”已经尝到了混改的甜头，2018年31家第三批混改试点企业中，国家发改委已批复8家央企子企业试点方案，各地已批复15家地方国企试点方案。在政策面上，中央也相继公布“双百”企业名单并下发“混九条”，坚决支持混改，尤其是2018年10月9日国务院副总理刘鹤提出“伤其十指不如断其一指”的思路，明确了国企改革步入去虚向实的目标。2018年11月10日，国家发展改革委副主任宁吉喆表示：在做深做实前三批50家混改试点基础上，尽快启动第四批试点。

根据国务院《关于国有企业发展混合所有制经济的意见》，国企混改将根据不同国企性质分类别推进，并从集团、子公司、地方各层级全面推进。推进方向主要分为两个维度。

（1）从纵向来看，主要是分类推进

其中对于充分竞争商业类国企混改要稳妥推进，积极引入其他国有资本或各类非国有资本实现股权多元化。而对于重要行业和关键领域商业类国企混改，在那些主业处于关系国家安全、国民经济命脉重要行业和关键领域、主要承担重大专项任务的商业类国有企业，要保持国有资本控股地位。对于引导公益类国有企业则要规范开展混合所有制改革。

（2）从横向来看，主要是分层推进

首先，要引导在子公司层面有序推进混合所有制改革。其次，对国有企业集团公司二级及以下企业，以研发创新、生产服务等实体企业为重点，引入非国有资本。在集团层面推进混合所有制改革，则要在国家有明确规定的特定领域，坚持国有资本控股。最后，鼓励地方从实际出发推进混合所有制改革。各地区区分不同情况，制定完善改革方案和相关配套措施。

四川是成渝城市群的重要组成部分，也是国家西部大开发的“主阵地”和“前沿窗口”。中央层面高度重视四川省的发展，2016 年 4 月，国务院批复《成渝城市群发展规划》，范围包括重庆市的 27 个区（县）和 2 个区县的部分地区、四川省的 15 个市，总面积 18.5 万平方公里。2017 年 1 月，国务院批复《西部大开发“十三五”规划》，规划强调，要推进新型城镇化建设，加快培育重点城市群，发展壮大成渝城市群，打造西部地区经济增长重要引擎。2018 年 2 月，习近平总书记视察四川，明确提出推动治蜀兴川再上新台阶，着力推动经济高质量发展。这些都促使四川省应当在推动经济发展质量变革、效率变革、动力变革中实现新作为。

作为未来西部金融中心，四川省也正积极推动国有产权交易市场的建设，力图强化金融服务实体经济、优化产业资源配置。中央和地方层面都在政策上不遗余力地支持四川省的金融发展，其中《建设西部金融中心行动计划（2017—2022年）》和《关于进一步加快建设国家西部金融中心的若干意见》明确了要在四川重点打造金融安全、绿色金融、双创金融等一批特色金融功能区，并力争到2022年构建起产业特征鲜明、布局合理、功能区划科学的“1+5+N”金融产业集聚体系。

截至目前，四川国有企业资产总额已达8.9万亿元、居全国第6位，所有者权益3.25万亿元，国有经济总量、上交税费、从业人数均为全省的45%左右，是名副其实的国企大省。然而四川当前资产证券化率却只有12%左右，与全国30%的平均水平相去甚远，甚至低于云南、贵州，在全国仅为中下游水平，国企混改空间巨大。2017年四川省国资委主任徐进明确了未来将以四川国企改革发展基金为抓手，跳起摸高，力争到2020年末，实现资本市场上市及挂牌国有企业20家以上和资产证券化率30%的奋斗目标。

2. 国企改革路径研究

按照推进思路划分，我们将国企混改探索总结为两种路径，包括始于集团层面的自上而下路径和始于子公司层面的自下而上路径。

（1）自下而上的路径

在集团下属子公司层面引入外部资本，外部股东通过多种形式参与董事会决策和日常经营管理，推动企业建立市场化的体制机制，从而提高运营效率，提升企业竞争力。通过子公司的改革，形成倒逼机制，促使集团层面推进经营机制和管控模式的改革，并促进集团内其他业务的专业化、市场化和转型发展，从而对集团发展形成支撑。此种方式一般适合业务多元化程度高的大型国企。首先在专业化业务平台层面进行混改。同时，该等国企集团应以独自或联合整合后改建控股型国有资本投资公司为改革方向，实现对下属混合所有制企业“管资本为主”的管控模式改革。

（2）自上而下的路径

在国企集团层面引入外部资本，通过外部股东“就位”促使国资股东“归位”，从而健全董事会为核心的决策制度。外部股东通过行使董事职责，推动集团以市场化为导向的体制机制变革，加快集团转型发展。同时，集团通过“管资本为主”，自上而下推进子公司管控模式的改革，因地、因时推动子公司股权多元化，并完善其董事会决策制度，从而在业务平台层面实现市场化运营和可持续发展。此种方式一般适合处于充分竞争行业的单一主业或多元化主业关联度高的中小型国企。可以考虑从集团层面入手，探索自上而下的混改模式，在企业最高层面对传统的体制机制进行改革，推进市场化运营。

国家与地方政府从 2017 年才开始逐步推进混改层级的提升，此前混改多数是在央企二、三级子公司，集团层面混改较少。2019 年混改有望提升层级，通过整体改制整体上市，推进集团层面混改。地方层面混改政策比较引人注目的如辽宁省，在推动子公司层面混改的同时，支持具备条件的国有企业开展集团层面混改，省属企业集团层面混改要取得突破。又如上海市，国企混改则分两个层面推进，一是集团层面混改，通过推动混改提升集团竞争力，推动整体上市；二是由市国资委定方向、定规则，比如参股、控股等细则，但坚持市场化原则，推动混改。

在国家和地方政府存在少量集团层面混改的案例，如联通、中粮、南航和云南白药等，其共性为这些企业基本上都是上市公司，且业务偏市场化，为混改提供良好的基础。然而在进行国企集团层面混改实操时，不管是从企业角度或者是外部机构投资者角度来看，自上而下混改路径操作具有一定难度，包括：

① 较难找到合适外部股东：对于以央企为代表的主业多元化的国企集团，较难引入在业务上有较高契合度的外部股东；

② 较难剥离业务：将集团下属非完全竞争或非核心业务在混改前剥离给合适的承接主体存在一定难度；

③ 估值容易发生偏差：由于主业多元化，国企集团往往被资本市场认为专业性不足，导致在估值上遭遇多元化折让；

④ 投资回报率相对较低：国企集团多元化业务发展往往参差不齐，因此集团层面的投资回报率很可能低于下属某些专业化业务平台；

⑤ 集团层面的操作灵活度低：难以接受资本市场上的常用退出

规则，投资者退出难；

⑥ 对外部机构投资者要求高：国企集团往往资产规模庞大，对投资者资金量的要求高。

表 7-1　　国企混改试点名单及路径研究

试点国企	子公司层面	集团层面	试点国企	子公司层面	集团层面
中铁总	√		国家电投	√	
中国铁路工程集团	√		中国电建	√	
中国铁道建筑	√		东航集团	√	
中国电信	√		南航集团		√
中国联通	√	√	中航集团	√	
国家电网	√		中石油	√	
南方电网	√		中海油	√	
华能集团	√		中石化	√	
中国大唐	√		中国中化	√	
中国华电	√		中国化工	√	
中国国电	√				

3. 改革机制设计

我们通过此次四川调研、分析内外部政策与环境，确立了四川省国企混改机制设计思路。

（1）甄选合适的主体进行混合所有制改革

主体的选择是被选企业必须具有通过市场化运营提升股权价值的潜力。从业务类型来看，企业所处行业具备市场化的环境，包括人才、技术和资金等，而且企业的禀赋优势和投资者市场化优势的结合，是基于双方的利益和需要。另外，要确保混改不会造成环保、安全等方面社会价值的降低。从企业类型来看，企业应视其长期发展趋势，而非现阶段的盈利状况。对效益下降、经营陷入困难的企业，实施混改应是现阶段的重点，而很多盈利的国企发展中面临瓶颈，急需通过深化改革以注入动力和活力，同样应该鼓励进行混改。从行业类型来看，充分竞争行业，尤其是新兴产业、先进制造业、现代服务业的新设公司，应努力推广混合所有制模式，便于从企业设立的时刻就架设市场化的体制机制。例如，四川紫坪铺开发公司通过水库淤积物清理及再利用项目的混改，积极拓展企业价值链上新业务。

（2）选择合适的实现方式推行混合所有制改革，国企混改通常采取“4+1”模式

① 整体上市或者核心资产上市。通过整体上市对实现政企分开、政资分开、所有权与经营权分离，对建立健全现代企业制度特别是完善公司法人治理结构，对国有资本的流动和做强做优做大等，都会产生重要的基础性、深远性影响。例如，2018 年长虹控股谋划产业布局，加快产业整合与体制机制改革，推进落实控股集团层面混改控股集团整体上市。

② 引入战略投资者模式。战略投资者一般是指国内外专业的行业 / 财务投资者，特点是拥有丰富的投资经验及整合经验，能够在行业、市场、商业模式上给企业提供参考，在资金、管理人才、管

理方法、资本市场等方面给企业提供资源，协助被投资企业创造并在资本市场上实现更大的价值。战投的优势包括可以运用专业机构协助引入战略投资者，不仅能保障专业服务的品质，而且能分享专业机构长期积累的全球投资者数据库和关系网等资源。例如，五粮液将重要经销商纳入股权结构中来，核心经销商与五粮液成为利益共同体，对于抗风险能力以及持续拓展能力有着显著的提升作用。认购的经销商均为与五粮液合作多年的核心经销商，这些经销商通过成为五粮液股东，与五粮液在实质上成为利益共同体，推动了五粮液从“贸易型”向“营销型”经营模式转变。

③ 引入基金模式分析。引入基金进行产权制度改革是混合所有制改革的一种创新形式。政府引导基金出资比例在 10% ~ 20% 左右，其余由子基金管理团队从社会募集，撬动 5 倍到 10 倍杠杆，投资于当地企业的比例一般不低于 80%。根据当地经济特点，可考虑设立各种产业发展基金和国企改革重组基金等，发挥国有资本的引导作用，基金收益仅用于再投资。例如，重庆渝富集团携手境内外民营资本共同出资设立股权投资基金——引入社会资本共同参与，按市场化方式运作的股权投资基金——中新基金。重庆渝富作为市属国有资本运营公司，能充分发挥桥梁纽带和市场导向作用，积极推动中新基金实现更好发展，发挥出更大作用。

④ 改制重组。开放式重组是通过业务、资产以及债务等要素的重新组合，优化业务和资源配置，减轻包袱．提高国企竞争力。国企实施开放式重组首先要厘清发展战略，整合组织架构、资产负债

和人员等运营平台，采取资产剥离、人员分流、挂牌转让及债务重组等多种手段。重组原则包括产业相近、行业相关、主业相同的原则，通过合并、划转、并购等多种方式，推进国有企业重组，推动国有控股上市公司、非上市公司开放性市场化重组整合等。例如，四川启明星铝业公司通过破产重组，将股权、债权无偿划拨给眉山市工业投资有限公司，并通过后续清理工业闲置资产和内部机制改造，唤醒沉睡国有资产，新创造大量就业岗位。重组当年启明星8～12月实现连续月盈利，现阶段年总产值达105亿元，带动就业5000余人，累计上缴税收10亿元。

⑤ 混改配套措施——开展员工持股。由于国有企业员工常有限薪、工资总额等“激励天花板”，借助混改契机开展员工持股，激发人才，实现人才与企业的共创共享。政策要求坚持激励和约束相结合的原则，通过试点稳妥推进员工持股。例如，长虹的子公司爱联科技，专门从事物联网模块和传感器生产，对长虹未来的战略布局有着深远的意义，如何激励员工突破原有体制发展新兴业务，成为当务之急。2016年爱联科技成立之际便实行员工持股改革，到2017年为止，该企业收入已经突破5亿，成为国内最大的物联网模块生产商。

（3）建立科学的法人治理结构是我国国有企业混改顺利进行的关键

国务院通过颁布《中共中央、国务院关于深化国有企业改革的指导意见》和《国务院办公厅关于进一步完善国有企业法人治理结构的指导意见》等顶层设计文件，明确了混改中国企法人治理结构必须健全的标准，包括建立合理的股权结构，实现股权的多样化，强化监事会的作用，完善监督机制，以及完善激励机制，提高经理人的积极性。例如，四川天原集团在解决制约天原做大做强的机制问题和资本问题上有所突破，2007 年把浙江荣盛集团作为有实力、优势互补的战略投资者进行合作，并经过多年的不断引入稀释，打破了原有国有企业一股独大的局面，最终形成了现有的合理的多元化股权结构，将国企股东的资金和经验与民营企业的创新机制和思维有效融合，推动了天原集团的发展。

（4）引入职业经理人制度

明确职业经理人工作建设的要点，国资委改革办明确职业经理人制度建设职责和抽调专人负责，并尽快选择有条件的公司或子孙公司进行试点，试验建立职业经理人制度，总结经验后逐步推广。适时修改公司法，进一步加强央企董事会建设，完善职责和功能，明确“董事会选聘具有资质的职业经理人”。例如，长虹在 2015 年开启全球总经理选聘，通过四个多月的时间，最终李进被选为长虹控股公司总经理。他上任伊始便确立了长虹重点发展的三大核心产业，同时培育新兴产业，在内部制定盈利方案。并通过后续组建崭新的职业经理人高管团队，完善绩效考核、管理权限，推动新的薪酬体系构建。最终，2016 年长虹实现营业收入 671.75 亿元，同比增长 3.59%，实现归属于上市公司股东的净利润 5.55 亿元。

（5）建立市场化的激励和约束机制

① 建立市场化薪酬体系。建立了上不封顶，下不保底的市场化薪酬考核体系。

② 推进股权激励约束机制。成员公司层面进行股改，高管成员持有本公司的股份，在具体的单元也进行了股份制治理架构方面的设计。使员工能够享受到发展的成果，看得见，摸得着，而且自己能够享受得到。

③ 推进个性化激励机制。实施“一体两翼”战略，根据不同企业、不同岗位的特点，采取个性化激励手段。最终通过建立健全激励约束机制，将人力资本的价值最大化。然而在人力资源机制建立过程中，员工利益的保障也非常重要，这是混改能否稳定实施的重要基础。尤其是国企混改后职工的身份界定探究是重中之重。一般混改后员工身份界定原则包括历史上有延续、法律上有解释和感情上可接受。由于新一代的员工已经不存在20世纪末国企改革中员工社保问题，所以在本轮混改中，必须明确终止国企职工“身份置换”的做法，明确改为依照《劳动合同法》维护改制国有企业职工合法权益，为国有企业推进混合所有制改革创造条件。

4. 改革操作要点

在混改中，我们也必须关注几个操作要点。

首先，在企业混合所有制改革中，要坚决防止因监管不到位、改革不彻底导致国有资产流失。要做到这一点就必须：

① 要程序透明，在清产核资、评估定价、转让交易、登记确权等国有产权的流转程序透明；

② 定价机制上，通过产权、股权、证券市场合理确定资产价格，防止利益输送；

③ 增量引入，出资新设，不减少国有资产存量；

④ 国有资本参股非国有企业，或是国有企业引入非国有资本时，允许将部分国有资本转化为优先股，意义在于，在经营风险提升时，可以优先保证国有资产保值增值。

其次，混改方案须符合中央、地方政府规范性文件的要求。合同、章程等基础文件的制定，合理设置条文条款，构建规范、顺畅的股东合作机制和争议解决机制，切实维护自身合法权益，防范风险。在组建和注册混合所有制企业时，要依据相关法律法规，规范国有资产授权经营和产权交易等行为。受让企业国有产权时，不得向包括标的企业在内的国有及国有控股企业融资，不得以这些企业的国有产权或资产为管理层融资提供保证、抵押、质押、贴现等。企业应及时办理股东身份的确认：对内，及时变更股东名册，核发股权成员证书或股权出资证明；对外，办理股东变更或增资变更工商登记。根据相关法规，一般国企的混改方案审批必须经由下列程序：①资产评估；②经职工代表大会讨论；③须经股东大会或董事会审议通过；④报同级国有资产监管机构批准；重要国有企业改制后国有资本不再控股的，报同级人民政府批准。

最后，国有企业在实施混改过程中应聘请第三方机构设计方案，并独立发表意见。第三方机构的作用主要体现在保持独立，方法科学，丰富的行业经验以及打造定制化的方案。2015 年发布的《国务院关于国有企业发展混合所有制经济的意见》也明确了充分发挥第三方机构在清产核资、财务审计、资产定价、股权托管等方面的作用。

二、海康威视：不同时期的不同股权激励

2019 年 4 月 20 日，深圳证券研究所创业板上市公司海康威视（002415.SZ）发布了公司 2018 年年度报告。2018 年，公司的营业收入为 498.37 亿元，同比增长 18.93%；归母净利润 113.53 亿元，同比增长 20.64%。上市八年来，公司总资产增长 9.7 倍，收入增长 13.8 倍，净利润增长 10.8 倍，股价最高涨幅 10.8 倍。海康威视向资本市场的投资者们呈现出了一份漂亮的答卷。

从 2001 年公司刚成立时的默默无闻，到 2018 年连续七年蝉联视频监控行业全球第一，拥有全球视频监控市场份额的 22.6%，连续三年蝉联“全球安防企业 50 强”第一名。回顾海康威视成立 18 年以来的崛起历程，就如同华为、阿里、腾讯等行业巨头一样，是

我国自主品牌伴随民族复兴、行业崛起，由追赶到超越国外的又一力证。

1. 创业初期激励核心员工

1979 年 3 月，由公安部主持召开了“全国刑事技术预防专业工作会议”，这次会议标志着我国安防行业的正式起步。

彼时，视频安防监控系统对于刚刚迈入转型期的中国仍是一个十分稀缺昂贵的设备，只有一些重要且特殊的政府部门才有资格配备。并且，监控系统也十分简单，只有模拟摄像机、后端矩阵、VCR（磁带式录像机）磁带录像带和 CRT 电视墙等设备组成。国内企业的摄像头生产技术也远远落后于国外，前端设备几乎被日系企业垄断。

随着我国安防行业的不断发展，视频监控设备的使用单位逐渐扩展至金融机构、军工、邮政等其他领域，而 VCR 存储空间不足、图像画面清晰度不高、矩阵规模过大无法实现远程监控和中心控制等问题越来越突出，模拟视频监控系统已经无法满足我国安防业务的需求。此时，数字化技术的发展推动了 DVR（数字视频录像机）的诞生，DVR 迅速替代 VCR 成为视频监控系统中的主要存储设备。在此期间，一批自主安防品牌企业纷纷成立。不过，由于此时我国的视频技术仍落后于国外，我国的安防企业仍是以代理国外品牌为主，自主产品的市占率很低。

这种情况直到2000年才逐渐发生改变。彼时，DVR的核心技术——视音频编码的技术标准面临从MPEG1升级到MPEG4的契机。与MPEG1相比，MPEG4标准的压缩效率和性能更高，从而在保证图像质量的同时，MPEG4可以节省大量的硬盘存储空间和网络传输带宽。因此，我国安防行业对于算法的升级具有很强的诉求和动力。

而在当时，中国电子科技集团第五十二所副所长陈宗年和副总工程师胡扬忠等人已经对MPEG4技术有着深入研究，并且对于压缩比例更高的H.264标准的研究也走在国内前列。面对这一次编码技术升级的难得机遇，他们带领程瑜、邬伟琪等五十二所的一批技术骨干，在华科校友龚虹嘉以及五十二所的资本帮助下，于2001年11月30日成立了海康威视。由于其深厚的技术积累，海康威视在成立后不久就推出了基于MPEG4标准的板卡产品，当年即占领了我国60%的市场份额。

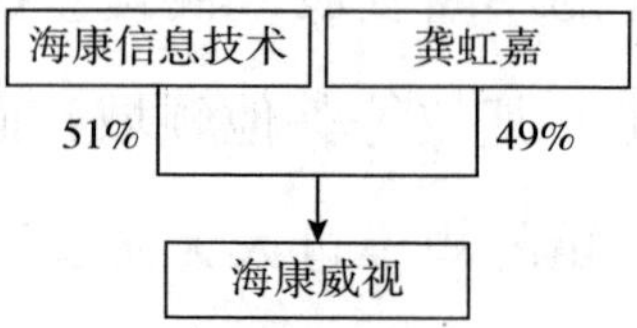

图7-1　海康威视成立时的股权架构

此后，到了2003年，海康威视又推出了基于H.264标准的H系列压缩板卡，成为国内第一家将H.264标准产品化的公司。而该系列产品进入市场后，由于其在压缩性能上的压倒性优势，海康威视在主流压缩板卡的市场份额高达80%，公司当年的销售收入也达到了1.6亿元。

2007年，随着后端DVR的普及，前端模拟摄像机已逐渐不适用于视频监控系统，其信号转换处理过程过于复杂、信号传输不稳定易受电磁干扰、视频画面清晰度不高等缺点日渐突出。而随着信息技术的发展，宽带信息网络逐渐形成，这为数字摄像机的大规模应用提供了良好的数字化基础。与模拟摄像机相比，数字摄像机通过将视频信号数字化并压缩编码后再进行传输，不仅可以使用算法对图像效果进行调校，还可以通过互联网将视频信号传至全球任一位置，传输效率高、信号稳定。因此，数字摄像机替代模拟视频摄像机已成必然趋势。

而数字摄像机成像的关键就是算法的调校，整个数字视频监控系统的核心技术即视频编解码技术，这些都是海康威视的核心优势所在。因此，海康威视依托其突出的技术优势和后端产品的巨大市场优势，在2007年开始切入价值更高的前端数字摄像机领域，并逐渐在这一细分市场也占据领先地位，公司前端业务的营收和比重不断提高，成为公司后来业绩持续增长的重要支撑。

此外，值得关注的是，在2007年11月2日，海康威视董事会通过决议，公司第二大股东龚虹嘉将其持有的公司15%股权以75万元的原始投资额转让给了杭州威讯投资。该公司是由海康威视总经理胡扬忠、常务副总经理邬伟琪、9名副总经理以及项目经理、资源经理、市场总监等其余39名公司高管共同投资设立。这一次转让使得杭州威讯仅出资75万元就获得公允价值约7560.85万元的15%股权，而若以公司两年半后上市日的市值计算，这15%的股权更是高达 61.5 亿元，增值近 8200 倍。

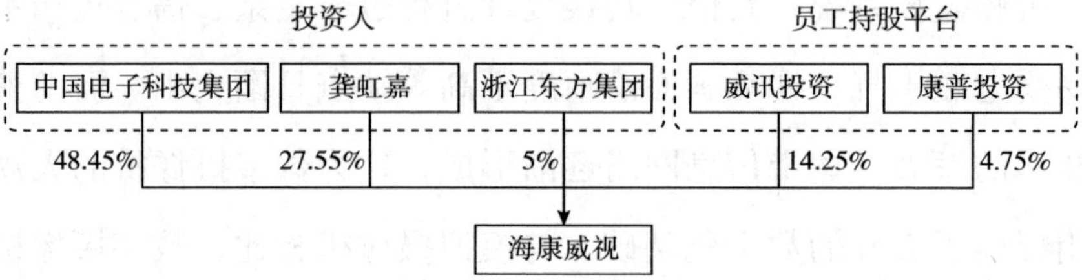

图 7-2　首次股权激励后海康威视的股权架构

这是公司成立以来第一次实施股权激励，而这次的股权激励，不仅使得公司的创始人、经营层获得了公司股权和丰厚的资产增值，一直以来的付出得到了回报，也使得公司高管们的利益和公司的整体利益深度绑定，为公司未来的发展奠定了坚实的基础。此外，龚虹嘉还以 2520.28 万元的价格将 5% 的公司股权转让给杭州康普投资，后者的股东也包括胡扬忠和邬伟琪两位公司高管。

表 7-2　持股高管名单一览

胡扬忠	总经理	谢忠明	上海分公司总经理	杨颖	测试部经理	陆爱明	项目经理
邬伟琪	常务副总经理	朱杰峰	成都分公司总经理	卢芸	商务部经理	陈礼进	项目经理
蒋海青	副总经理	蔡昶阳	北京分公司总经理	应经力	供应链管理中心副总	赵先林	项目经理
周治平	副总经理	吴尧	深圳分公司总经理	钱晓伟	质量保证部经理	曾喜	项目经理
徐礼荣	副总经理	胡卫	石家庄分公司总经理	徐海峰	海外技术支持	闫春	项目经理
蔡定国	副总经理	金铎	杭州分公司总经理	谭慧明	项目总监	赵元福	项目经理
何虹丽	副总经理	陈强	广州分公司总经理	王瑞红	信息化部经理	栾国良	项目经理

续表

郑一波	副总经理	郭旭东	市场总监	贾永华	资源经理	礼攀	项目经理
刘翔	副总经理	林立	市场总监	应向群	资源经理	陈军科	项目经理
胡丹	副总经理	陈刚	产品总监	葛路烨	资源经理	夏哲星	项目经理
蒋玉峰	副总经理	金升阳	项目总监	钱学峰	资源经理	郭海训	项目经理
马伯康	技术支持总监	何峻峰	项目总监	连启慧	项目经理	顾晰宇	项目经理
						邓宗玉	项目经理

从名单也可以看出，海康威视在上市前的股权激励已经做到了多层次授予，上到总经理，下到项目经理，以及技术总监、市场总监、产品总监等核心岗位高管，分公司总经理，项目经理和资源经理中的核心骨干，都参与到了此次股权激励当中。

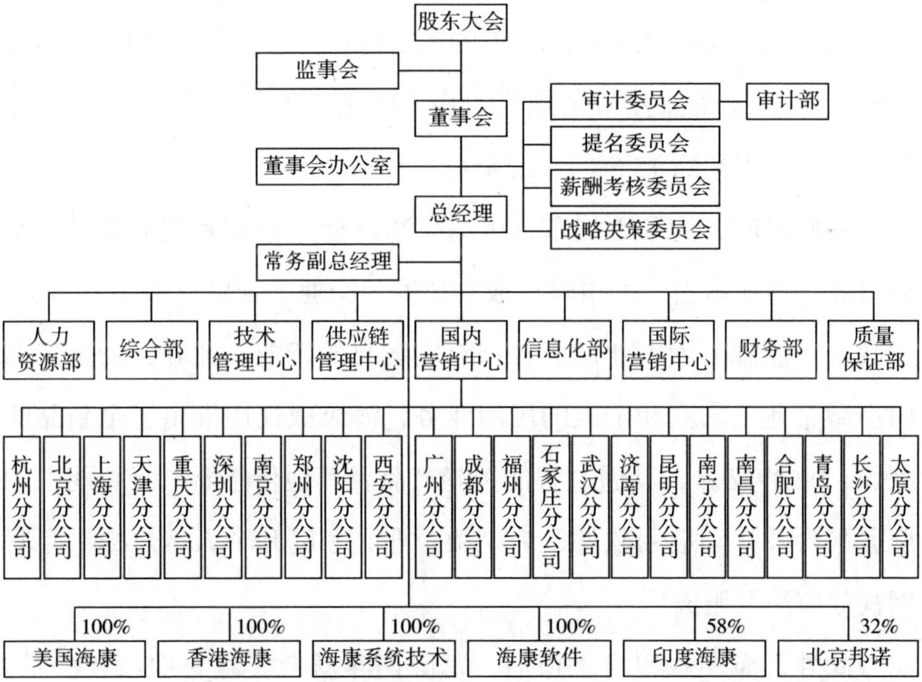

图 7-3　海康威视的组织结构图

2. 资本市场助力腾飞，股权激励分享成功

随着海康威视的业绩不断增长，其上市条件已逐渐成熟。2010年5月28日，海康威视在深圳交易所创业板上市，以68元/股的发行价发行5000万股，融资34亿元。上市当日收盘，公司总市值达到409.7亿元。

此时，我国的安防市场和视频监控市场也迎来了新一轮的爆发期。随着我国城市化水平的不断提高，教育、金融、交通、能源等多个行业的安防需求也在不断增长。再加上公安等政府部门对于安防的需求持续增加，如2016年政府启动的“雪亮”工程等，我国安防行业的市场规模由2010年的约2400亿元增长至2018年的近7600亿元，视频监控市场规模也由242亿元增长至1192亿元，复合增长率分别达到15.5%和22.1%。

在此期间，为了更加贴合市场，2013年，海康威视制定了“细分行业、行业牵引”的策略，成立公安、交通、金融、楼宇、司法、文教卫、能源七大事业部，分别对应各自的行业。此外，为推广面向小微企业、家庭和个人的民用业务，海康威视还推出了全新品牌“萤石（EZVIZ）”，其通过智能视频产品及其他传感器、云智能视频服务平台及移动应用软件，为小微企业、家庭和个人客户提供互联网视频应用及服务。

此外，海康威视自上市后，每隔两年就会实施一次股权激励。而随着公司的不断发展，每次股权激励的人数和股票授予价格也在

不断提高。按照海康威视目前约 27 元 / 股的价格（前复权）计算，2012 年股权激励的回报率高达 600%，2014 和 2016 年的回报率也在 400% 和 200% 以上。在合适的战略指引和组织架构下，再加上股权激励驱动公司员工积极性的不断提高，海康威视的营业收入和净利润持续增长，公司市值也屡创新高。2013 年 8 月 27 日，海康威视市值首次突破 1000 亿元，达 1007.1 亿元。2017 年 3 月 24 日，海康威视市值首次突破 2000 亿元，达 2007.8 亿元（剔除 2015 年因素）。

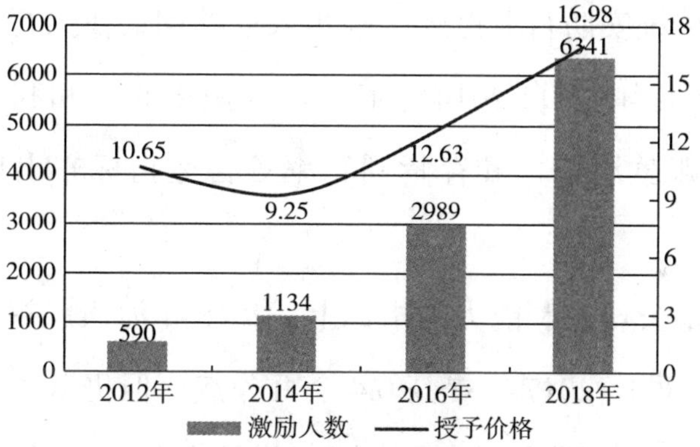

图 7-4　海康威视股权激励人数及价格

而从海康威视历次股权激励的业绩要求来看，与其他上市公司相比，要求并不严苛，最近三次的要求都是三年 ROE 不低于 20% 即可解锁。对于海康威视这样一家技术性上市公司，这个要求可以说一点都不高，年年都顺利完成要求。而从参与人数来看，也是一年比一年多。这也充分表明了，海康威视就是要通过上市公司股权激励的手段，与员工共享公司腾飞的收益。

表 7-3 海康威视历次股权激励具体内容

时间	授予人数	股份数	价格	解锁要求
2012 年 8 月 23 日	590 名	861 万股	10.65 元	三年 ROE 分别不低于 15%，16%，17%
2014 年 10 月 24 日	1134 名	5331 万股	9.25 元	三年 ROE 均不低于 20%
2016 年 11 月	2990 名	5386 万股	12.63 元	三年 ROE 均不低于 20%
2018 年 12 月	6342 名	12653 万股	16.98 元	三年 ROE 均不低于 20%

3. 加大研发创新，跟投制度激发活力

时至今日，在经历二十多年的快速发展后，以数字视频监控系统为代表的传统安防行业已经逐渐步入成熟期，作为行业龙头的海康威视亦受到影响。自 2014 年起，海康威视收入和利润增速不断下降，应收账款周转率和存货周转率等营运指标亦出现不同程度降低。

而在衡量公司盈利能力的指标上，2018 年海康威视的销售净利率为 22.8%，虽比 2017 年提高 0.4 个百分点，但仍低于公司上市以来的其他年份。公司的 ROE（净资产收益率）虽然保持相对稳定，但主要是源于资产负债率的提升。公司的盈利能力和运营效率下降明显。

不过，随着近年来以深度学习算法为代表的人工智能以及云计算、大数据等技术的兴起，由传统安防向智慧安防转型升级的浪潮已逐渐到来。与传统安防相比，AI 智慧安防具有事前预警、事中快速处置以及事后综合分析的几大优势，从而可以大大提高整个安防

系统的监控能力和效率。通过将传统安防转型升级为智慧安防，安防行业原有的天花板被打破。不仅如此，智慧安防还可以与智慧城市、物联网等其他新兴领域相结合，创造更大的市场空间。因此，智慧安防行业不仅吸引了以海康威视为代表的众多传统安防企业的加入，华为、阿里等其他行业的巨头公司也纷纷入场。此外，以“AI 四小龙”（商汤、云从、依图、旷视）为代表的新兴企业通过切入智慧安防所必需的芯片、算法等人工智能领域也加入到激励竞争当中。再加上安防行业自身明显的碎片化特点，海康威视在传统安防中的龙头优势在智慧安防时代并不显著。在如此激烈的竞争中，稍有不慎，海康威视就可能会落入下风。对此，海康威视在 2016 年正式将发展战略由“全球领先的视频产品及内容服务提供商”转变为“以视频为核心的物联网解决方案和数据运营服务提供商”。并主要从以下三个方面进行突围。

第一，针对传统视频监控业务进行架构调整。

为了更好地针对不同类型的客户，公司在 2018 年将之前的交通、能源等七大事业部和渠道营销团队重新组建为 PBG（公共服务事业群）、EBG（企事业事业群）和 SMBG（中小企业事业群）。其中，PBG 包含传统公安、交通和司法三个事业部，以城市治理和城市服务业务为主，通过搭建 AI Cloud“海康威视 · 红数林”平台，提供雪亮工程、交通出行、生态保护、民生服务等公共服务领域的综合解决方案。EBG 事业群则是以传统金融、能源、楼宇、文教卫四个事业部为基础，主要服务传统大型企业，以 AI 开放平台为引擎，一体化应用平台与企业级公有云平台“云眸”双轮驱动，主要针对商业世界、社会动力、美好生活和财富增长等四个应用场景提供综合解决方案。SMBG 由公司之前的渠道经销管理团队组成，主要服务于由中小企业组成的 SMB 市场，其“长尾效应”显著，单一用户需求较小同时又有一定的个性化，但用户数量巨大因而累积效应显著。

第二，设立跟投制度，加大创新业务的支持与投入力度。

早在 2015 年 9 月，公司就提出《核心员工跟投创新业务管理办法》并获股东大会通过。办法主要有如下规定：

① 公司持有投资设立创新业务子公司 60% 的股权，员工跟投平台跟投 40% 股权。

② 跟投平台根据适用对象分为 A、B 两个计划，A 计划，系由公司及全资子公司、创新业务子公司的中高层管理人员和核心骨干员工组成，强制跟投各类创新业务，确保海康威视核心员工与公司创新业务牢牢绑定，形成共创、共担的业务平台；B 计划，系由创新业务子公司核心员工且是全职员工组成，参与跟投某一特定创新业务，旨在进一步激发创新业务子公司员工的创造性和拼搏精神，建立符合高新技术企业行业惯例。

③ 参与跟投的员工，无论是持有股权还是增值权，都需要为公司再服务不少于 5 年（从参与跟投之日起算）。

④ 激励收益中具有较大吸引力的是增值而非分红。

这一办法的实施，不仅使得公司的创新业务获得稳定的资金来源，还可以通过跟投模式形成长期激励机制，使得员工的创造性和积极性得到充分发挥。目前，海康威视已经用这种跟投模式成立了杭州海康机器人技术有限公司、武汉海康存储技术有限公司、杭州萤石网络有限公司、杭州海康汽车技术有限公司、杭州海康微影传感科技有限公司和杭州海康慧影科技有限公司。2018 年，公司萤石业务收入达到 16.4 亿元，毛利 6.4 亿元，毛利率为 39.0%；其他创新业务收入 10.6 亿元，毛利 4.7 亿元，毛利率提高至 44.5%。公司创新业务发展势头良好。

第三，提出 AI 云战略，加大研发，构建“云边融合”三级架构。

从理论上讲，在智慧安防系统中，通过将系统数据上云之后，安防行业后端的存储、运算、显示和控制等主要功能，均可以通过云计算的方式实现。但是，由于安防行业产生的数据量过于庞大，如果将所有前端设备采集的数据都上传至云端，不仅对于网络线路的要求极高，传输成本也将非常高昂。此外，如果所有的分析运算都交由云计算处理，其运算效率必然下降，从而延长整个安防系统的响应时间。因此，未来的智慧安防系统必然是边缘计算与云计算相结合的方式，即简单数据运算直接由边缘计算处理，复杂数据先通过边缘计算进行精简后再传输至云端进行分析计算。海康威视亦在 2017 年便认识到这一点，并由此提出了由边缘节点、边缘域和云中心三个层级构成的 AI Cloud 架构。

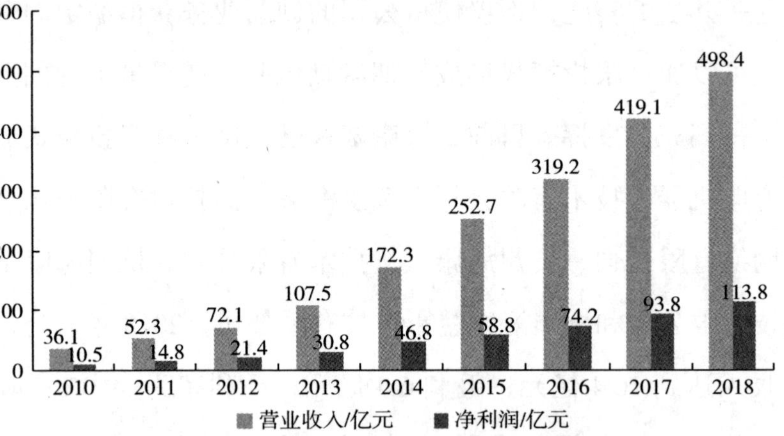

图 7-5　海康威视业绩持续增长

纵观海康威视成立以来的十八年，公司抓住我国安防行业高速发展的机遇期，通过自身在视频编解码等视频监控核心技术上的不断突破，制定合适的战略目标以及建立人才激励的长期机制，牢牢占据我国视频安防行业的龙头地位，并逐渐向全球扩张。而在当前传统安防行业步入成熟期、向智能安防转型升级的浪潮下，海康威视亦能及早洞察行业的发展趋势，加大研发投入，改变公司定位，力争在智慧安防这一更加广阔的行业里赢得市场。与此同时，公司还不忘创业初心，通过跟投办法，鼓励员工创新创业，向与视觉业务相关的无人机、工业机器人、智能家居等领域进行扩张。相信未来，随着智慧安防的不断发展，加上公司创新业务的高速扩张，海康威视仍将持续为社会、为投资者创造丰厚的价值。

三、某国有投资控股的集团化企业的市场化改革

1. 客户背景

某省投资控股有限公司成立于2007年，是经省国资委履行出资人职责的国有独资投资控股公司，承担着国有经济融资平台、国有投资发展平台、国有资产管理平台和国有资本运作平台的使命、职责和功能。公司成立以来，在国有股权管理、资本运营、基金管理、重大项目筹融资和战略性新兴产业培育等领域取得显著业绩，为省基础设施建设、地方建设和新兴产业发展作出了积极贡献。

公司注册资本人民币近两百亿元，净资产近千亿元，员工中硕士、博士高学历人员近一半，是资金密集型、技术密集型、智力密集型企业。公司以投资与资本运营、资产管理、金融业为主业，拥有全资及控股企业20多家，覆盖基金投资、基金管理、创业投资、资本市场投资、招标咨询、电力、轨道交通、钢铁、航空产业、高端医疗设备等行业。

从2016年起，集团启动以提升国有资产运营质量为核心的发展战略，推动核心产业的规模发展、布局优化和效益提升，高度重视产业投资基金、二级市场投资基金等基金的培育和发展。采用“并购、新设、资本扩充”三管齐下的方式，推动基金板块迅速成为集团资产质量最高，发展速度最快的板块。

2. 调研分析

经过调研，发现该集团所涉及的业务领域很多，有的是作为省国有资产运营平台，履行政府产业引导职能的非完全市场化业务领域，有的是属于充分竞争性的业务领域，还有的是代政府持股和实施资产管理职能持股平台。由于整个集团业务领域多，业务类型复杂，资产规模庞大，在整个集团层面全面实施混改比较困难。

为了充分调动各级管理人员的积极性，充分发挥各类专业人员的能动性，全面提升集团的整体竞争力，提升集团发展质量，更好地实行国有资产的保值增值，针对该集团化企业的特点，提出“全面改革、重点突破、能混则混”的改革思路，既要在整个集团推行统一的改革措施，又要针对不同业务领域，不同企业的特点，采取“一企一策”的政策，分别制定不同的改革方案。

3. 西姆混改方案要点

（1）全面实施市场化的职业经理人机制

① 建立市场化的职业经理人体系。根据公司新的时期的发展战略提出的要求，对集团的人力资源进行详细规划，对人员的需求规模、专业领域、能力要求等进行测算后，对总部和各下属

企业经理层岗位进行梳理，形成系统化的岗位说明书和任职资格标准。

将总部大多数以及下属企业经理层成员全部一次性转换为市场化身份，解除其原有的行政关系，取消行政级别。对照岗位任职资格标准，凡符合现任岗位任职资格标准的人员，重新聘任现任岗位，凡不符合现任岗位任职资格标准的人员，均给予一定过渡期，过渡期满后，达到现任岗位任职资格标准的，聘任为现任岗位，仍未达标准的，予以转岗，并按新岗位确定薪酬标准。

人才的内部选拔，以岗位任职资格标准为基础，突破级别限制，凡符合岗位任职资格标准的人员，均有资格参与选拔。坚持德才兼备、注重实绩，注重选拔具有专业能力、专业精神的干部。人才的外部招聘，主要针对内部没有合适人选的经理层岗位，通过公开招聘、市场寻聘、推荐引荐等多种渠道吸纳人才，针对业务能力、管理能力等采用履历分析、领导力测评、结构化面试等现代人才评价技术进行测评，提升人才选拔的有效性。

② 实施任期制契约化聘用机制。除了组织任命管理的公司领导外，对于企业经理人员一律实行任期制。第一次任期为三年，劳动合同与任期保持一致，绩效合同作为劳动合同的一部分，约定包括任期考核目标、责任、激励约束等内容，并与劳动合同一并签订。任期结束后，进行严格的考核，对于考核胜任的，继续聘任并续订三年劳动合同；考核不胜任的，予以转岗，并按新岗位确定薪酬标准；本人不同意转岗的，按照劳动合同法有关规定解

除劳动合同。

③ 配套市场化的薪酬激励机制。根据公司发展战略和薪酬策略，以岗位价值评估为基础，以同行业、同类型、同规模、同地域企业薪酬水平为基本对标原则，确定固定薪酬水平，确定合理的固定浮动比例。区分资本业务和其他类型业务，结合行业惯例和业务特点设置绩效目标和浮动薪酬激励机制。资本业务对标国内前按照性质区分为政策性和自营业务，政策性投资对标省内同类型政策性投资机构，自营业务对标市场化投资机构。在市场化改革实施到位后，后续考虑推出针对性的中长期激励约束机制。

（2）探索更高效的法人治理机制

在推进职业经理人制度后，需要给予职业经理人相适应的治理机制进行优化，充分发挥职业经理人制度的优势，实施更高效的法人治理机制，真正将主管部门从管资产向管资本职能转变，因此，对于集团的子公司实施董事长由集团领导兼任，主要通过董事会参与子公司管理，根据集团制度和集团的整体利益参与子公司“三重一大”事项决策，保证子公司不偏离集团制定的发展战略，由总经理担任公司法定代表人，完成子公司日常管理决策工作，同时建议上级主管部门派出领导兼任集团董事长，董事长不在公司坐班。

在集团和子公司层面增加经理层成员进入董事会的人数，同时增加外部董事人数，合理确定内部董事与外部董事比例，授权董事会根据公司发展需要可以适当增加经理层职数。

优化法人治理机制，通过公司章程，赋予经理层更大的责任和权利，让企业能够更好地适应市场竞争的需要，推动企业的发展，更好地实现国有资产的保值增值目标。

（3）分业务领域打造合伙人机制

针对不同业务领域，按照能混则混的原则，分别制定实施方案，打造适合业务发展需要的合伙人机制。

表 7-4　　不同类型业务合伙人机制打造重点

业务类型	合伙人机制打造重点
集团主营，市场化程度高的投资业务	引入战略投资者，实施股权激励
承担政府产业引导职能的业务	奖金激励
集团非主营，市场化程度高规模小的业务	实施员工持股
高风险的二级市场业务	高薪酬、项目跟投和超额利润分红

对于创新投资为主的基金公司，集团公司占 60% 的股份，引入省内某知名的民营投资机构参股 30%，同时设立占股 10% 的员工持股平台，推行针对核心管理和专业人才的股权激励，首次股权激励规模为 5%，总经理占 30%，其他高管占 40%，其他的股权逐步释放。

对于招投标代理公司，市场化高，人员多，与集团主营业务相关性较低，资产规模比较小的公司，采用员工持股的方式，由公司全体员工按照资产评估价格和出资能力，通过增资扩股，将 30% 的股权分配给公司员工，其中公司管理层占有 50% 的比例，未来随着公司的发展，可以进一步提高员工的持股比例；另外通过设定分红机制，在公司有利润的前提下，保证每年进行分红，通过员工持股，实现和公司的长期绑定，调动公司高管和广大员工的积极性，提高企业市场竞争力。

针对以二级市场投资为主的投入资本比较大，风险很高的投资基金业务，由于核心是少数高端人才，主要采用高薪酬、项目跟投和超额利润分红机制，团队主管人均年薪达到 100 万；团队对所投标的实行同比例跟投；超额利润实行阶梯分红，实际支付采取每半年支付 50% 的延期支付方式。同时加强风险管控，采取定期报告、设定交易警戒线、投资本金 0.75 倍的止损线等措施。

针对主要履行政府引导职能的业务领域，由于这类业务领域难以制定非常合理的量化考核目标，主要采用奖金激励为主的模式，将公司高层管理人员和主要业务人员的收入与公司年度完成目标挂钩，根据年度考核结果发放奖金。

4. 总结亮点

无论是否引入民营投资、实施员工股权激励，对国有企业而言，推行职业经理人制度都有着特别重要的意义。推行职业经理人制度既是国有企业深化改革的重要内容之一，也是开展其他方面国有企业深化改革措施的重要保障，特别是很多履行政府职能的企业，推行职业经理人制度的需求更为急迫。

《中共中央国务院关于深化国有企业改革的指导意见》中，明确提出了与推行职业经理人制度有关的一些具体要求，主要有："根据不同企业类别和层级，实行选任制、委任制、聘任制等不同选人用人方式。推行职业经理人制度，实行内部培养和外部引进相结合，畅通现有经营管理者与职业经理人身份转换通道，董事会按市场化方式选聘和管理职业经理人，合理增加市场化选聘比例，加快建立退出机制。推行企业经理层成员任期制和契约化管理，明确责任、权利、义务，严格任期管理和目标考核。"

从企业实际情况出发，针对整个集团企业，按市场化聘用，契约化管理要求，通过建立职业经理人岗位体系，从人才选聘、任用、薪酬、考核、激励、约束、退出和流动入手，建立了一整套的职业经理人管理制度规范。通过推行职业经理人制度，建设专业化、职业化、市场化的职业经理人队伍，为企业的改革与发展奠定坚实的人才基础。同时通过推行职业经理人制度，更好地开展董事会选人用人职权改革；为国有企业开展市场化选聘经营管理者以及实行薪酬分配差异化改革铺平道路，有利于规范公司治理，有利于解决国有企业选人用人机制不活、激励不充分等问题，真正做到人员能上能下、能进能出，收入能多能少，开创"育人职业化、选人市场化、用人契约化、分配差异化"局面，激活企业发展活力。

四、某水务投资集团的战略一体化方案

1. 战略规划的初步思路

某省水务投资有限责任公司是省委、省政府批准成立的集公共服务、投融资和生产经营功能为一体的大型国有公益类独资企业。主要承担全省大中型水利工程项目法人职责，负责为全省重大水利项目开发建设提供投融资保障、开展投融资服务；负责省政府授权的水利水电工程建设、管理、运营及经营范围内的国有资产保值增值；负责城市供水、水权经营、水土保持、水利旅游开发、水环境治理，水利水保设计、咨询、监理、施工、代建，涉水事务科研开发等业务。

公司成立于2013年7月，注册资本50.8亿元。2014年3月，省水利厅任命组建了公司领导班子。现内设10个职能部门、2个直属项目管理部，下属5个全资子公司、21个控股子公司和1个参股公司，公司系统现有员工2000多人。2018年底，公司总资产达到156.7亿元，较成立之初增加近100亿元；投资建设的增量资产规模达到240亿元以上；全年实现经营收入8.88亿元，实现净利润

729.65 万元。

公司正式组建运行以来，按照以水为本、服务社会的企业宗旨，因地制宜确定发展布局，重点构建“两大平台”（水利投融资、水权交易），坚持“三大方略”（保障公益与经营增值并重、固本强基与外拓扩张并重、开发水资源与培育水市场并重），推进“四大举措”（项目立企、创新活企、管理强企、人才兴企），抓好“五大主业”（水利公益服务、水利项目建设、水务经营管理、水权交易转让、涉水产业开发），参与“六水”（水资源、水工程、水民生、水生态、水管理、水文化）市场化投资建设运营工作，努力打造引洮供水、城乡供水、设计建设、节水发展四大市场集团板块，项目管理、水权交易两大专业职能板块及承担政府购买服务、水利科技创新两大内涵提升板块，向国内领先、省内一流的水务集团公司迈进。2017 年完成项目投资 26 亿元；与 20 个市县（区）政府签订了水务一体化合作协议，落实合作项目 42 个，投资规模 108.5 亿元；与农发行等多家银行签订战略合作协议，落实各类融资贷款 80 多亿元，公司各项业务工作的快速推进，为今后规范持续快速发展奠定了坚实基础。

因此，西姆股权激励研究院在为其做战略一体化方案时，重点思考如下问题：

① 战略方案的核心：公司如何通过明晰战略定位，夯实战略基础，执行战略举措，实现跨越式发展，助推公司成为地方国资平台转型示范样本，实现企业长期健康发展。

② 公司目前的状况：公司成立 5 年，总体以水利建设推进水务

一体化为核心业务策略，现阶段需要认清企业外部发展环境及公司自身优劣势，认清差距，明确企业发展的基础。

③ 战略规划的目标：以全产业链战略视野明确方向，建立清晰的战略定位和战略目标，从而明确战略发展思路和商业模式，支持公司持续发展。

④ 战略实施路径：以公司整体利益最大化导向，实现内部战略协同；立足长远，明确业务组合策略；学习先进，明确业务发展战略和商业模式设计；围绕主业优势，形成差异化核心竞争优势；保障体系搭建，补齐企业发展的短板；战略能力培育，构建企业长期发展动力。

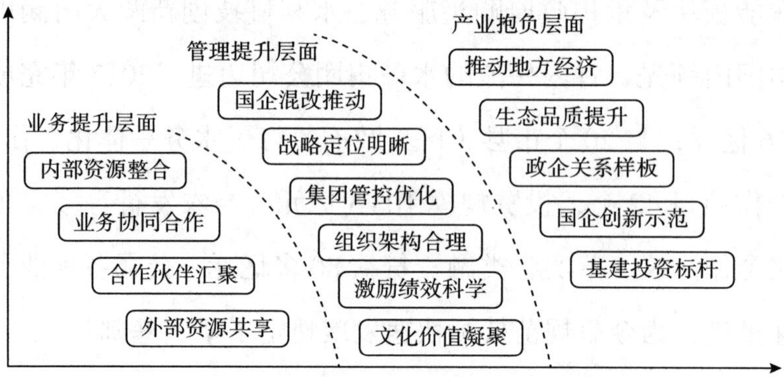

图 7-6　某水投集团改革发展三个层次

2. 战略规划的 SWOT 分析

该水投集团经过 5 年的发展，形成了一定的品牌优势，并积累了大量的资源和能力，但同时也存在融资渠道单一、管理支撑能力不足和风险管理欠缺等问题，制约了公司进一步发展。首先，我们采用 SWOT 来分析集团目前面临的现状。

S（strengths）优势

① 发展基础扎实：承担省内各类大型水利项目及配套供水设施的建设，经过 5 年的发展，在水务投资、建设、运营和管理方面积累了大量的实践经验，未来公司在水利投资建设方面大有可为。

② 品牌优势突出：作为省属水务领域专业化投资公司，区域强势品牌，并拥有多项水利水电建设施工资质；与市（州）、县水务一体化合作项目 33 个，年供水规模达到 1.6 亿立方米，在全省水务一体化项目建设中处于龙头地位。

③ 各类资源充裕：与省内各地州建立了密切的政企关系；依托于公司的 AA+ 主体信用等级，与多家银行签订战略合作协议，构建了良好的银企合作关系；水投系统共有在岗员工 1602 人，研究生以上学历 30 人，中高技术职称 244 人，人才储备充足；与澳大利亚潞碧垦、清华大学进行节水科技研发合作。

W（weaknesses）劣势

① 行业区域掣肘较大：该省整体经济发展程度、人口密度、用水结构导致用水规模效应不足；水资源匮乏，导致取水、制水成本偏高；公益类业务比重较大，利润空间有限。

② 融资渠道创新困难：目前融资渠道过于依赖银行贷款，且项目多为公益性，收益保证率低，市场化融资能力不足，贷款资金还款缺乏保障，融资创新难度较大。

③ 管理支撑能力不足：部分子公司现代企业管理制度不够健全、法人治理结构还不完善的问题。部分子公司对财务管理制度落实不严格、不到位，风险防控意识不强，约束机制不够健全；薪酬与绩效管理体系需进一步优化。

④ 项目管控力度不足：工程建设项目中对于物资采购、成本管理能力欠缺；推进中工作衔接力度不够、人员资产划转较慢。

O（opportunities）机会

① 行业发展红利：水务一体化趋势促成产业整合，为做大做强提供战略保障；水务产业链各环节趋向细分，提供更加多元的发展切入点；该省整体水资源环境和用水结构对节水技术需求量大。

② 宏观政策红利：中西部省份基础设施建设欠账多，基建投资潜力空间较大，成为该水投集团的市场红利；该省拥有新时代“丝路经济带”和长江上游生态屏障建设等多重战略叠，发展潜力巨大；国企改革提速，该省将组建具有战略意义的十大产业集团，提供了国企转型及抢占优质资源的机遇。

③ 业务拓展红利：该省将开展一系列大型水利建设工程，投资总额将近千亿，为该水投集团带来产业机会；基础设施的完善带动周边产业发展，同时也使基础设施资源和沿线优质资源的综合开发

具有广阔的市场空间。

T（threats）威胁

① 竞争对手：行业区域割据暂时比较严重，但随着市场化深入，地域界限将逐渐消融，行业并购整合之风日盛，国内外领先企业将凭借资金、技术、品牌和管理经营优势进行投资兼并重组来抢占市场份额，力争成为龙头企业。

② 水价机制：水价形成机制不尽合理，资源及能源价格上涨将增加水务企业的运营风险。同时，由于地方政府出于稳定考虑，对提价持慎重态度，水价上涨存在压力，企业的盈利受到制约。

③ 业务难度：水务项目投资规模大、周期长、盈利能力差，涉及利益方较多，对企业的规范化和风险管控要求较高，对企业的投融资管理、资源整合、债务管理、资产变现、专业化运营等项能力等提出较高要求。

④ 行业监管：水质、环境涉及民生安全，随着媒体开放程度和公民意识的提高，水务行业监管将越加严格。

根据内外部环境 SWOT 分析，我们对未来的发展战略做出初步判断。

（1）抓住机遇，市场扩张；依托优势，产业升级

在巩固水利工程业务基础上进一步向水生态水环境建设、供水、农业节水、污水处理及管网建设等产业拓展；依托良好的政企关系

资源，深耕省内市场，同时抓住国内水务一体化建设的发展机会，大力开拓省外水务一体化建设投资机会；以“一带一路”倡议为突破口，利用自身节水技术优势，向各西部缺水省份甚至丝路经济带上的中亚国家进行节水技术输出；加强水利及周边设施综合运营能力，积极培育“水利＋综合经营开发”的业务模式，增强企业的整体盈利能力。

（2）产融结合，规避风险；资源整合，克服劣势

依托良好的银企关系和资源优势，开展项目全生命周期融资，优化业务结构，增加短中期业务比例，扩宽多元化融资渠道；乘着国企改革东风，优化健全企业内部管理体系，特别是通过股权多元化等手段，激活和吸引内外部人才，创新商业模式和管理机制，做大做强做优国有企业；加强对内外资源的整合能力，和行业内领先企业组成联合体或组建产业基金，弥补企业在融资、建设、运营各个环节的短板，利益分享，共同做大市场规模，提升盈利能力。

综合以上对于公司发展诉求及内外部发展环境的理解，西姆股权激励研究院认为公司在未来 5 年期间有以下 6 大核心诉求。

① 在水务一体化趋势、“一带一路”、国家安全生态屏障建设大背景下，如何做大做强核心主业，如何开拓市场。

② 如何优化产业布局，形成长、中、短期产业相结合，“主业带动辅业，辅业回报主业”的多元化产业格局；各业务之间如何形成合力，增强企业整体竞争力。

③ 如何打造专业化产业板块，建立符合自身发展的商业模式，

大力推动产业创新，提升产业盈利能力。

④ 如何推进企业内外资源的整合和战略协同，形成公司的综合竞争能力。

⑤ 如何加强多元化自主融资能力、项目全生命周期融资能力以及资本运作能力，有效支撑业务快速发展，化解未来的债务风险，构建企业长期健康发展的核心动力。

⑥ 如何抓住国企改革红利，通过优化内部机制，激活企业和员工，提升企业可持续发展能力。

3. 业务板块战略评估

公司已经初步形成以工程施工和城乡供水两大板块为主，以节水科技和水务置业为辅的业务格局，未来可以向水生态环境建设、生态旅游、水务信息化、中水回收及水质监测等方向拓展。

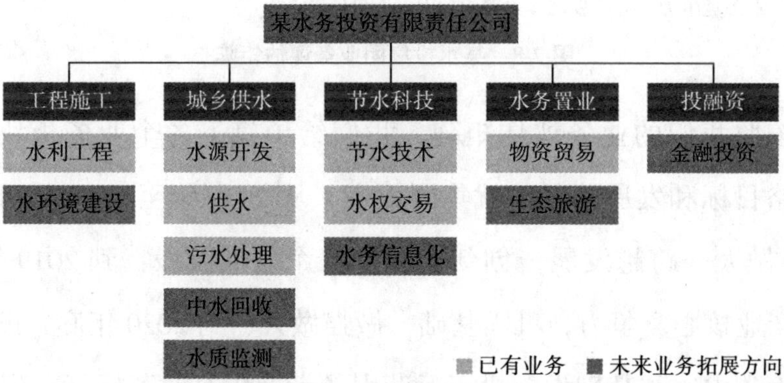

图 7-7　某水投集团业务板块

西姆研究院经过对公司各细分业务板块进行初步评估，按照业务评估矩阵，可以大致分为核心业务、基础业务、培育业务、保留业务。其中核心业务是节水科技板块，需要大力发展；基础业务是水利工程、供水、水源开发等业务板块；培育业务是水环境建设、中水回收、水质监测、污水处理、水务信息化等具备一定科技含量的板块，将来有望成为集团的核心业务；而保留业务则是物资贸易部分，可以控制资源投入，保持完成目标即可。

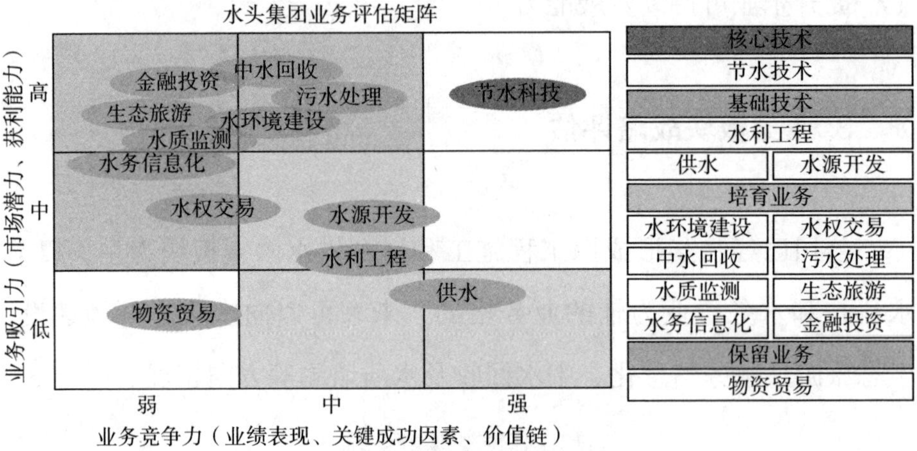

图 7-8　某水投集团业务评估矩阵

按照我们的业务评估矩阵，我们给予旗下各个业务板块不同的战略目标和发展路径。就集团而言，从 2019 年至 2025 年可分为“做强做大→跨越发展→创新驱动”三个发展阶段：到 2019 年底，培育产业核心竞争力，巩固基础，做强做大；到 2020 年底，助推公司成为省内水利基础设施投资运营引领者及国企改革标杆；到 2025 年底，“1+2+N”产业格局基本形成，成为国内一流的水务综合投资运营商；同时逐步将优质资产转化成资本，从“重资产”向“轻资产”转型，深入推动产业扩张和资本运作。

4. 三级集团化业务管理架构

在规划集团及旗下业务板块的战略发展路径后，接下来就是搭建该水投集团的三级集团化业务管理架构，理顺现有业务的管理体系。水投总部成为控股集团，各事业板块由专门事业部经营，并将优质资产和项目划归到事业部名下，由相应的项目公司或子公司经营，使得各项业务发展轻装起步。

同时，该水投集团的业务板块混合有政府公益性和市场竞争性业务，实施下属企业的分类分层管理是理顺集团化管控的重要手段。

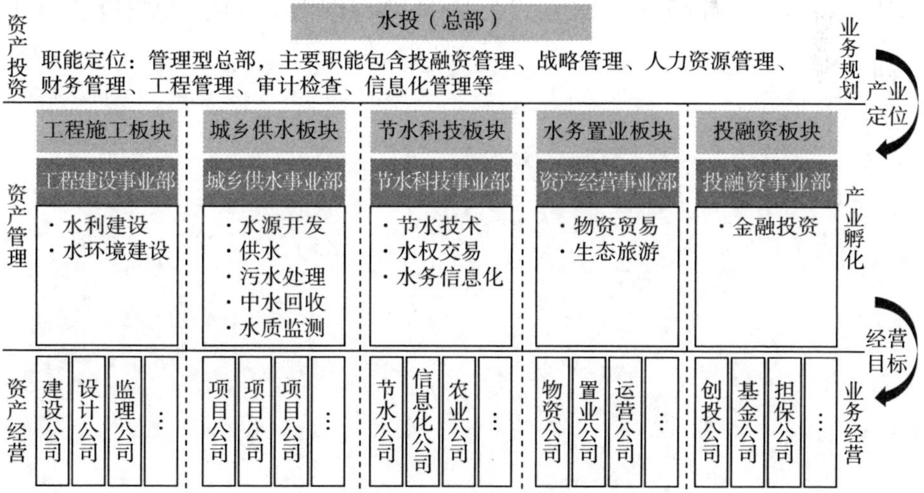

图 7-9　某水投集团业务管理架构设计

对于最上层的国资监管部门而言，主要职能是理顺政企关系，明确角色定位；以管资本加强国企监管，明确管委会和企业的角色、资产、债务和授权关系。

对于该水投总部而言，重在打造管理型总部，发挥战略协同职能、管理输出职能、资源整合资本运作职能和融资职能。

对于事业部而言，重在封闭运营风险，若事业部承担政府性和市场化两种功能，建议将市场化业务下沉至下属子公司或成立新公司；事业部作为该板块的业务整合平台和孵化平台，业务板块优质资产尽可能装入事业部分管的下属公司，使下属公司也具备融资功能。

而对于最下层的下属公司，重在执行市场化业务；下属公司装入优质资产，实现优质资产与集团总部风险隔离，保障下属公司稳定经营；采取市场化运作方式，适时进行混改，如引入战投、员工持股等。